ちくま新書

統計で考える働き方の未来

――高齢者が働き続ける国

坂本貴志
Sakamoto Takashi

JN042816

統計で考える働き方の未来――高齢者が働き続ける国へ【目次】

はじめに――私たちはいつまで働くのか　009

第1章　超高齢社会のいま　013

1　生涯現役の欺瞞　014
高齢者は高い就業意欲を持つのか／生活のために働く現実／本当は今すぐにでもやめたい

2　高齢者就労への政府の期待　022
低成長と高齢化の進行／支えられる側から支える側へ／年金制度が定年年齢を決めている／霞が関の本音と建て前／私たちはいつまで働かなければならないのか

第2章　賃金は増えていないのか　037

1　平均賃金の嘘　038
賃金が増えない謎／賃上げに腐心した日本政治／統計が賃金が増えない錯覚をもたらした

2　賃金構造の大変動　047

賃金上昇の果実を得た女性／中堅男性の比較優位が消失／高齢社員が中堅男性の役職を奪った

3　賃金のゆくえ　059

価値を生み出す源泉が多様化／平均賃金は減少し、賃金の総額は増加／企業組織の高齢化と経験の喪失

第3章　格差は広がっているのか　071

1　格差の象徴としての非正規雇用　072

格差と非正規雇用／多くの人が希望して非正規に／格差縮小の時代へ

2　定着した生涯未婚　083

引き継がれた3つの社会課題／500万人の未婚非正規／現場労働への安住

3　非正規雇用の光と影　093

非正規の待遇改善は続く／現場労働を誰が担うのか／急増する単身高齢者と生活保護

第4章　生活は豊かになっているのか　103

1　デフレ脱却の功罪　104
名目成長率と実質成長率が逆転／金融緩和による円安が物価上昇を主導／物価上昇が日本の生活水準を切り下げている／消費増税が実質消費を落ち込ませた
2　実感なき景気回復　116
直接税・社会保険料の増加が可処分所得を抑制／資産価格の高騰で資産形成が困難に／退職金の急減が老後の資金不足を招く
3　少子高齢化と将来の家計　126
老後資金の確保はますます難しくなる／国民総出で高齢者への仕送りを賄う構図に

第5章　年金はもつのか　133

1　危機の年金財政　134
2010年代に実質年金受給額が大きく減少／100年安心年金保険の虚構／名目下限制度の欠陥／月額3万円の減少がメインシナリオ
2　高齢者の家計簿　148
年金の減少が高齢者を働きに出させた／乗り越えるべきは75歳まで／高齢者こそ経済事情が生

活の豊かさを決める／高水準の消費を前提にすれば2000万円では足りない／働き続けねば生計はもたない

3　老後の未来　164

受給額の引き下げか支給開始年齢の引き上げか／年金のゆくえがいつまで働くかを決める／繰り下げ受給を自ら選択して働くことに

第6章　自由に働ける日はくるのか　171

1　働き方改革の効果　172

法と実態が乖離した日本の労働慣行／働き方改革関連法で潮目が変わった／働き方改革の効果は表れ始めている

2　新しい働き方の萌芽　180

テレワークは広まるも、課題が多い／取って代わられた非雇用の働き方／高齢フリーランスが活路に

3　生涯現役に向けた布石　192

働き方改革を掲げた政権の妙／高齢者就労への一里塚

第7章 職はなくなるのか 199

1 高齢期キャリアの実相 200
事務職や専門職から現場労働へ／企業組織に高齢者を組み込むのか／専門性があればいいわけではない

2 産業の変化と職業の盛衰 209
生産工程従事者などで代替が進む／需要が減るのではなく供給が足りなくなる／急速な仕事の代替など起こらない

3 高齢社会における仕事の割当 219
現場労働は高齢者が担うしかない／都合よく外国人を利用できるか／無理なく役に立つ

第8章 生涯働き続けねばならないのか 229

1 失われる黄金の15年 230
生産と消費の不均衡／生涯現役という魔法の杖／職業人生の長期化を織り込み始めている／「悠々自適な老後」という見果てぬ夢

2 働く高齢者の実際 241

現役時代のスキルを中小企業で活かす／個人事業主として成功／仕事と孫の世話、趣味に追われる／和気あいあいとしたマンション清掃／気の赴くままに興味ある仕事を

3 私たちの老後に待っているもの 254

できる仕事をすればいい／高齢期の仕事を受容するまで／職業人生の下り坂を味わいながら下る／細く長く、そして納得して引退を

4 高齢者雇用はどうあるべきか 268

再雇用は主流足りえない／男女雇用機会均等法制定時のトラウマ／労働市場の二重構造を作り出す

おわりに――仕送りシナリオか就業延長シナリオか 279

主な参考文献 285

はじめに——私たちはいつまで働くのか

いつまでも働ける社会。人々はこの言葉にどういう印象をもつだろう。

生涯現役、人づくり革命、人生100年時代、一億総活躍時代。就業延長に関わるキーワードが、ここ数年で政府やメディアから次々と発信されている。歳をとってまで働き続けることを礼賛する日本政府。高齢になっても自己研鑽《けんさん》を続け、社会で活躍することを理想とする世の中の風潮。昨今、高齢者が働くことがさも当然かのように語られているのである。

たしかに、働くことがいきがいだという人もいる。働くことを通じて様々な経験をし、その過程で喜びを感じる経験をしたことは誰しもあると思う。しかし、はたして、日本に住むすべての人が働くことに対してこのような肯定的な感情を有しているとでもいうのであろうか。働かなくても豊かな生活ができるのであれば働きたくない。そう思う人は幾ばくもいないのだろうか。

経済学者の橘木俊詔《たちばなきとしあき》氏によれば、古代ギリシャにおいて、労働とは奴隷のなすべきものであった。ところが、中世、近代と時代を重ねるにつれ、本来は苦痛である労働に喜びを感じるよう価値観が変容していく。我が国においても、儒教による影響のもと、勤勉と倹約を尊しとする価値観が浸透する。しかし、為政者の側からすれば、庶民に対してこういった価値観を持つように諭す期待も同時にあったのだという（橘木2010）。

私たちは労働に対してどのような価値観を有するべきなのか。

労働とは元来から苦役なのか、それともそこから喜びを見いだすべきものなのか。その答えは小生には到底わからない。こうした葛藤は、現代の人々にも通底するものとしてあるのではないだろうか。

他方、人々の崇高な価値観はともかくとして、現代日本を見渡せば少子高齢化の波は待ったなしで押し寄せてきている。少子高齢化が進む間、日本経済の成長率は鈍化し、日本財政は危機的な状況に陥ってしまった。

私たちがいつまで働くかという問題は、一義的には個人の意思によって決められるべき問題である。しかし、現代の社会構造を鑑みたとき、その選択が完全に個人に委ねられているのだと考えるとすれば、それはあまりにもナイーブな考えだと言わざるをえない。日本の社会構造の変化が、人々の引退年齢に陰に陽に影響を及ぼしているのである。

少子高齢化が進む日本社会において、私たちはいつまで働かねばならないのか。未来の日本社会においては、定年後に悠々自適な老後を楽しむという理想はもはや過去の幻想となっているのだろうか。この不確実性こそが、多くの人にとっての将来不安の中核的な要素となっているのだ。

実際に引退年齢を決めるメカニズムは複雑である。日本の経済や財政の状況、それに伴って年金のゆくえがどうなるか、賃金や物価、貯蓄、働き方、職などあらゆる経済的な要素が引退年齢に影響を与える。これらの経済変数が、いつまで働くかという選択を左右することとなるのだ。

だとすれば、超高齢社会の日本における老後がどのようなものになるか、その未来を正確に予測することは至難の業ともいえる。

しかし、日本社会における高齢化は今まさに進んでいるのである。高齢化率は1980年の9・1%から2000年には17・4%、2020年には29・1%にまで上昇してしまった。そして、2040年にはそれは35・3%まで上昇すると予想されている。高齢化は今も進行している。私たちの未来は、まさに現在の延長線上にあるのだ。

そう考えると、私たちがするべきことは起こりえない出来事に悲観することでも、未来の楽観論を構築することでもない。私たちが必要なことは、超高齢社会に入った日本でいま何が起こっているのかを正確に理解することであろう。

正しい現状認識に立脚すれば、その延長線上に何が起きるのかはおおよそ想像ができるはずだ。そこに広がっている世界は、決して突飛なものではない。

本書では、日本の労働の未来を、現在の延長線上で語ることを試みた。そして、本書の最も大きな特徴は、その前提のもと、日本の現在と未来を正確に理解するために、可能な限り多くの統計を利用しているというところにある。

我が国の代表的な統計を網羅的に活用することで、日本を取り巻く現状を分析し、最も現実的な将来像を浮かび上がらせる。それを心掛けたつもりである。

もちろん、統計が扱うことができる時制は過去及び現在にとどまる。しかし、過去から現在に至るまでの趨勢を正確に理解することが、未来の正確な理解につながるのだと私は考えている。

少子高齢化がくびきとなっている日本において、私たちの社会はどこへ向かおうとしているのか。私たちはいったいいつまで働けばよいのか。超高齢化時代の日本社会の実相を、豊富な統計分析によって解き明かしていくこととしよう。

＊本書の図表におけるデータは端数処理を行っていることから、それぞれの数値の総和が100％にならないなど、一部不整合になっているところがある。

第1章

超高齢社会のいま

使用する統計：内閣府「国民経済計算」など

1　生涯現役の欺瞞

†高齢者は高い就業意欲を持つのか

まずは、次の引用をお読みいただきたい。2019年10月の安倍首相（当時）の所信表明演説である。

若者もお年寄りも、女性や男性も、障害や難病のある方も、さらには、一度失敗した方も、誰もが思う存分その能力を発揮できる一億総活躍社会を、皆さん、共につくり上げようではありませんか。一億総活躍社会の完成に向かって、多様な学び、多様な働き方、そして多様なライフスタイルに応じて安心できる社会保障制度を作ります。65歳を超えて働きたい。8割の方がそう願っておられます。高齢者の皆さんの雇用は、この6年間で新たに250万人増えました。その豊富な経験や知恵は、日本社会の大きな財産です。

意欲ある高齢者の皆さんに70歳までの就業機会を確保します。年金、医療、介護、労働など社会保障全般にわたって、人生100年時代を見据えた改革を果断に進めます。

（2019年10月4日、衆議院本会議における安倍首相の所信表明演説）

生涯現役、人づくり革命、人生100年時代、一億総活躍時代。働き続けることを良しとする世の中の風潮は近年急速に強まっている。

政府からのメッセージは実にわかりやすい。歳をとっても働くことはすばらしいことだから、そのための環境づくりを進めるというのだ。政府によれば、日本国民の8割が65歳を超えても働きたいと願っているのだという。

仮に、日本国民の大多数が継続雇用の下限年齢である65歳を過ぎても働きたいというのであれば、歳を取っても働きたいという国民の願いを叶えることは政府の大きな使命であるといえる。そして、実際にその前提のもとで高齢者が働ける環境の整備が着々と進められてきている。

高年齢者雇用安定法（高齢法）において、過去55歳だった定年年齢の下限は60歳まで引き延ばされている。さらに同法によって企業は再雇用制度等の整備を求められている。定年延長や再雇用などの継続雇用制度の導入によって、企業は原則として65歳までの労働者を雇用することが義務付けられているのである。

今般、政府はこの取組をさらに一歩進め、70歳まで働ける環境を整備しようとしている。2020年3月には高齢法が改正され、改正後の高齢法第10条の2には、「定年の定めをしている事業主又は継続雇用制度を導入している事業主は、その雇用する高年齢者について、次に掲げる措置を講ずることにより、六十五歳から七十歳までの安定した雇用を確保するよう努めなければならない」と定められた。

同条の規定は、70歳までの就業確保措置を企業に迫るものとなっているのである。現状、この規定はあくまで企業の努力義務規定にとどまっており、その採否は個々の企業の意思にゆだねられている。しかし、最初に努力義務規定から入って後に義務規定に昇格させる手法は、立法政策上の常套手段だ。

政府は将来的に70歳までの雇用を企業に義務づけようとしている。これは火を見るより明らかである。そして、なぜこのような政策を政府が推し進めているかというと、その大前提となっているのが先述の「高齢者が高い就業意欲を持っている」という認識によるのである。

しかし、ここに一つの大きな疑問が生まれてくる。すなわち、本当に70歳まで継続して会社で働くことが日本国民の望みなのか、という率直な疑問である。そもそも、8割の人が65歳を過ぎても働きたいという政府の認識は、明らかに人々の実感とずれてはいないだろうか。

はたして人はこんなにも歳をとってでも働きたいと思っているのだろうか。このままでは日本の経済や財政がもたない。だから、国は高齢者を働かせることで日本が抱える問題を解決させようとしているのではないか。今、高齢者の就労に関わる政府の主張に、多くの人が強い違和感を抱いている。

実際に、一人ひとりの日本人は自身の老後の就労についてどのように考えているのだろうか。国がここまでして就業延長を行おうとしている背景には何があるのだろうか。そうしたところから解明していく必要がありそうだ。

†生活のために働く現実

何歳まで働きたいか。そう聞かれればあなたは何歳と答えるだろう。

定年である60歳までは働き、その後は悠々自適の老後を送りたいという人もいれば、再雇用の区切りである65歳までは働いてもいいと答える人もいると思う。今の時代、働くことを苦にしない人であれば70歳くらいまでは働きたいという人もいるかもしれない。逆に定年をまたずに今すぐにでもやめたい。そういう意見もあるのではないか。

高齢期の就労に関して、人々はどのような認識を有しているか。内閣府「高齢者の日常

図表1－1　何歳ごろまで収入を伴う仕事をしたいか

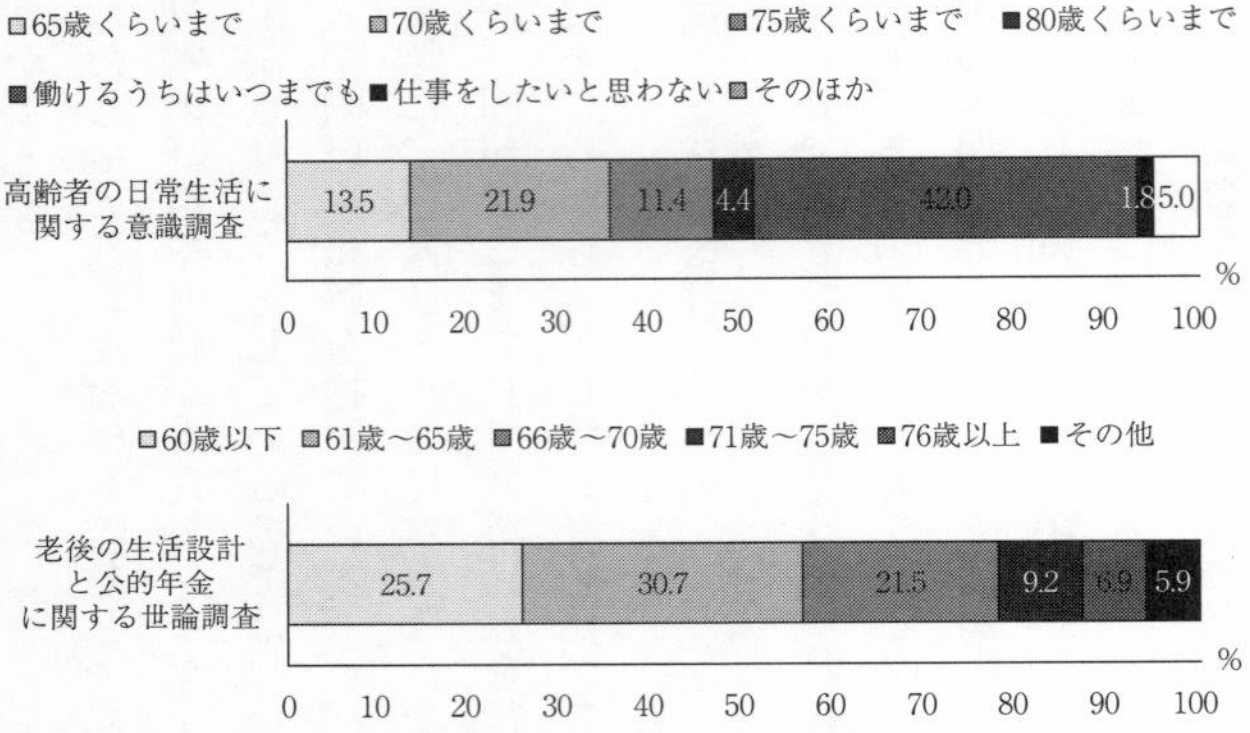

出典：内閣府「高齢者の日常生活に関する意識調査」、「老後の生活設計と公的年金に関する世論調査」

生活に関する意識調査」では、その答えと思わしきものを提供してくれる（図表1－1）。

同調査では、60歳以上の働いている高齢者に対して何歳まで仕事をしたいかを尋ねているのである。その集計結果によると、42・0%の人が働けるうちはいつまでも働きたいと答えている。

この結果をもってして、内閣府「平成29年版高齢社会白書」では「70歳くらいまでもしくはそれ以上との回答と合計すれば、約8割が高齢期にも高い就業意欲を持っている様子がうかがえる」としている。これが、政府が依拠している「8割の人が65歳を超えても働きたいと願っている」という前提の背景にあるデータなのだ。

内閣府「老後の生活設計と公的年金に関す

る世論調査」でも類似した調査を行っている。同調査は15歳以上のすべての人を対象としている点で先の調査とは異なるが、やはり何歳まで仕事をしたいかを調べている。その年齢は、60歳以下が25・7%、61〜65歳が30・7%、66〜70歳が21・5%、71歳以上が16・1%となっている。その他を除くと、再雇用の期限までに引退したい人が6割、それ以上働きたい人が4割といったところである。さらに、歳をとるにつれて長くまで働きたいと思っている人が増えるといったこともこの調査からうかがえる。

こうしてみると、高齢者の多くが歳をとっても働きたいと思っているということはたしかに正確な事実のように思える。

ところで、両調査の設問文はどうなっているのか。細かな文言の違いこそあるものの、両調査とも「あなたは、何歳ごろまで収入を伴う仕事をしたいですか」と聞いている。

しかし、改めてみると、この聞き方はなんともよくわからない聞き方ではないか。一見すると、なるほど働くことへの意欲を聞いている質問にも見える。しかし、異なる視点で捉えれば、生活のためにいつまで働かざるを得ないかを聞いているようにも見えるのだ。

多くの人は経済上の理由で歳をとっても働かなくてはならないから働く。これらの統計が指し示しているのは単にそうした事実なのではないだろうか。

†本当は今すぐにでもやめたい

リクルートワークス研究所「全国就業実態パネル調査」において、現在就業をしている人に対して「働かなくても今と同じレベルの生活が続けられるとしたら、仕事をやめたいと思いますか」と尋ねたことがある。本調査が先の調査と決定的に異なる点が、「働かなくても今と同じレベルの生活を続けられるとしたら」という前提を付している点だ。

同調査を集計してみると、全年齢で「強くそう思う」と答えた人は20・8%、「そう思う」と答えた人は25・9%にのぼった（図表1-2）。同じレベルの生活が続けられるのならば、定年を待たずして今すぐにでも仕事をやめたい人が半数近くいるのである。

同調査においても、60歳以上の年齢の人に対象を絞れば仕事を辞めたいという人は減ることが確認される。どうやら、高齢者の方が比較的に仕事に対して肯定的な感情を有している人が多いことは確かなようだ。

とはいえ、60歳以上の人に対象を絞っても「全くそう思わない」と答えた人は全体の10・5%、「そう思わない」と答えた人も27・6%に過ぎなかった。お金にかかわらず働きたいという人が少数派であることには違いないのだ。

しかも、これは就業している人に限定した数値である。就業意欲が低い人は既にやめて

図表1－2　生活レベルが変わらない場合に仕事をやめたいか（2017年）

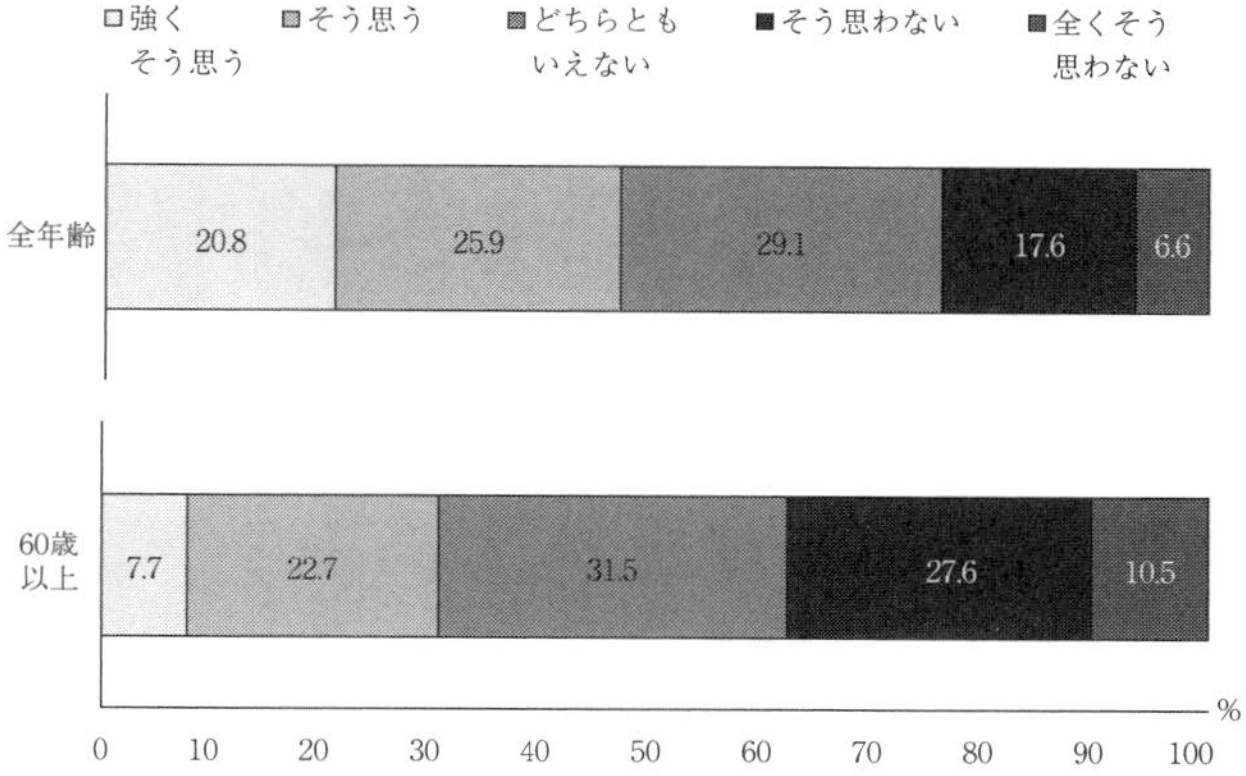

出典：リクルートワークス研究所「全国就業実態パネル調査」

しまってサンプルから脱落しているだろうから、この数値は実際の感覚値よりも高めに出ている可能性が高い。

この結果をみると、8割の人が高い就業意欲を持っているという主張には違和感を覚えざるを得ない。どうやら、世の中の人は、高い就業意欲を持っているから高齢になってでも働きたいわけではなさそうなのである。そうではなくて、生活のために収入を稼ぐ必要があるから、多くの人は高齢になっても働きたいと思うのだ。

おそらく、これが高齢者が就労するかどうかの選択肢に直面したときの実際の姿なのだろう。これをもって、高齢者みなが高い就業意欲を持っていると評するのは、あまりに無理がある。

もちろん、仕事が生きがい足りえないものだと言うつもりは、毛頭ない。実際に、3人に1人の高齢就業者は、生活水準が変わらなくとも働きたいと思っているのだから。しかし、高齢者の労働を美化するような世の中の風潮には強い疑問を感じるのである。

2 高齢者就労への政府の期待

†低成長と高齢化の進行

政府が高齢者の就労にここまで前のめりになっている背景には何があるのか。前述したような政府の姿勢の背景には、周知のとおり日本の経済と財政の低迷がある。私たちが悠々自適な老後を送れるかどうかは、経済のゆくえとは無縁でいられないのである。

低迷する日本経済を形容して、失われた20年あるいは30年といわれることもある。近年の日本経済の動向をみれば、たしかにそのパフォーマンスは必ずしも良いものとはいえない(図表1-3)。

日本の一人当たり実質GDP成長率は、1980年代に年率平均プラス4・0%と急激な成長を遂げたのち、1990年代は同プラス1・0%、2000年代は同プラス0・6

図表1－3　主要国の一人当たり実質GDP成長率

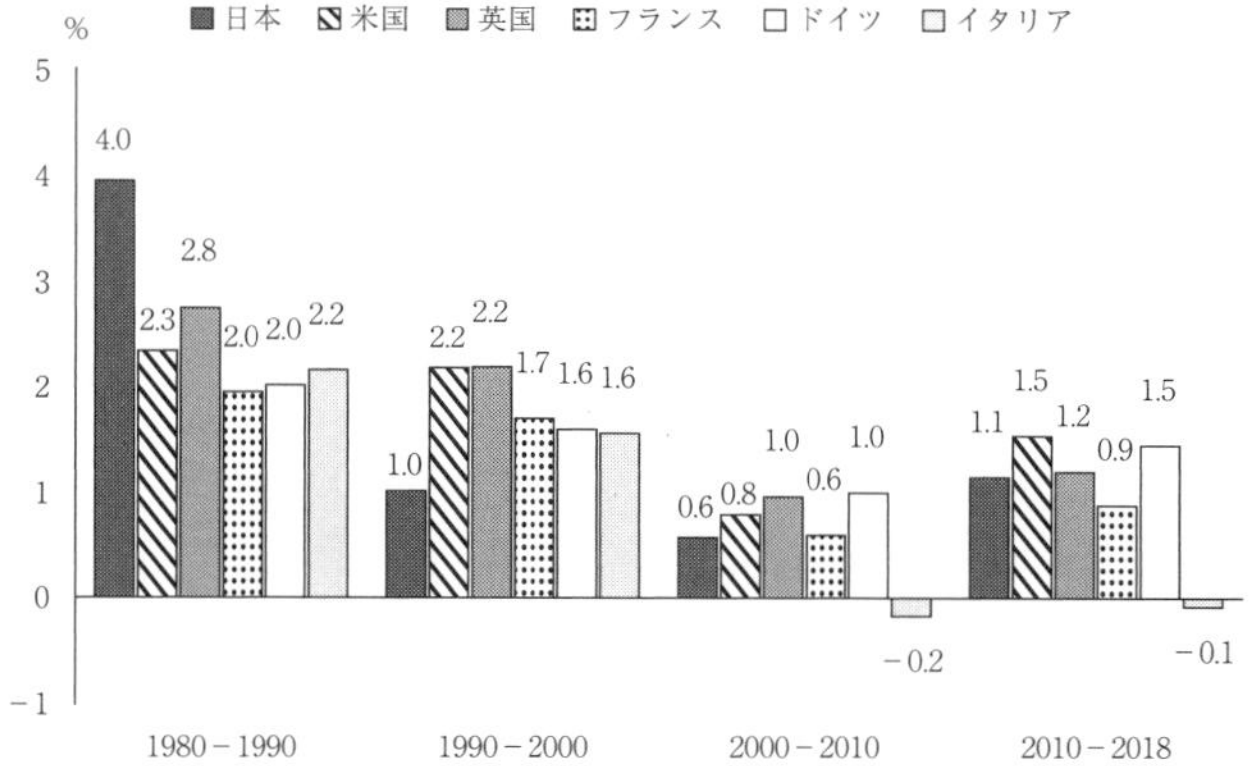

注1：数値は各期間における年率の平均成長率

注2：端数処理を行っているため、同じ数値で表示されていても棒グラフの高さがやや異なることがある

出典：IMF「World Economic Outlook 2019」、内閣府「国民経済計算」

%と、主要先進国の中では最低水準に陥ってしまう。1990年代後半以降の日本経済の低迷は、実態経済から乖《かい》離《り》して成長を続けたバブル経済の後遺症と位置づけられる。日本経済はバブル経済による反動から、1990年以降、雇用、設備、債務の3つの過剰に苛《さいな》まれることとなり、長く辛い調整を強いられることとなった。

その一方で、バブル経済の清算を終えた2010年以降の成長率は、諸外国と比べて特筆して低いわけではない。2010年代の日本の経済成長率は年率プラス1・1%と、米国やドイツには劣るものの、英国などと同程度の水準で推移している。経済の成熟に伴って、既に多くの先進国が低成長の時代を迎えているのである。

もはや、日本を含むすべての先進国で、経済規模を急速に拡大させることは不可能な状況になっており、イノベーション主導の経済成長は行き詰まっている。

少子高齢化も日本経済の低迷の要因の一つにあげられることがある。日本の高齢化率は一貫して上昇を続け、2018年にその比率は27・7%にまで上昇してしまった。一般的に高齢化率が14%を超えると高齢社会、21%を超えると超高齢社会といわれているから、日本社会はとっくに超高齢社会に入っていることとなる。

東京大学の吉川洋名誉教授によると、少子高齢化が低成長を引き起こすとは限らないのだという(吉川2016)。経済は様々な要因によって変動するから、少子高齢化だからといってそれが必然的に経済の低迷を引き起こすというわけではない。

しかし、生産年齢人口比率は1991年の69・8%をピークに低下し、足元では60・0%にまで下がっている。生産年齢人口比率が低下するということは、生産活動の担い手が相対的に減少するということでもあり、多かれ少なかれ経済に対して悪影響を与えることは間違いないだろう。

現代日本は、経済の成熟に伴い低成長を余儀なくされているなか、生産者の比率が減少していく高齢化時代を迎えてしまっている。このようななか、将来に向けて私たちの生活をより豊かにしようと思えば高齢者の力を借りなければならない。これが、政府が高齢者に就労を要請する大きな誘因になっているのである。

†支えられる側から支える側へ

国家財政の動向は、私たちの老後により重大な影響を与えている。少子高齢化が経済を低成長に陥れることが必然ではないとしても、少子高齢化が国家財政を悪化させることは必然に近い。なぜならそれは当然、高齢化した国家の歳出の多くを占めるのが医療や年金をはじめとする社会保障費だからである。

国立社会保障・人口問題研究所「社会保障費用統計」によると、2000年時点で83・1兆円（年金：36・7兆円、医療：28・6兆円、その他福祉：17・7兆円）あった社会保障費は、2017年時点で124・2兆円（年金：56・9兆円、医療：41・8兆円、その他福祉：25・4兆円）まで膨らんでいる（図表1－4）。

これに伴って国の歳出も増加傾向にある（図表1－5）。しかし、社会保障給付費の増加のうち、そのまますべてが国の歳出の増加につながるわけではない。たとえば、年金の一階建て部分に当たる基礎年金については、国が負担すべき額と企業、個人の保険料によって負担すべき額とが半々になるように設計されている。一方で、厚生年金は企業と個人による保険料でその給付のすべてを賄っている。

医療に関してみれば、たとえば国民健康保険では、被保険者が拠出した保険料によって自己負担額を除く医療費の半分を賄い、都道府県が同費用の9%を、国が41%を負担することとされている。

これらの結果として、社会保障全体では保険料負担が70・2兆円、国費による負担が33・1兆円、地方の負担分が13・8兆円(いずれも2018年予算ベース)という内訳になっている。社会保障給付費のうち企業や個人で負担する額と中央・地方政府が負担する額との割合はおよそ6対4である。

社会保障費が増大すれば、個人の保険料負担が増加するほか、企業の社会負担も増加し、国の歳出も増えるなど、個人・企業・政府すべての経済主体の負担が増す。

そして、これらの負担は、賃金の低下、課税強化などを通じて、いずれも最終的には個人の負担増に帰着することになるのだ。実際にこの数十年の間、個人の社会保険料は増額を続け、企業の負担増が間接的に従業員の賃金を減らしてきた。国家財政の圧迫はもちろん消費増税など課税強化策につながっている。

国・地方政府、企業、個人の三者が共同して負担してきた社会保障費。しかし、いずれの主体ももはや負担増加の受け入れは限界に近づいてきている。個人や企業の負荷を低減

図表1-4　社会保障給付費の総額

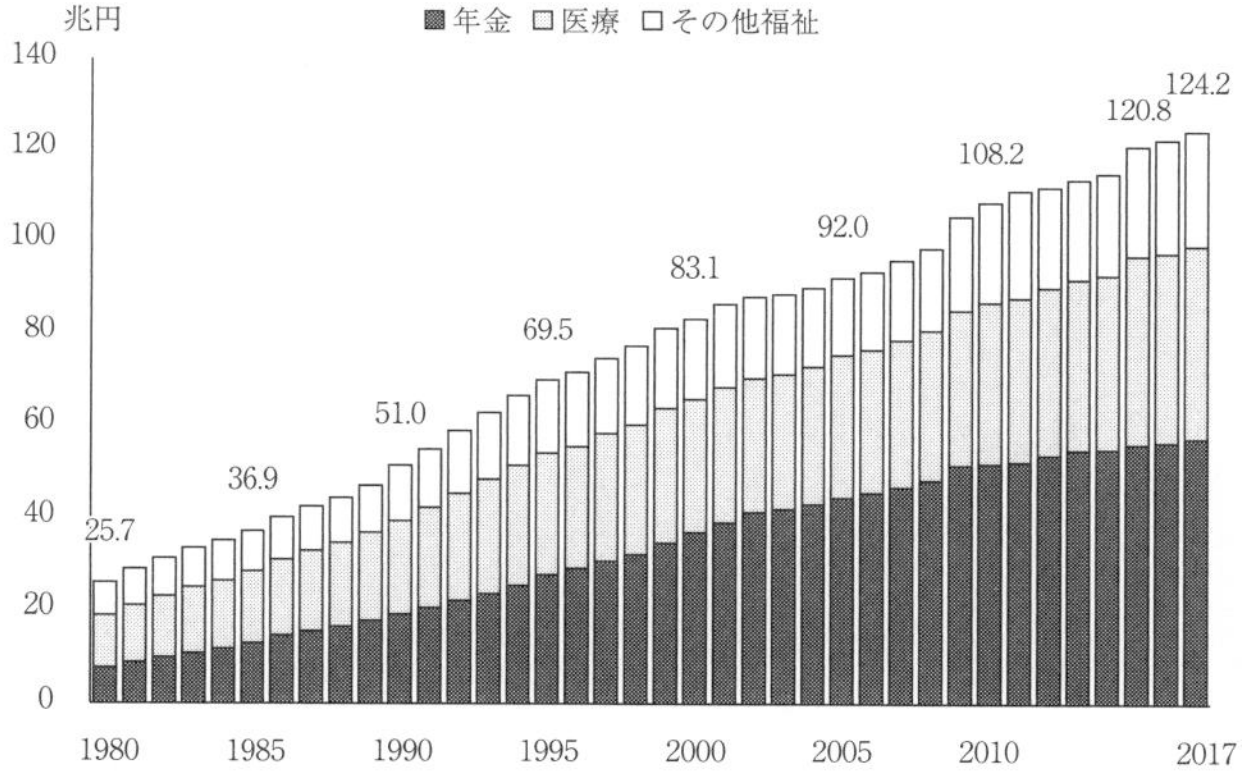

出典：国立社会保障・人口問題研究所「社会保障費用統計」

図表1-5　国の歳出と歳入

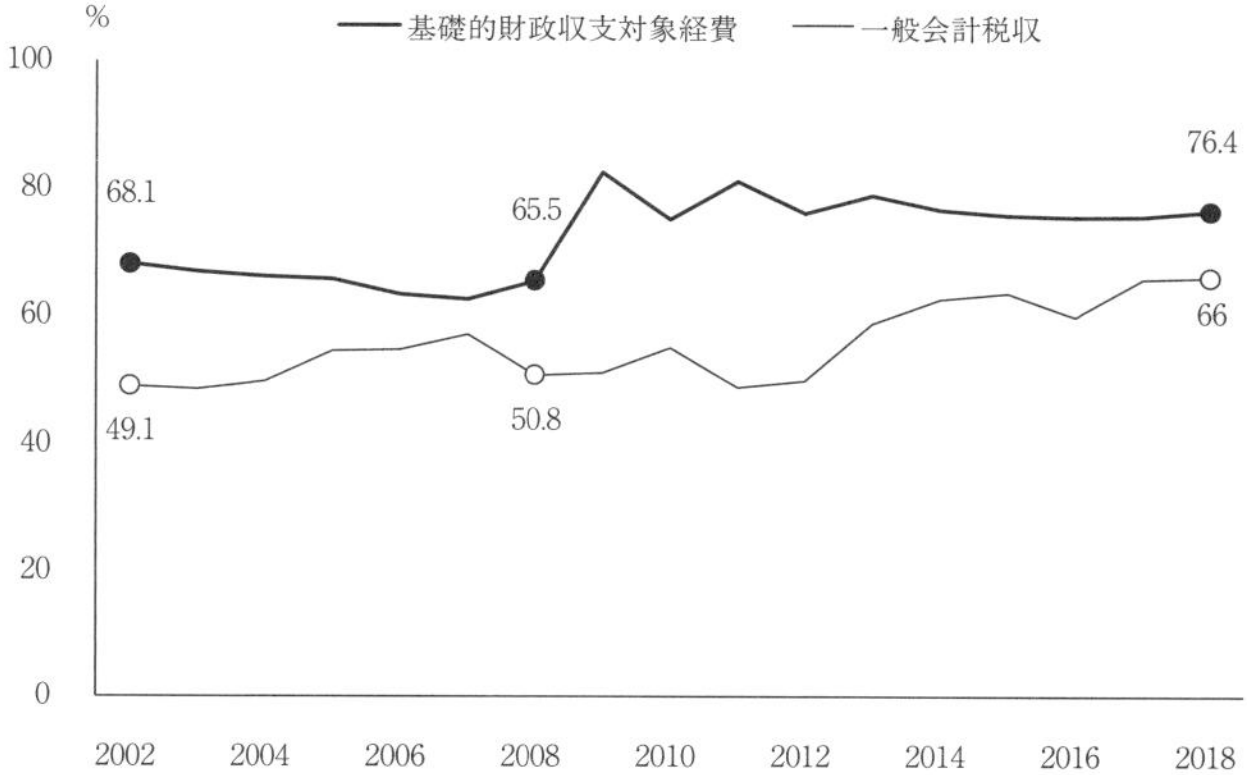

出典：財務省

させ、政府の財政悪化を食い止めようとするのであれば、高齢者を就労させて、支えられる側から支える側に回ってもらうしかない。それが高齢者の労働問題を考えるときの政府の根幹にある論理なのだ。

†年金制度が定年年齢を決めている

その証左に財政問題と定年問題とは密接に関わっている。国は法律を介して、企業において設定されるべき定年年齢に一定の条件を課している。雇用者をいつまで雇うかということは一義的には企業の雇用管理の問題であるはずだが、そこには国家の強い介入があるのだ。

政府が雇用する期間の延長を強く促した要因には、とりわけ国の年金財政の悪化がある。定年を迎えて企業を退職した後、年金の支給開始年齢までにブランクが生じてしまえば、その時期の生活に支障が生じてしまう。労働者とすれば、少なくとも年金の支給が開始されるまでは企業に給与を支給してもらわねば困る。だから、年金財政が逼迫《ひっぱく》して年金の支給開始が遅れるのであれば、それまでの経済的な面倒は企業が見るしかない。

実際に、過去の定年引き上げや定年後も継続して雇い入れる継続雇用制度の導入の議論は、厚生年金保険の支給開始年齢引き上げの議論と同時並行で進められてきた。

図表1-6　厚生年金支給開始年齢と平均寿命及び平均健康寿命（男性）

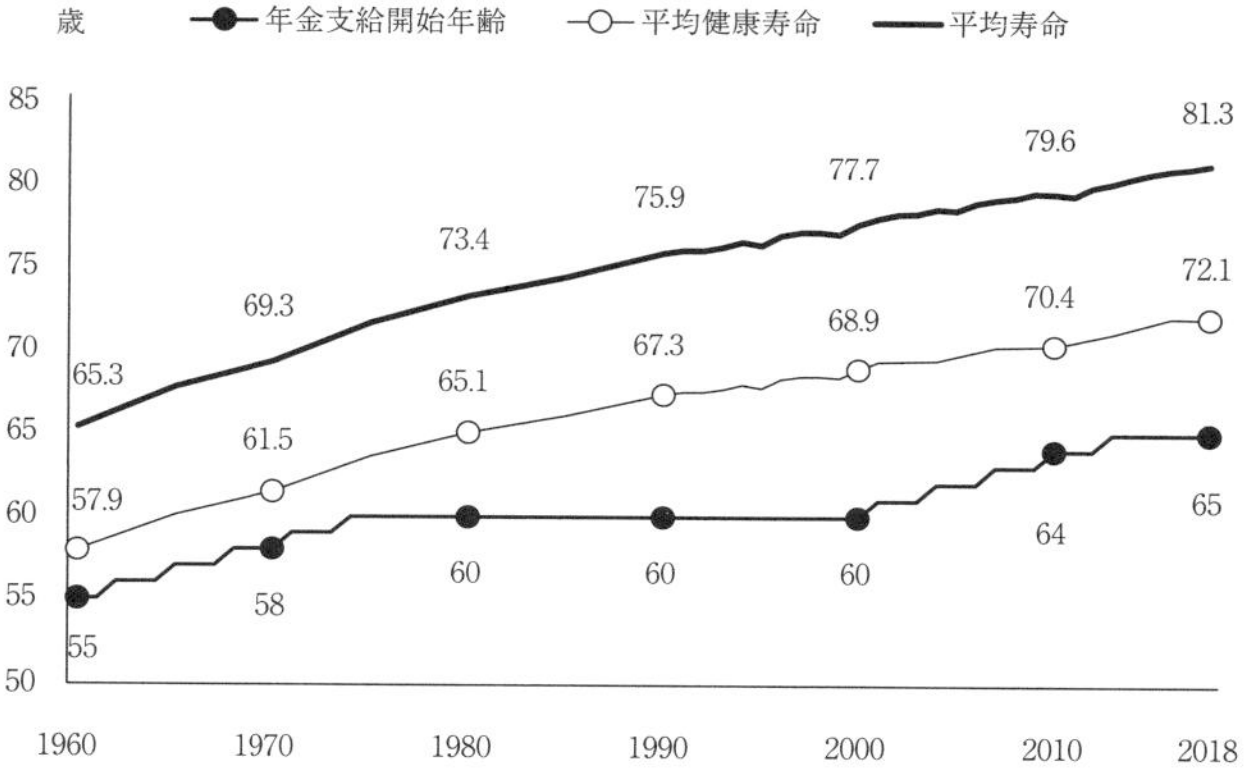

出典：厚生労働省「簡易生命表」などから作成

財政の悪化を端緒に年金の支給開始年齢引き上げが検討される。そして、それに追随して定年年齢の引き上げ議論が行われる。本来は企業の専決事項であるはずの定年年齢が、実際には国の財政の論理で決められてきた過去があるのだ。

厚生年金（男性・定額部分）の支給開始年齢の推移をみると、平均寿命の延伸に伴って、これまでそれは緩やかに引き上げられてきたことがわかる（図表1-6）。

1960年までさかのぼれば、当時の年金支給開始年齢は55歳であった。これに伴い、多くの企業では定年年齢が55歳に設定されていた。当時の男性の健康寿命を推定するとおよそ58歳となる。健康寿命はあくまで推計値ではあるが、1960年時点での健康寿命と定年年齢の差は3歳程度しかなかったとみられる。

さらに、定年年齢が設定されているのは雇用者であるが、1960年当時、自営業者の比率は22・7％。現在の自営業者比率である7・9％と比べてかなり高かった。引退年齢が存在しない自営業者が今よりも一般的な働き方として浸透していたのである。

つまり、かつての日本には、働けなくなるまで働くことが当たり前である社会が確かにあったのだ。

しかし、健康である限り働き続けるという過去の常識は、時代が移り変わるにつれて、消失する。年金の支給開始年齢は1974年に60歳と規定されて以降、そのままで据え置かれる長い期間があったのだ。グラフからは、1974年から2000年まで長期間にわたって年金の支給開始年齢が60歳で維持されていたことが見て取れる。

この結果として、2000年には健康寿命が68・9歳まで延伸して働くことができる年齢がかなり上がっていたにもかかわらず、多くの企業の定年年齢は60歳に据え置かれるという事態が発生してしまった。

年金支給開始年齢が据え置かれた時期は、高度経済成長期の終わってからバブル経済が終焉するまでの時期と重なっており、まさに日本経済の黄金期に当たる。この間、政府は年金財政の悪化に先手を打つために年金の支給開始年齢の引き上げを画策するも、日本経済が好調に沸くなかで政府の要求が国会を通ることはなかった。

この時期の年金改革の遅れが、定年後に健康に過ごせる長い時間を生みだしたのである。年金改革が遅れるなか、やがて人々の間には、定年後には悠々自適な老後が待っているものだという淡い期待が形成されることになる。

労働者が社会に労働という奉仕を行う代わりに、社会は労働者に幸せな老後を保障する。こうした慣習は年金改革の遅れによって生み出されたものなのだ。そして、年金改革の遅れは現在に至るまでの年金財政にも致命的な影響を与えることになった。

当時は、日本がここまで少子高齢化に悩まされることを誰も予想していなかった。しかし、今ではそれが現実となってしまっているのである。政府が生涯現役を叫ぶのは、この時の遅れを取り戻そうとしているからでもあるのだろう。

†霞が関の本音と建て前

年金制度と定年制度は一体不可分なものとして、これまで議論されてきた。法律上、国が定年問題に正式に介入するようになったのは1986年が最初である。

1986年、同年以前に存在していた「中高年齢者等の雇用の促進に関する特別措置法」は、「高年齢者等の雇用の安定等に関する法律」（高年齢者雇用安定法／高齢法）に名称変更された。このタイミングで60歳定年が企業の努力義務とされ、法律上、定年制度に関する条項が初めて規定されることになった。

形式的には改正法による一部改正であるものの、実質的には高年齢者雇用安定法という新法を立法したに等しい措置だったと労働政策研究・研修機構労働政策研究所所長の濱口桂一郎氏は述べている。このあと、１９９０年の改正で65歳までの再雇用が努力義務化され、１９９４年の60歳定年の義務化などを経て、２００４年の高齢法の改正によって、65歳までの雇用が一定の例外規定を置きつつも原則として義務化されることになる。

65歳までの雇用義務化に至るまで累次の制度改正を行ってきた日本政府。政府は当時その必要性をどのように説明していたのか。たとえば、当時の労働大臣はその必要性を以下のように述べている。

我が国の高年齢者は少なくとも65歳くらいまでは働くことを希望しているなど就業意欲が極めて高く、また、今後、若年・中年層を中心に労働力人口が減少に転ずること等から、我が国の経済社会の活力を維持し、高年齢者が生きがいを持って暮らすことのできる社会を築くためには、65歳に達するまでの雇用機会を確保することが喫緊の課題となっております。

このため、今後は、企業における65歳に達するまでの継続雇用制度の導入を促進するとともに、高年齢者がその希望に応じ多様な形態により就業し得るための施策を推進していくことが求められているところであります。

（1994年6月1日の衆議院労働委員会、鳩山邦夫労働大臣による高年齢者等の雇用の安定等に関する法律の一部を改正する法律の提案理由から）

「就業意欲が高い高齢者」が「生きがいをもって暮らすため」に65歳まで継続雇用することができる機会を設ける。これが、高齢者の就労に対して政府が公式に表明していた立場といえよう。そして、就業意欲が高い高齢者のために生きがいをもって暮らす環境を用意するという政府の立場は、現在でもそのまま引き継がれている。

しかし、ここまでの経緯からわかる通り、これは日本社会で起きている実態に即した考え方とはとても言えない。意欲ある高齢者のために雇用の機会を用意するという政府の立場は、あくまで建て前なのである。

国家財政が悪化の一途をたどるなか、年金保険の持続可能性を担保するためには、年金の支給開始年齢を引き上げざるを得ない。厚生労働省や財務省をはじめとする霞が関の本音は、国家のために人々に高齢になってでも働いてもらわねば困る、ということに尽きるのである。

　２０１２年の高齢法の改正で、65歳以上への定年引き上げか65歳までの希望者全員への継続雇用制度の適用、あるいは定年廃止の３つの措置のうちのいずれかの措置の実施が完全義務化されることになる。

　日本社会はいつの間にか65歳まで働くことが当たり前の世の中になってしまった。そして、この65歳という年齢も今後さらに引き上げられようとしている。本音を隠したまま、霞が関が作り上げてきた日本の定年制度。いま、その欺瞞に多くの人が気づき始めている。

†私たちはいつまで働かなければならないのか

　もちろん、引退年齢を決めるのは政府ではない。いつまで働くかという問題はあくまで個人的な問題である。

　実際問題として、人々はどのような理由で仕事からの引退を決めるのか。多くの人は自身の経済状況に応じて決めることになるだろう。病気などで働きたくても働けない状況にあるのだとすればそれは別としても、十分な貯蓄もないにもかかわらず自分の意志で自由に引退することなどあり得ない。

　定期的に十分な収入を得られる手段があるか。それが引退の意思決定に決定的な影響を与えるのである。後述するように高齢無職世帯の収入のほとんどは公的年金給付であるから、当然に年金給付が引退年齢に決定的な影響を与えることになる。

今後、日本財政が危機的な状況に陥り、年金受給額の減少や年金の支給開始年齢の引き上げが行われれば、十分な貯蓄を有している高齢者以外は働かざるを得なくなる。年金の支給額は現役世代の賃金水準に連動するから、賃金の動向も高齢者の生活を左右してしまう大きな要素となる。賃金や年金財政の見通しの不透明性が、人々の老後の生活の見通しに暗い影を落としている。

どの程度の貯蓄を有しているかも、仕事を辞めることができる時期に影響を与える要因である。この点においても、人びとが現役時代に受け取る賃金がこの先増えるのか減るのか、その動向は重要である。またその時々の物価水準、税金や社会保険料のゆくえなど、生活に関わる多くの経済変数は、いつまで働くかの意思決定に影響を与えることになる。

さらに、働き方の問題も大きい。実際問題として、高齢になっても続けられる仕事が世の中に存在するのか。働き方改革が叫ばれるいま、日本人の働き方は大きく変容している。高齢になってまで長時間労働を行い、組織に縛られる働き方をしたい人などいない。ＡＩやＩｏＴなどの技術の進展によって仕事がなくなるといわれるなか、将来の仕事がどうなるかということも見通しておかなければなるまい。

経済、財政、年金、賃金、物価、貯蓄、働き方、職。これらの一つ一つの経済変数が、私たちの将来の引退年齢を規定するのである。

私たちにできることは、いま日本で起こっていることを正確に理解し、そのうえで私たちの将来がどう変わっていくか、その適切な視座を持つことである。正しい現状認識に立脚すれば、その延長線上に何が起きるのかはおおよそ想像ができるはずだ。

少子高齢化がくびきとなっている日本において、いったい私たちはいつまで働けばよいのか。私たちの社会はどこへ向かおうとしているのか。超高齢化時代の日本社会の実相を、豊富な統計分析によって解き明かしていくこととしよう。

第2章 賃金は増えていないのか

使用する統計：厚生労働省「賃金構造基本統計調査」など

1　平均賃金の嘘

†賃金が増えない謎

日本の暗澹《あんたん》たる未来を語るとき、その根拠として言及されるのが低迷する賃金だ。精彩を欠く日本経済とその裏で伸び悩む賃金。賃金の動向が日本人が描く未来の生活像に暗い影を落としている。

失われた20年の間、我が国の労働者の賃金が増えていないことは、もはや常識となってしまった。寿命がさらに延びるのであれば、将来の支出をまかなうためにより多くの貯蓄を蓄えておかねばならない。引退するまでにより多くの賃金を稼がなければならない状況にあるなか、肝心の賃金が増えないのではどうしようもない。

それにしても、現代日本において賃金はなぜ増えないのか。これを不思議に思うことはないだろうか。というのも、この数十年間、日本経済は着実に拡大しているのである。

失われた20年という表現を用いるときにその起点となるのは１９９０年代初頭のバブル崩壊であるが、１９９０年を始点に考えても経済は少しずつ拡大を続けている。１９９０

年の我が国の名目GDPは453・6兆円、2018年時点では549・0兆円であったから、これまでの28年間で21・0%も経済は成長しているのである。単純に考えれば、その分、賃金が上がってもよいはずなのだ。

賃金が増えていかない中、近年、その主犯とされてきたのが企業である。企業が内部留保に勤しみ労働者への分配を怠っていることが、低迷する賃金の背景にあるのだという主張は多い。

たしかに、財務省「法人企業統計調査」によれば、企業の内部留保は2018年時点で458兆円にものぼる。日本全体の労働者への報酬の総額に当たる雇用者報酬はおよそ300兆円であるから、これが相当の額であることは確かである。

しかし、日本の低迷する賃金の主犯が企業であるという主張に耳を傾けたとき、そこにはいくつかの疑問が浮かんでくる。まず、内部留保は将来のM&Aや設備投資のための予備資金としての性格がある。さらに、日本企業だけでなく欧州各国や米国などほかの先進国企業でも、内部留保は増える趨勢にあるのだ。

さらに、内部留保がフローではなくストックの概念であるという事実も前記の主張への違和感を駆り立てる。仮に458兆円をすべて賃金に回すことができたとしても、これは一度使えば戻ってこない性質の資金なのである。フローである賃金とストックである内部留保を同じ土俵で議論することには一定の矛盾を感じざるを得ない。

近年の賃上げを正当化する理屈は至って単純である。平均賃金がこの数十年間で上昇していないことをもってして、人々の生活が豊かになっていない現状に根拠を持たせる。そして、多額の内部留保に企業が雇用者への還元を怠っている姿を投影し、虐げられている労働者像を浮かび上がらせたのだ。この前提のもと、政府が労使問題にまで介入することが正当化され、世論は企業に労働者の賃金上昇を強く促すことになる。

著者は、政府による労使関係への介入やそれによる賃上げの推進を、必ずしも否定されるべきものとは考えていない。しかし、その論法にはやや無理があったのではないかと考える。

その大前提として、「賃金が増えていない」というその現状認識にやや誤解があると考える。我が国の賃金の趨勢をどのように捉えればよいのか。まずはそこから考えてみることとしたい。

†賃上げに腐心した日本政治

そもそも、企業において設定される賃金体系はどこで決まるのか。伝統的な日本企業において、賃金の交渉は春季労使交渉いわゆる春闘の場で行われてきた。春闘の場において、待遇を向上させたい労働者側と企業の競争力確保を優先したい使用者側とのせめぎあいの中、賃金は決定されてきたのである。

しかし、1990年代後半を境として、春闘による賃金決定メカニズムは機能不全に陥った。1990年代後半から2000年代初頭にかけて、バブル経済の後遺症から日本経済は厳しい環境に置かれ、終身雇用など日本型雇用が日本経済の成長を妨げている要因として意識され始める。

このような状況下、日本経済団体連合会（経団連）は基本給を増額改定させるベースアップの実施を拒否することになる。安定雇用を優先する日本労働組合総連合会（連合）もベア留保に呼応せざるを得なくなり、その結果、2000年代には賃金上昇に向けた議論がほとんど行われない状況になってしまった。2008年にはリーマンショックが起こり、2011年に東日本大震災が発生するなど、経済環境の厳しさを理由に賃上げの機運は萎んだままであった。

しかし、2012年の安倍政権発足を境に、この流れは大きく転換することになる。2013年、政府の働きかけによって、「経済の好循環実現に向けた政労使会議」が開催され、同会議では、政府、労働者団体、使用者団体の三者間で「経済の好循環実現に向けた取組」が合意に至る。この合意によって、企業収益の拡大を賃金上昇や雇用拡大につなげることが必要不可欠であるという共通認識が醸成されることとなったのである。

賃金交渉はあくまでも労使で行われるものであって、政府がこれに直接裁断を下すことはできない。こうした事情から「共通認識を確認」というあいまいな表現を取っているが、これは事実上、政府が労使関係に介入して賃金を上昇させる施策であったといって差し支えない。

この政労使で共通認識がつくられた効果は大きかった。この後、多くの企業で賃金のベースアップが採用されることとなり、労働者の賃金は久方ぶりに引き上げられることになったのだ。

春闘の場における賃金決定メカニズムは特殊である。伝統的な日本企業では年功賃金が賃金を決めるベースとなる。年功賃金を採用しているのであれば、給与は年齢や勤続年数などに比例して自動的に上昇するから、一労働者の来年度の賃金は年齢が一つ増えることによる定期昇給分と賃金のベースそのものを引き上げるベースアップ分を現在の賃金に上乗せしたものとなる。

春闘の場は、こうした年功賃金の前提に立ったうえで、労働側がベースアップの獲得を目指して交渉する場なのである。連合では、その結果を賃上げ率（次年度の定期昇給とベースアップの総和が今年度の賃金に占める割合）という指標に直して、毎年公表することと

図表2−1　名目現金給与総額の推移

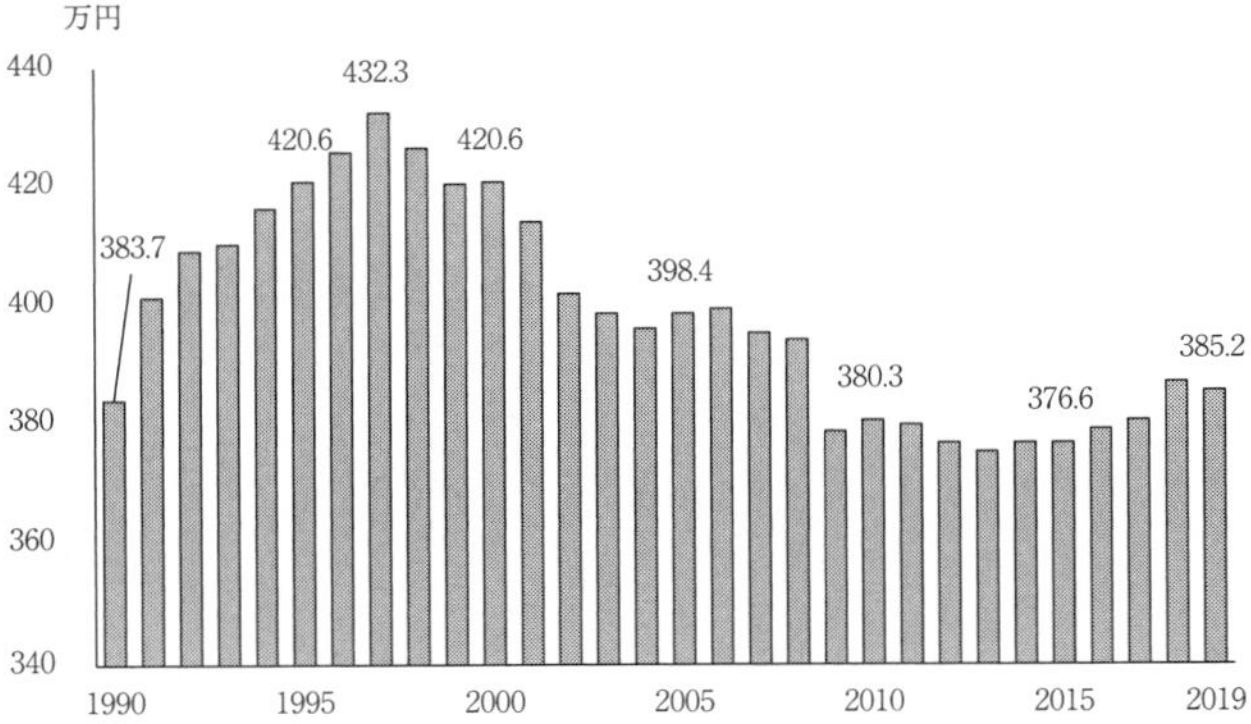

出典：厚生労働省「毎月勤労統計調査」

している。

日本労働組合総連合会「春季生活闘争最終回答集計結果」によると、2013年当時の賃上げ率は1・71％。当時、ベースアップはほとんど行われていなかったことから、このほとんどが定期昇給による賃金増加分となる。これ以降、2015年に賃上げ率が2・2％（ベースアップ分は差し引きおよそ0・5％程度）に上昇し、企業における賃上げの動きが本格化する。2019年の賃上げ率は2・07％と一時期から勢いは鈍化しているが、ベースアップはその後継続的に行われている。

春闘で定まるのは主に大企業の賃金水準であるが、春闘による賃上げは中小企業にも波及する。大企業の子会社などは親会社並びで賃金の上昇率を決めるし、そのほかの中小企業なども大企業の動きをにらみながら賃金水準を決定するからである。

２０１３年以降、日本の企業に勤める労働者の賃金の状況は大きく変わったのである。しかし、春闘の動きとは裏腹に、平均賃金の伸びは芳しくない。厚生労働省「毎月勤労統計調査」を用いて年間の名目現金給与総額の推移をとると、１９９７年に432万円でピークを迎えた後、ほぼ単調に下がり続けているのである（図表２-１）。２０１３年以降はやや持ち直しているものの、これも微々たるものだ。

我が国の賃金の動向を分析する際に最もよく用いられる指標は、この毎月勤労統計調査による名目現金給与総額の平均である。これは労働者の年間の賃金の平均を指し示しており、この平均賃金の低迷をもってして、失われた20年を表現することは多い。

この平均賃金という指標に、春闘による賃上げの効果が必ずしも反映されないのはなぜなのであろうか。当たり前のように使われている平均賃金という指標。実はこれには統計上大きな問題点がある。平均賃金は、必ずしも一人ひとりの日本人の賃金の状況を適切に指し示す指標とはいえないのである。

†統計が賃金が増えない錯覚をもたらした

たとえば就業率は、15歳以上人口を分母に、全国の就業者数を分子にして算出される。

日本の就業の状態が一目でわかるのが就業率という指標であるが、これは就業率が15歳以上の全人口を対象にした数値だからこそなのだ。

一方、平均賃金は、働いている人のみを対象として算出される。平均賃金と就業率の違いは明白である。就業率が全国の就業可能年齢である15歳以上の人々のうちの就業している人の割合を算出しているのに対し、平均賃金は働いている人のみを対象としてその動向を算出しているのである。

平均賃金は働いている人のみを対象にした数値だから、分母が常に入れ替わる。そして、これが時に錯覚を生じさせる。一人ひとりの賃金は減っていないのに、平均賃金という指標を持ち出すと、あたかもそれが減っているかのようにみえるのだ。

最近の就業率の変化をみれば、就業者の性・年齢構成がいかに急激に変わっているのかが理解される（図表2－2）。この表から一目でわかるように、女性と高齢者の就業率が顕著に増えているのである。

女性の年齢階層別の就業率は、この10年間で軒並み上昇している。たとえば、30代前半の女性の就業率は2008年の61・7％から2018年には74・6％まで上昇し、50代後半のそれも60・0％から72・0％まで上昇している。

20歳から59歳までの女性の就業率はすべての区分で7割を超え、年齢階層によっては8

図表2-2　就業率の変化

	就業率（%、2008年）		就業率（%、2018年）		就業率の増減（%、10年間）		賃金（万円、2018年）	
	男性	女性	男性	女性	男性	女性	男性	女性
15～19歳	14.5	15.2	17.7	20.1	3.2	4.9	262.1	234.9
20～24	63.9	64.8	70.8	72.5	6.9	7.7	336.5	305.0
25～29	88.5	71.8	90.3	80.9	1.8	9.1	421.3	362.3
30～34	92.4	61.7	93.0	74.6	0.6	12.9	494.2	381.6
35～39	93.4	62.2	93.9	73.0	0.5	10.8	552.8	394.6
40～44	94.1	68.7	94.2	78.1	0.1	9.4	603.5	411.8
45～49	94.1	72.9	93.6	77.9	−0.5	5.0	661.2	421.3
50～54	92.9	69.8	93.3	77.5	0.4	7.7	708.2	422.1
55～59	89.2	60.0	91.3	72.0	2.1	12.0	685.1	411.8
60～64	72.5	42.5	81.1	56.8	8.6	14.3	455.1	324.4
65～69	47.8	25.5	57.2	36.6	9.4	11.1	364.6	292.4
70歳以上	20.2	8.5	23.1	11.3	2.9	2.8	343.0	296.2

注：「就業率の増減」のうすいグレーの部分は就業率が大きく上昇していることを、「賃金」の濃いグレーの部分は全体平均より賃金が低いことを表している
出典：厚生労働省「賃金構造基本統計調査」、総務省「労働力調査」

割にまでに達する。OECDから15～64歳の女性の就業率を取ると、既に日本は米国を抜き、欧州各国と肩を並べる水準となっている。女性の就業率が中堅層で低下するM字カーブも急速に解消に向かうなど、近年、女性の労働参加は劇的に進んでいるのである。

高齢者の就業率も同様に上昇している。男性の65～69歳の就業率は2008年の47・8%から2018年には57・2%に、女性の65～69歳の就業率は25・5%から36・6%に上昇している。

そして、女性や高齢者の年収は全体の平均（497・2万円）よりもだいぶ少ない。このため、女性や高齢者の労働参加が皮肉にも労働者の平均賃金を押し下

げてしまっているのである。

　これまでであれば仕事を辞めていた子育て世代の女性や高齢者の就労が促進されれば、平均賃金を押し下げる要因になる。彼らは働き盛りの男性に比べて長時間の労働に従事することは少ないし、非正規雇用者として相対的に低い賃金で働く者も多いからだ。実際に、夫婦共働きで緩やかに働く人、嘱託《しょくたく》のような形で年金をもらいながら働いている高齢者など、賃金の多寡《たか》を最優先に考える人は近年明らかに少なくなっているはずだ。

　このような事実をみると、賃金が下がっているという主張はだいぶ割り引いて考えなければならないのではないだろうか。労働時間の縮減が進んでいること、女性や高齢者の就労が拡大していることなど、平均賃金上昇に不利な要素はたくさんあるのだ。そう考えると、賃金が上がらないというのは、単に統計がもたらす錯覚なのではないだろうか。

2　賃金構造の大変動

†賃金上昇の果実を得た女性

　近年の賃金の推移をたどっていけば、賃金が増えないという主張は必ずしも現状を正確に表したものとはいえない。賃金が増えていないことをもって日本の未来に対して鬱屈とした気持ちを持つ人もいるが、未来はそこまでに暗くはないのである。

さらに、属性別に賃金の変化を丁寧にみていけば、その人の有する属性によって様相がだいぶ変わることがわかる。

厚生労働省「賃金構造基本統計調査」は、10人以上の事業所に勤める労働者の賃金の動向を調査している。現在の年齢区分で賃金が集計されるようになったのが2008年。その2008年から2018年までの10年間における性・年齢別の賃金の動向を分析してみよう（図表2－3）。なお、2009年にはリーマンショックによる景気悪化を受けて賃金が急減していたため、ここではその前の年である2008年と2018年の10年間での比較としている。

この図表を見ると、労働者がどの性・年齢の区分に該当するかによって、賃金の変化が大きく異なっていることがわかる。

この10年間で賃金が増加したのは女性である。女性の賃金変化をみると、45～49歳で10・3％増、50～54歳で13・1％増、55～59歳で17・7％増、60～64歳で12・9％増など、特に中堅から高齢にかけての層で大きく増加している様子が認められる。区分によっては、この10年間で10％以上賃金が上昇しているのだ。

図表２－３　賃金カーブの変遷（上：男性、下：女性）

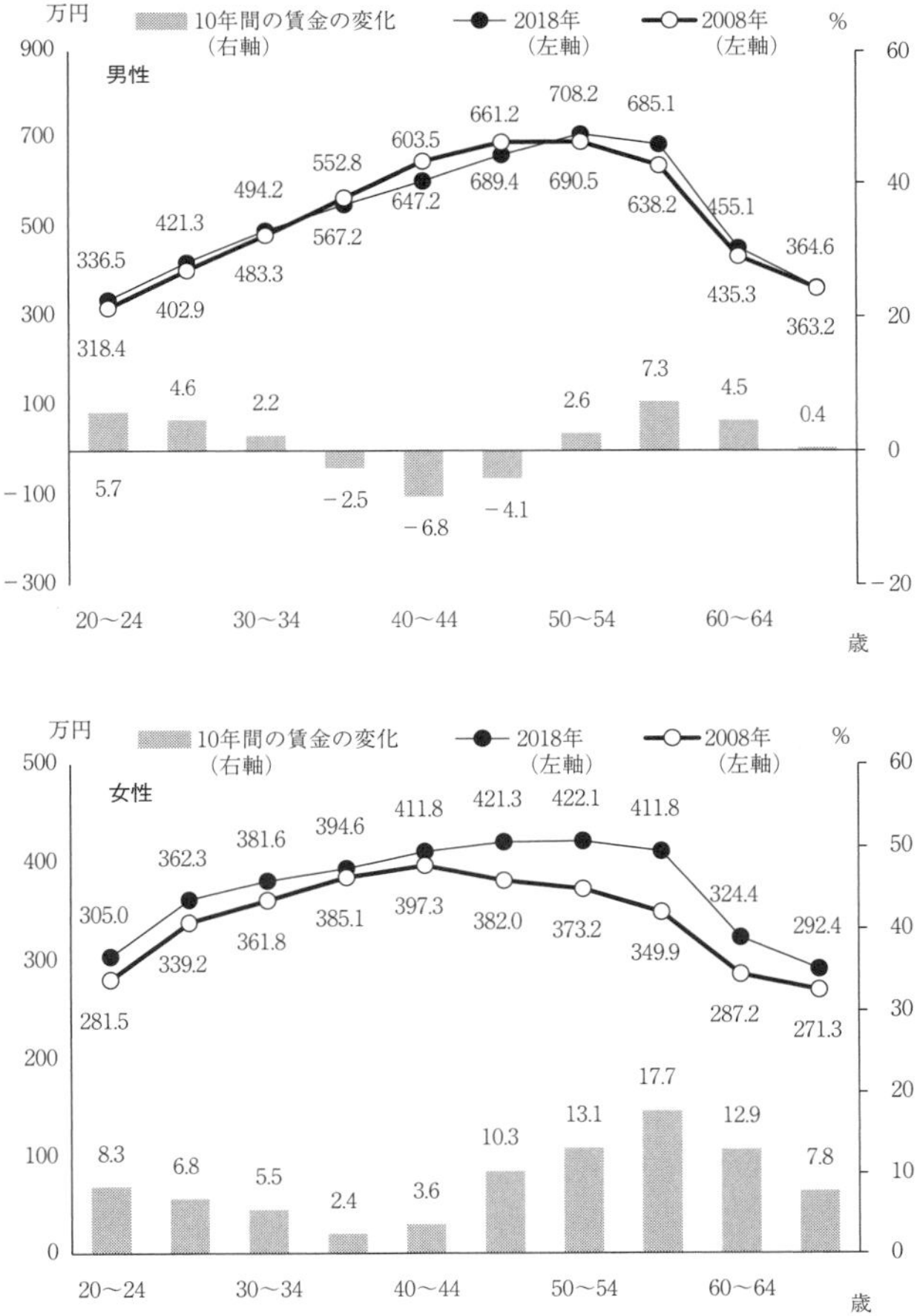

出典：厚生労働省「賃金構造基本統計調査」

この結果から、現代日本においても、十分に賃金増加の恩恵にあずかっている人がいることが確認できる。現代の女性が過去の女性と比較して多くの収入を稼いでいるということは多くの会社で広範にみられる現象だ。実感としても、この結果に違和感を持つ人はおそらくいないであろう。

女性の賃金が上昇したのは、一人ひとりの女性が職場で質の高い経験を積み、それを通じて職業能力を高め、社会に対してより高い価値創造をしたからにほかならない。

実際に、女性をめぐる環境はこの数十年間で激変した。女性の社会における役割が大きく変わる契機になったのは、1985年の男女雇用機会均等法の制定である。1985年に入社した女性社員は2020年時点で50代半ばから後半になり、まさにこの10年間で賃金が大幅に上昇している年代と一致している。

男女雇用機会均等法の施行以降、企業は女性に対する仕事への期待を大きく変えた。これまでほとんどの会社では女性社員を一般職として入社させ、男性とは異なる仕事を割り当ててきた。しかし、男女雇用機会均等法施行以降、女性に対して男性と同等の仕事を与えようとする考えが企業でも徐々に広まっていった。

現在活躍している女性は、女性にとって苦難の時代を生きてきたといえる。会社では男性と変わらぬ役割を、家庭では女性としての旧態依然とした役割を求められ、そのはざまで苦悩してきたのが同世代の女性でもある。しかし、その結果として、一部の女性は着実に力をつけ、社内でこれまでにない存在感を築いている。

近年の女性活躍の動きからわかることは、経験を通じて仕事に熟練し、世の中に対してより多くの価値を提供することこそが、賃金を上昇させる最も確かな方略であるということだ。努力の正当な対価として、賃金上昇という果実を女性は確かに得たのである。

中堅男性の比較優位が消失

賃金が増えたのは女性だけではない。同じく2008年から2018年の10年間で、20~24歳の男性は5・7%増、同年齢の女性は8・3%増と、若年層でも賃金の増加が目立っている。

近年、中小企業や不人気職種を中心に若手社員の採用が難しくなっており、初任給を引き上げる企業が増えている。春闘においてもベースアップを行う際に若年層に厚めに配分する事例が多く見受けられており、幅広い企業で若年層の賃金を重点的に引き上げる動きが広がっている。賃金構造基本統計調査では、大学卒や高校卒の新規就業者の初任給を継続的に調査しているが、初任給は2013年を境に一本調子で増加している(図表2-4)。

若年層の賃金増加の原因は、ひとえに人手不足によるものであろう。賃金はその人の生

図表2-4　大学卒業者、高校卒業者の初任給

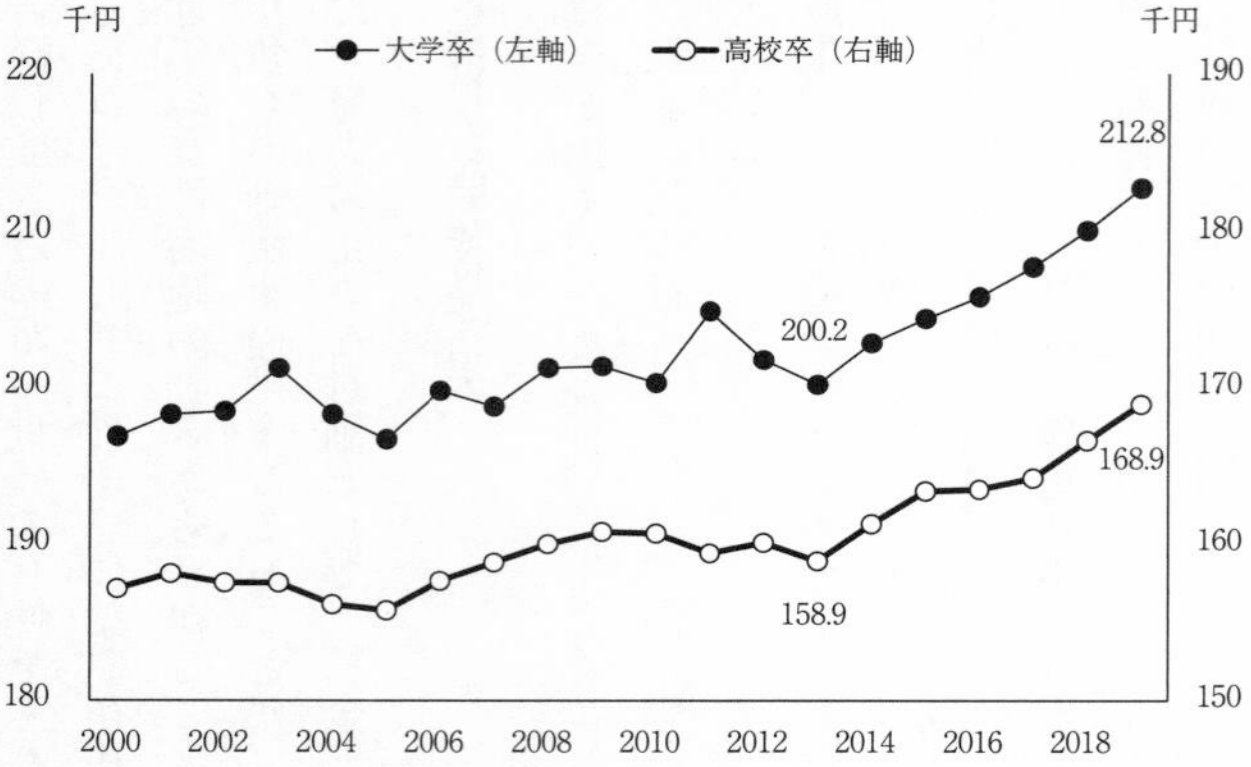

出典：厚生労働省「賃金構造基本統計調査」

産性の高さによって決まるが、それと同時に労働市場の需給によっても決まる。特定の属性や職にある人が多くの企業組織で足りなくなるという事態になれば、その人が持つ能力以上の待遇が用意されることもあるのだ。

後述するように賃金の増加が認められるのは高齢層も同様である。そして、この10年間で唯一賃金が減少しているのは男性中堅層である。40～44歳の男性が6・8％減、45～49歳が4・1％減と、ほかの性・年代層で軒並み賃金が増えているなか、男性中堅層だけが賃金が減少している。

つまり、近年の低迷する賃金の問題は、男性中堅層の問題にほかならないのだ。世の中で影響力の大きい働き盛りの男性の賃金が上がらないことが、賃金が増えない印象をこと

さらに強くしているのである。

かつて、中堅男性は一家の生計を担う大黒柱であったと同時に、企業の利益や国際競争力の向上を担う主戦力であった。女性活躍の推進や高齢者の活用、若手の登用など、今まで日本の労働市場の脇役であった人たちが脚光を浴びるなかで、男性中堅層だけが賃金が下がっている。これはなぜか。

賃金低下を社会のせいにする人もいるだろう。しかし、彼らの賃金が減少したのは、彼らの性差による比較優位が消失したからだと考えるべきではないだろうか。

女性が活躍し始めたことで、能力の優劣にかかわらず中堅男性に独占的に社内の重要なポジションを任せるといった運用が、もはや多くの日本企業で行われなくなってきているのである。結果として、女性たちとの競争にさらされた一部の男性はその競争に負け、社内での重要な地位を追われることとなった。

これは中堅男性の価値創造機能が相対的に低下したからにほかならない。女性活躍という現代日本で進んだ構造変化が、賃金の構造にも大きな変化をもたらした。失われた数十年といわれている時代に真に失われたものは中堅男性の比較優位であったのだ。

†高齢社員が中堅男性の役職を奪った

賃金低下の原因のすべてを彼らの責任に帰すのは酷でもある。日本の賃金構造が大きく変化した背景には、我が国のいびつな人口動態や国の政策による関与があるのだ。

そもそも、企業は一人ひとりの労働者の賃金をどのように決めているのか。賃金を決める際に何を基準とするかは、時代に応じて変化してきた。

同志社大学の石田光男教授によれば、1950年代から60年代にかけて年齢・勤続年数・学歴を基準にしていた賃金体系は、国際競争の激化などを背景に70年代から80年代にかけて能力主義的なものに変わる。そして、90年代以降は賃金の決定方式が多様化しつつも、仕事の役割を重視する形に変わってきたのだという（石田2006）。役割によって期待される行動や成果を規定し、その尺度のもとで成果の評価が行われる形に賃金決定メカニズムは変わってきた。

仕事の役割というとわかりにくいが、期待する役割という意味では、それと密接に結びつくのは役職である。実際に、多くの会社で、役職の高低と賃金の多寡は強く関連している。役職が賃金の大きな決定要素であるという立場で考えると、中堅男性の賃金低下の要因は容易に理解される。すなわち、中堅男性の賃金低下は、中堅男性の役職の剝奪によっ

図表2-5　役職に就いている人の割合（男性）

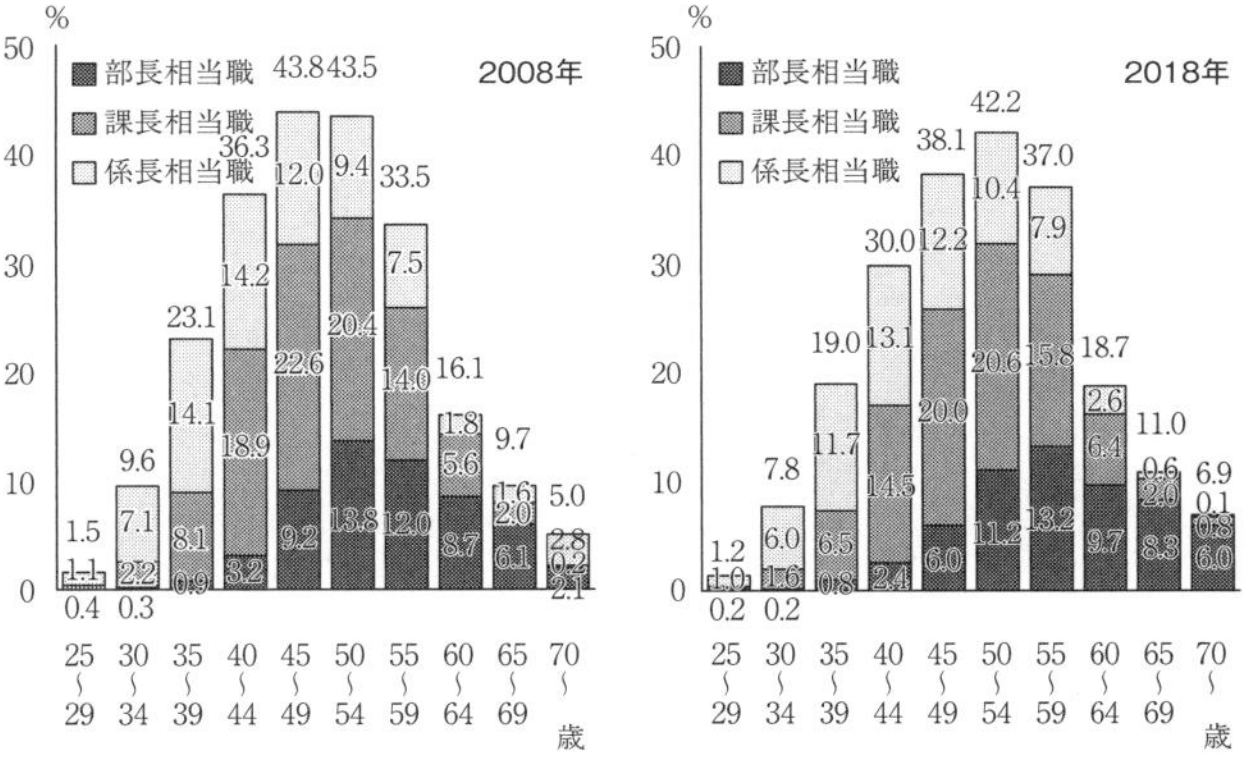

出典：厚生労働省「賃金構造基本統計調査」

て起きているのである。

役職ごとにその役職に就いている男性の年齢構成の変化を追ったのが上図である（図表2-5）。

これをみると、55歳未満か55歳以上かで、この10年間で役職者比率が増えたか減ったかがくっきりと分かれている。つまり、55歳未満のすべての年齢層で役職者の比率が減少しているのに対し、55歳以上のすべての年齢層で役職者の比率が増加しているのである。

男性の役職者比率が最も急激に減少しているのは40～44歳である。2008年の36・3%から2018年に30・0%まで減った。一方、役職者比率が最も上昇しているのが55～59歳。同比率は2008年の33・5%から2018年に37・0%まで上昇している。

役職者比率がピークを迎える年齢階層も変わった。部長職の比率が最も高くなる年齢は当初は50～54歳だったが、10年後には55～59歳に移行している。同様に、課長職でも45～49歳から50～54歳へと役職就任の高齢化が進んだ。

この現象が生じる背景は明らかである。高齢法の改正によって多くの企業で定年延長などの施策が講じられることで、高齢社員が社内に滞留し、企業の年齢構成が高齢化したからだ。

このため、企業としては中堅層の賃金を意図的に引き下げているわけでないにもかかわらず、結果的に中堅層が役職にありつくことができなくなり、賃金が下がってしまうという事態が発生しているというわけなのである。

実務的に企業は従業員の賃金をどのように引き上げていくか。一定の役職を問題なくこなした者に対し、次の役職をこなすだけの能力を期待し、これに基づいて役職を引き上げる。そして、役職に基づいて賃金も上昇させる。多くの企業では、こうした運用がなされている。

その端緒となる役職の提供が失われれば、能力の向上も達成されないし、給与も大きく増えることはない。これが、近年多くの企業で起きている実情なのである。少々うがった見方をすれば、これは社内における高齢層の社員が中堅層の社員から役職を奪っている結果であるともいえる。

高齢社員の処遇について何が課題であるかを、大企業の人事部長数十名に聞いたことがある。そのときに最も多かった回答は、高齢社員の役職や配置をどうするかであった。

かつて上司・部下だった関係にある人を、年齢を理由としてその関係を逆転させると、指揮命令系統に混乱が生じる。しかし、だからといって高齢社員の役職を維持すると、その後の世代に世代交代ができず、社内の新陳代謝がうまくいかない。雇用延長が図られるなかで、多くの企業がこのようなジレンマを抱えているのである。

中堅層の賃金が伸びない要因として、人口動態の影響も大きい。２０２０年時点の人口構成をみてみると、団塊ジュニア世代ともいわれる40代後半の人数が突出して多いことがわかる（図表２－６）。

２０２０年時点の60歳人口は１４９・５万人であるが、47歳の人口は２０１・７万人もある。また40歳人口は１５７・２万人と少なく、団塊ジュニア世代の人数がその周辺人口より多いことが確認される。

組織構造はその企業を取り巻く市場環境などによって設計される。このため、多くの企業では市場環境の変化がない限り、役職数はほぼ一定の水準で固定される。団塊ジュニア世代が役職適齢期になったからといって、役職の数を簡単に増やしたり減らしたりするこ

図表2-6　人口動態の変化

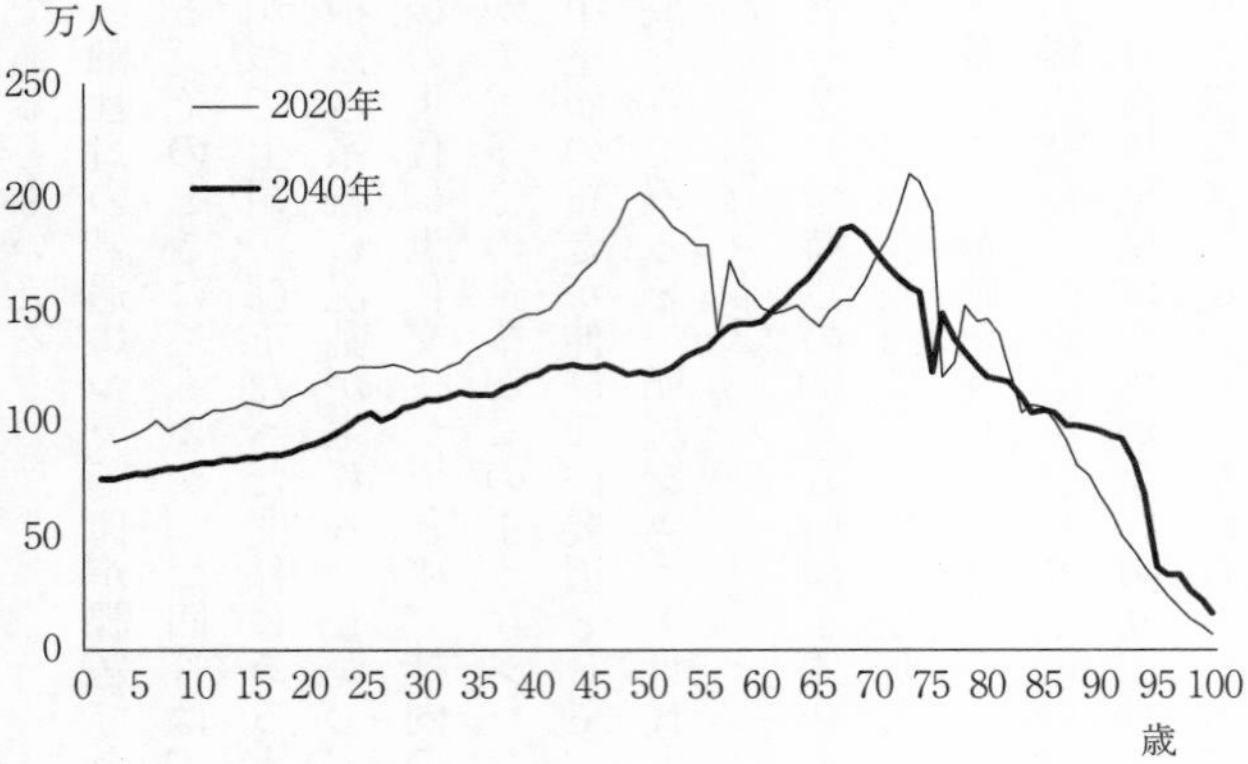

出典：国立社会保障・人口問題研究所「日本の将来推計人口」

とはできないのである。

このため、数が多い40代後半の社員の一部しか役職に就くことができないという事態が発生してしまう。しかも、団塊ジュニア世代で役職が詰まってしまうと、現在30代から40代前半に当たるその後続の世代も影響を受けてしまう。

こうした現象は団塊世代が役職適齢期に差しかかっていた時期にも起きていた。急速に進む少子高齢化が長期的な賃金の趨勢にも一定の影響を与えてきたのである。

この10年間で日本の賃金構造は大きく変動した。こうした変化をあえて単純化して言うのだとすれば、女性と高齢者が中堅男性の役職を奪ったものと結論づけることができる。

雇用ジャーナリストの海老《えび》原《はら》嗣生《つぐお》氏は、

「誰もが階段を上る」仕組みこそが日本型雇用の本質だと述べている（海老原・荻野2018）。しかし、近年の女性の社会進出や高齢者の就業延長によって、この仕組みはもはや成り立たなくなっているのである。

こうした社会構造の変化が、近年の賃金構造の大変動を引き起こした。将来の人口動態に思いを巡らせても、高齢者のシェアが高い逆三角形の状態が数十年にわたって続くことになる。中堅男性の賃金の低迷は、今後も続くはずだ。

3　賃金のゆくえ

†価値を生み出す源泉が多様化

近年における賃金の変動を再評価し、将来の賃金のゆくえに考えを巡らせるとすれば、それはどのように考えられるだろうか。

まず、政府が労使の賃金交渉に関与するようになったことは、日本の賃金決定メカニズムを巡る大きな構造変化になった。労使の専決事項であった賃金体系の変更が、政府ひいては世論による監視のもとで行われるようになったのである。政府が労使関係に強く働きかけることでいわゆる官製春闘を作り出し、それは確かに労働者の賃金を押し上げた。政府主導の賃上げは、政権の人気取り政策という様相を呈していることもまた事実である。実際に、安倍政権が取ってきた賃上げ政策は総じて多くの国民に支持されてきたようにみえるし、それが政権浮揚の手段となった側面は否めない。

しかし、それと同時に、近年の賃金の決定メカニズムが機能不全に陥っていたことも指摘しておかねばなるまい。労働組合の組織率は低下を続け、そのプレゼンスの低下はとどまることをしらない。このような中で、従来通りに使用者と労働者が対等な立場で賃金交渉を闘えるかといえば、そうではない状況が生まれていると考えるべきだ。

賃上げに政府が関与することを批判する向きもある。しかし、政府による労使関係への介入は、世論の後押しのもとで行われるべくして行われたと捉える方が理に適っている。賃上げポピュリズムとでも言うべき政府による賃金形成プロセスへの介入は、民主的な側面からも、理論的な側面からも、正当化されうるのだ。長い年月をかけて育まれた労使の賃金決定メカニズムの経年劣化に目を付け、巧みにハンドリングした同政権の政策運営は見事であったといえよう。

一方でそれと同時に、こうした政府による賃上げへの介入は、中長期的な賃金上昇を目指すにあたって、その本質的な解決にはならないことにも言及しておかなければならない。

経済学の標準的なフレームワークに従えば、賃金は労働者の生産性（一時間あたりの労働によって生み出す付加価値）によって定まる。生産性が高い労働者は企業が生み出す付加価値（生産者が作り出した生産額から、投入に要した原材料費などを引いたもの）の向上により貢献するのだから、労働市場において当該労働者の賃金は高位に設定される。

賃金というのは、稼いだ利益を従業員にどう配分するかで決まる側面もあれば、当該労働者がどの程度の付加価値を生み出したかで決まる側面もある。そして、長期的に日本の労働者の賃金を増やしていくためには、後者のアプローチで考えなければならない。

賃上げだけを無理に先行させてしまえば、いずれ賃金と生産性の水準の乖離をまねく。中長期的には、経済が成長するペースと賃金が上昇していくペースは足並みをそろえていくはずである。このため、労働者の生産性向上が賃金上昇についていかないのであれば、将来的に賃金の揺り戻しが起きることは不可避となる。

賃金は労働需給によっても決まるから、人手不足の将来には賃金はさらに上がるはずだという考えもある。しかし、将来の賃金の動向を労働需給の側面だけで説明することもやはりできない。いくら需給が逼迫していたとしても、企業が生み出す付加価値以上の報酬を労働者に分配することはできないからだ。

結局のところ、賃金を持続的に上昇させるためには、一人ひとりの労働者が生産性を高め、世の中に生み出す付加価値額を増やすしかない。ありきたりな結論かもしれないが、長期的な賃金の趨勢は、わが国が継続的にイノベーションを生み出すことができるかどうかにかかっているのである。

この点、近年の女性活躍の流れは、日本経済の根幹に大きな変化を及ぼした。過去には家庭における役割に終始していた女性が、今や職場において重要な役割を担い、仕事を通じて高い価値を世の中に創出する主体となった。女性の賃金が上昇しているのは、こうした構造変化がもたらした当然の帰結である。

現代日本の賃金構造の最も本質的な変化は、日本経済の価値を生み出す源泉が多様化したことに見出されるべきだろう。これまで日本経済の価値創造を一手に担っていたのが中堅男性であったとすれば、それが女性や高齢者といったこれまで周縁労働者とみられていた人たちにも広がってきているのである。価値を生み出す源泉の多様化は、少子高齢化で生産年齢人口が減少していく時代において、起こるべくして起こった構造変化だといえる。

将来の賃金のゆくえに思いを巡らせれば、この流れがとどまることなく進展していくことは明らかだ。中堅男性だけが価値を創造する形から、周縁労働者も含め国民全員が価値創造を担っていく形へと変わる。これからも、そういう形で経済価値の発生の仕方が変わっていくだろう。

†平均賃金は減少し、賃金の総額は増加

日本経済は既に十分に成熟している。先進国において、国内の付加価値を高めていく道筋をつけることは言うに易し行うに難しである。だから将来の日本人の賃金を増やそうとしたとき、海外の成長をいかに取り込んでいくかという視点はますます重要となってくる。

賃金上昇のためには国民総所得（GNI）の増大が必要不可欠である。国民総所得とは、国内総生産（GDP）に所得収支と交易利得を加えて算出される、日本人が稼ぐ所得の総計を示す概念である。所得収支は日本人が海外で生み出した損益を指し示すもので、直接投資収益や証券投資収益からなる。交易利得は、交易条件の変動に伴う購買力の流出入を表すものとなる。

要するに、日本国民の所得の総体を増やそうと思えば、国内で高い付加価値を創造するほか、海外からの稼ぎを増やす必要があるということだ。海外からの稼ぎを増やすには、直接投資を効果的に行い海外から配当金などを得ることや、輸入価格を抑制する一方で輸出価格を引き上げて交易条件を改善させることが必要になってくる。

2000年以降、我が国の所得収支の受取は増加を続けている。この数十年間で企業はグローバルでの展開を当たり前のように検討するようになり、製造業を中心に海外での現

図表２-７　国内総生産（GDP）と国民総所得（GNI）

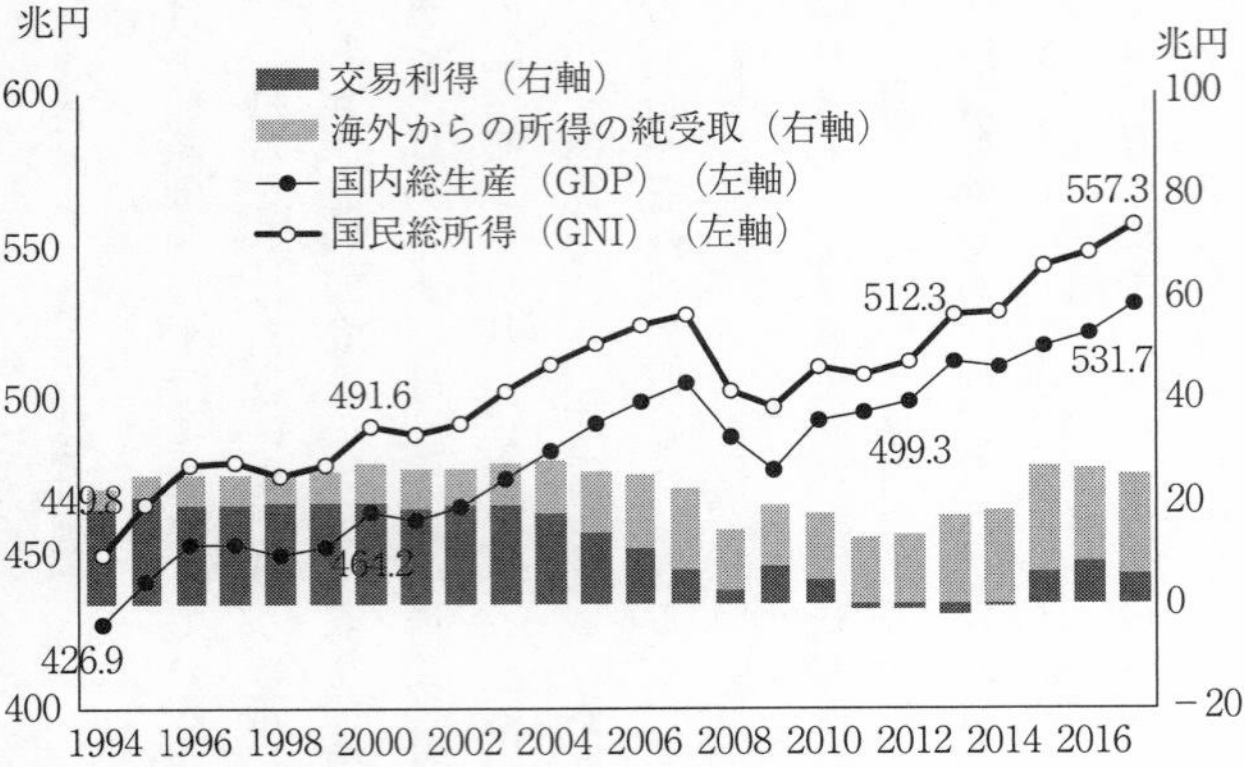

出典：内閣府「国民経済計算」

地生産も累増している。海外直接投資によって、海外現地法人があげた利益の一部が国内本社に還流し、それが国内企業の業績向上をもたらす。そして、それは結果的に従業員の賃金の上昇につながる。

しかし日本企業が多くの資金を海外に投じているにもかかわらず、国民総所得は２０００年から２０１２年までの期間でほとんど増えていなかった（図表２-７）。海外からの稼ぎを増やしていたのと同時に、日本における国富が海外に流出する事態が発生していたのだ。その元凶は交易利得の悪化である。

交易利得悪化の要因の多くは、輸入物価の上昇に求められる。日本が輸入する財として圧倒的に多くのシェアを占めているのが鉱物性燃料である。財務省「貿易統計」によれば、原油をはじめとする鉱物性燃料が輸入総額に占める割合は足元の2019年時点では21・6％であるが、2012年当時には34・1％にも上っていた。

当時、原油価格は高騰を続けていた。福島第一原子力発電所の事故によって火力発電の稼働率が高まり、燃料の需給が逼迫したこともその要因の一つである。原油価格が上昇すれば、電力会社の収益を圧迫し、その改善のために電気代が引き上げられることになる。

実際に、燃料費のコスト増から電力会社が提供する電気料金は急上昇した。電気代の多くを負担するのは企業であるため、原油価格高騰による輸入物価の上昇は、巡り巡って労働者の賃金を押し下げる圧力となった。輸入物価の高騰が、日本人が稼いだ富を海外に漏出させていたのである。

2013年以降、原油価格の下落とともに交易条件は改善に転じることとなる。政労使会議による賃上げ要請の陰で、こうした事情も企業が賃上げできる環境を作り出していたと考えるべきだろう。これまで企業側が労働者の賃金の引上げを頑なに拒んできた背景の一つには、交易条件の悪化があったのである。

実際に、労働者の報酬もこれに応じて変動している。国民経済計算（SNA）統計において作成される指標の一つに、国全体の労働者の報酬の総額を指し示す雇用者報酬という概念がある。雇用者報酬は、あらゆる生産活動から発生した付加価値のうち、労務を提供

図表2－8　名目と実質の雇用者報酬

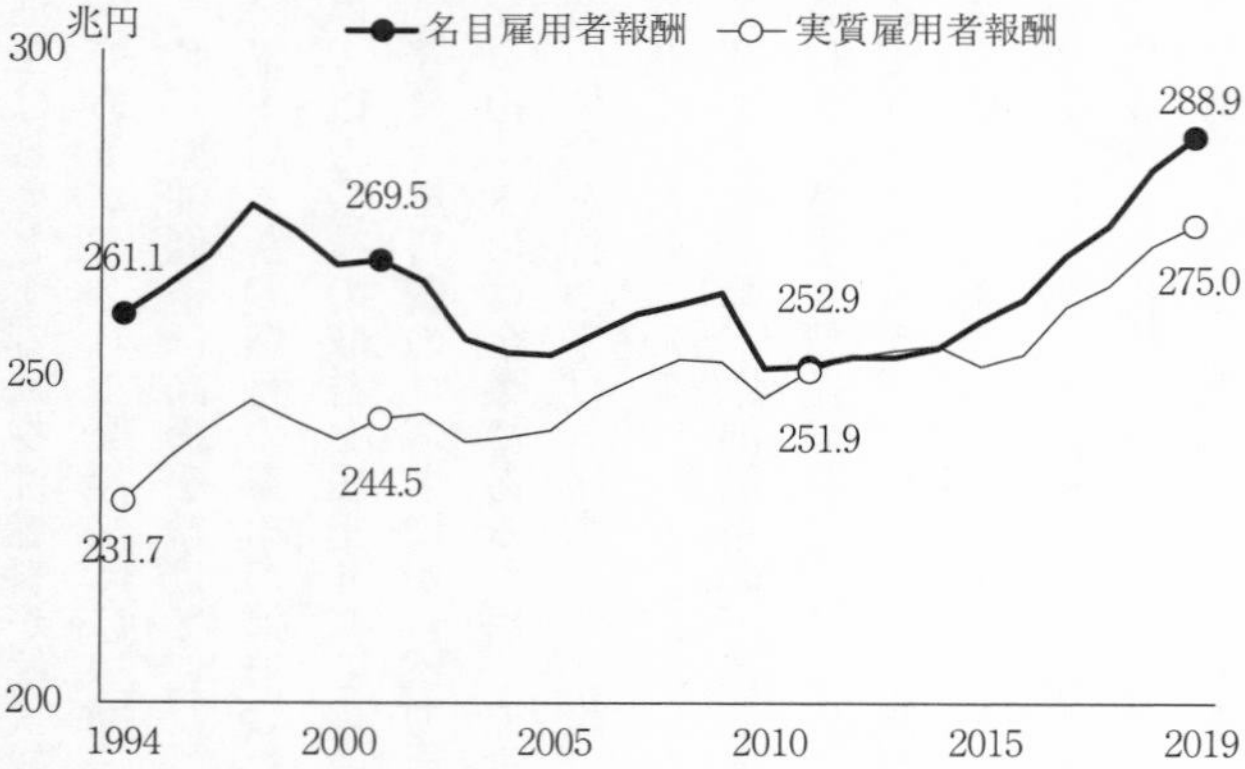

出典：内閣府「国民経済計算」

した雇用者に分配された額の総額を表すものとされている。

雇用者報酬の名目の額をみると、過去はやはり厳しい状況が続いていた（図表２－８）。２０００年の２６９・５兆円から２０１０年には２５２・９兆円と減少していたのである。しかし、２０１３年を境に、名目雇用者報酬は著しく上昇することになる。２０１９年には同報酬額は２８８・９兆円まで増え、バブル経済後のピークを上回っている。

名目雇用者報酬が急上昇している背景には、労働参加の拡大がある。相対的に低所得である労働者が労働市場に参入すれば平均賃金は下がってしまう。しかし、賃金を得る労働者の増加は報酬の総額の増加につながることから、雇用者報酬は増加することになる。

現代の日本において賃金をどう増やすかを考えるのであれば、賃金の平均値を上昇させるのではなく、人々に分配された賃金などの総和である雇用者報酬をいかに増やすかを政策目標とすべきだろう。平均賃金という指標など見てもあまり意味はないのだ。

雇用者報酬を実質でみると結果はさらに変わる。実質雇用者報酬も2000年代にその伸びが鈍化しているものの、1994年の231・7兆円から2019年の275・0兆円へと着実に増えている様子がうかがえるのである。1994年から2019年までの年率の伸びはプラス0・7%と緩やかではあるが、失われた数十年間、労働者の実質的な報酬の総額は着実に増えていたのだ。

こうしてみると、賃金が増加していないという人々の感覚と実態とにはやや乖離があるのはやはり事実である。日本の平均賃金がなぜ低迷したのかという問題を総括すると次のようになる。すなわち、賃金を生み出す主体が多様化したこと、交易条件の悪化を通じて国富が海外へ漏出したこと、デフレーションが続くことで名目の賃金が減少したことなど、複合的な要素が現代日本の低迷する賃金という現象を演出していたのである。

経済というのは循環をくりかえすものだ。景気回復局面があれば、景気後退局面も必ず訪れる。しかし、長期的に均してみれば、経済は漸進的に拡大しているし、今後もその傾向は変わらないはずだ。

今後も、高齢者が労働市場に参入することによって、平均賃金は抑制を余儀なくされるだろう。しかし、経済の成長に応じて、労働者の報酬の総額が将来に向かって着実に増えていくこともまた確からしい未来なのだ。

†企業組織の高齢化と経験の喪失

経済成長に応じて、報酬の総額は今後も着実に増える。では、それは今後どう分配されるのか。将来の賃金のゆくえを考えるのであれば、賃金の分配としての側面にも配慮しなければならない。企業の利益を個々の労働者にどのように分配するかを考えたとき、その人の生産性の多寡のほか、その人を取り巻く労働需給がどう変動するかは無視できない。労働需給は報酬の総額を規定する大きな要素にはならないとしても、その配分の方法には一定の影響を与えるはずなのである。

そして、労働需給は人口によって規定される部分が少なからず存在する。そう考えれば、賃金の分配の観点からより多くの利益を得ることになるのは将来の若年層となるだろう。

2018年時点で高校卒に当たる18歳人口は120・7万人、大学学部卒に当たる22歳人口は123・0万人存在する。国立社会保障・人口問題研究所が推計している将来人口の中位推計によれば、2040年には18歳人口が88・2万人、22歳人口が97・8万人にまで減るという。これは、労働市場でそれだけ新卒のマーケットが縮小することを意味する。

これは企業にとってはまさに死活問題である。今後、これまで以上に高齢社員が増えるなか、企業組織の年齢のバランスを確保するために若い社員を積極的に採用しなければならない。しかし、世の中にはその需要に見合うだけの若手がいなくなるのだ。

将来的には、多くの企業で新卒社員の獲得合戦が起きるだろう。足元でもすでにその兆候は見え始めている。実際に、特段目立ったところのない学生が一昔前では考えられないような企業で内定を得て、高い給与を得て働いているという声も聞くようになっている。

これからも、企業は他社に先駆けて優秀な若手社員を獲得しようと、初任給を引き上げることになるだろう。労働需給の逼迫が若手社員に有利に働くのだ。

女性の賃金も今後ますます増加するはずだ。男女の賃金格差は未だに大きい。2018年時点において、50~54歳の男性の平均賃金は708・2万円であるのに対し、女性の50~54歳の平均賃金は422・1万円と、男性の6割弱にとどまっている。

女性の管理職比率が低い水準にとどまっているなど、「女性活躍」はまだ道半ばだ。現在の40代、30代がこれらの年代に達する頃には、活躍する女性の裾野はさらに広がっているはずであるし、またそうあらねばならない。今後も女性の賃金が上昇する形で、男女賃金格差はますます縮小していくはずだ。

そして、最も困難な状況におかれるのは、将来の高齢世代、つまり現在30代や40代に当たる人たちであろう。希望する役職に就けていない今の中堅層が将来どうなるかを考えたとき、その多くが十分な役職を得られないままキャリアを終えることになる。数が多いこの年代の従業員を処遇するだけのポストを、企業は今後も用意できないからだ。

定年延長などの施策によって、職業人生はますます長くなる。そうなると、将来は70歳を過ぎても会社に残る人が出てくるかもしれない。そうなったときに、多くの企業で社内の人口構成の高齢化、世代交代の遅れがより深刻な問題となるはずである。

将来の日本企業における組織はどのようなものであるべきか。理想的には、企業組織は若手や中堅に豊富なビジネス経験を与える存在であるべきである。若い人に自身がこなせるかどうかぎりぎりの役割を与え、思う存分に活躍し、職業能力を高めてもらう。そして、豊富な経験によって育まれた人材が社会に価値を創造する。経験を与えなければ人は成長しないものだ。

しかし現在政府が行っているのは、高齢社員の雇用を企業に押しつけるような施策だ。この状態が続けば、企業組織はさらに高齢化し、適切な経験を与えられず職業能力を開発する機会を失った人々が漂流することになる。少子高齢化のなかで、国とともに高齢化している日本企業。このままでは厳しい国際競争を生き残っていくことはできない。

第3章

格差は広がっているのか

使用する統計：総務省「労働力調査」など

1　格差の象徴としての非正規雇用

†格差と非正規雇用

格差はいつの時代も国家の中心的な議題として存在する。諸外国を見渡せば、格差の広がりが国政にいかに大きな影響を与えているかが実感されよう。

たとえ景気が上向いたとしても、その恩恵が富裕層だけに行き届いているのであれば、時の政権は批判を浴びる。野党が格差の広がりに焦点を当てることで政権与党を糾弾する光景は、どこの国でも見られる。

2000年代の日本政治は、まさに格差をめぐって与野党がせめぎあう構図にあった。その格差の根幹にあったのが、非正規雇用という雇用形態である。リーマンショックによる景気後退期に、派遣労働者や契約社員の契約打ち切りが相次いだことは記憶に新しい。

2006年10月の予算委員会で、当時民主党の代表代行であった菅直人氏が行った質問に対し、安倍首相（当時）は以下のように答えている。

（菅直人議員）総理は、格差について、所信表明などで、格差が必ずしも広がっているという認識を示されてはおりませんよね。この認識について改めてお聞きします。格差は拡大しているんじゃないでしょうか。

（安倍晋三内閣総理大臣）ジニ係数によるとだんだん格差が広がる傾向が出ているわけであります。しかし他方、その中で老人の世帯がふえているという現象を差し引いていきますと、基本的には格差はそれほど拡大していないという見方もある。一方、非正規雇用あるいはフリーター、ニートがふえてくる中において将来の格差拡大が懸念されているのも事実である。このように申し上げているわけであります。

安倍晋三氏が内閣総理大臣として最初に登板したのは2006年の9月。小泉改革による規制緩和が行われていた真っただ中のことである。当時、ジニ係数の高まり、非正規雇用者比率の上昇、ニートやフリーターの増加など、格差が広がっていることを示す数々のデータが明るみになり、政権与党はその釈明に追われていた。このような状況の中、首相も「格差が広がっていないという見方もある」といった苦しい答弁を行っている。

格差の象徴としての非正規雇用にも、多くの人の耳目《じもく》が集まっていた。その後、格差の広がりは自民党から民主党への政権交代の引き金をひくことになる。

そもそも、非正規雇用がここまで拡大したのは何が原因だったのか。近年の非正規雇用拡大の端緒とされているのが、1995年に日本経済団体連合会（日経連）から出された「新時代の「日本的経営」」の報告書である。同報告書は、これからの新しい時代の日本型雇用では、雇用柔軟型グループ、高度専門能力活用型グループ、長期蓄積能力活用型グループの3つのグループで雇用ポートフォリオ（雇用の組み合わせ）を形成するべきと提言している。そして、そこでは長期蓄積能力活用型以外は短期の雇用で十分であることが示唆されている。

慶應義塾大学の八《や》代《しろ》充史《あつし》教授らが記した『『新時代の「日本的経営」』オーラルヒストリー』（慶應義塾大学出版会）において、「長期雇用や年功賃金の対象となる固定的な労働力とパートタイマーや派遣労働者という流動的労働力の組み合わせという雇用形態の多様化によって、日本的経営存続の処方箋を示したことに今日から見た報告書の意義がある」と評されているように、同報告書は企業に対して影響力を持った（八代2015）。

日経連がこのような提言を行った背景には、企業の競争環境の変化がある。グローバルの競争が激しくなるなか、企業はすべての従業員に終身雇用を保障するという旧来の日本型雇用を維持することがもはやできなくなっていた。1990年代後半以降、企業は国際競争力の強化を目的として、非正規雇用の拡大に活路を求めることとなる。

そして、2001年4月、新自由主義的な思想を持つ小泉政権が誕生する。政権の庇護のもと、使用者側は非正規雇用に関する規制緩和への要求を強めていく。実際に、小泉政権下において、有期雇用契約期間の上限延長、製造業派遣の解禁や派遣期間制限の拡大など、非正規雇用に関する規制緩和が次々と行われた。そして、規制緩和の後、格差問題は世の中で大きくクローズアップされることになる。

2000年代に広まったといわれている格差。現代において、この問題はどのように変容しているのだろうか。格差時代を生きた若者は既に中堅となり、近い未来に就職氷河期世代は高齢者となる。そのときに一体彼らはどうなってしまうのか。

格差の存在は、日本の雇用の未来を語るうえで欠かすことのできない論点の一つである。格差をめぐる現状と未来について、非正規雇用をその問題の中心軸に据えながら、改めて検証してみることとしよう。

✝多くの人が希望して非正規に

格差問題が世の中を大いに賑わせた2000年代から、しばらくの時が流れている。現代日本の格差の象徴ともいえる非正規雇用。それはいまどのような状態にあるのか。

非正規雇用者の動向を把握するための統計として用いられるのは、総務省「労働力調

図表3－1　非正規雇用者数・比率の推移

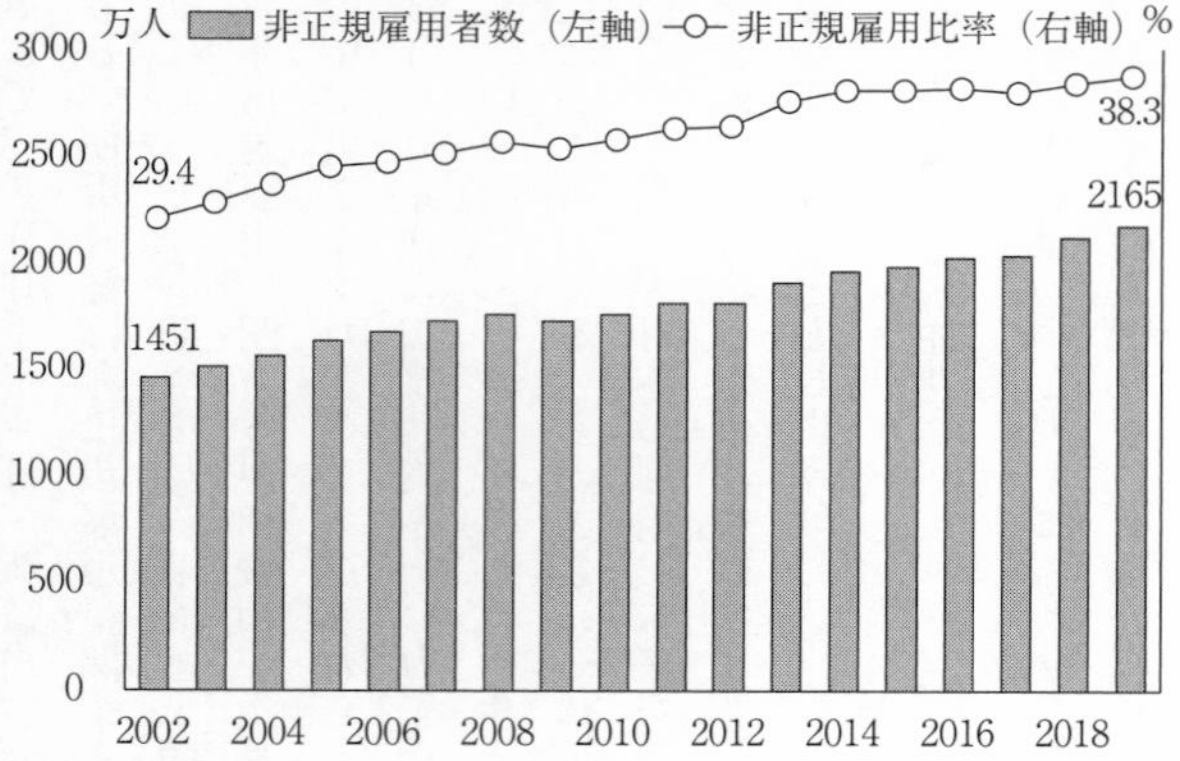

出典：総務省「労働力調査」

査」である。同調査によれば、非正規雇用者数はこの数十年で一貫して増加している（図表3－1）。

ここ数年は上昇ペースがやや落ち着いているものの、2002年の1451万人から2019年には2165万人へと、非正規雇用者は増え続けている。雇用者に占める非正規雇用者比率も29・4％から38・3％まで上昇している。非正規雇用は拡大の一途をたどっているのである。

先述のとおり、非正規雇用が拡大した背景には、終身雇用をはじめとする日本型雇用の責任を回避したい企業の思惑があった。しかし、この問題を労働の需要側だけに求めるのは公平ではない。非正規雇用が急増した要因として、労働供給側の都合が多分にあったは

図表３－２　非正規雇用についた理由

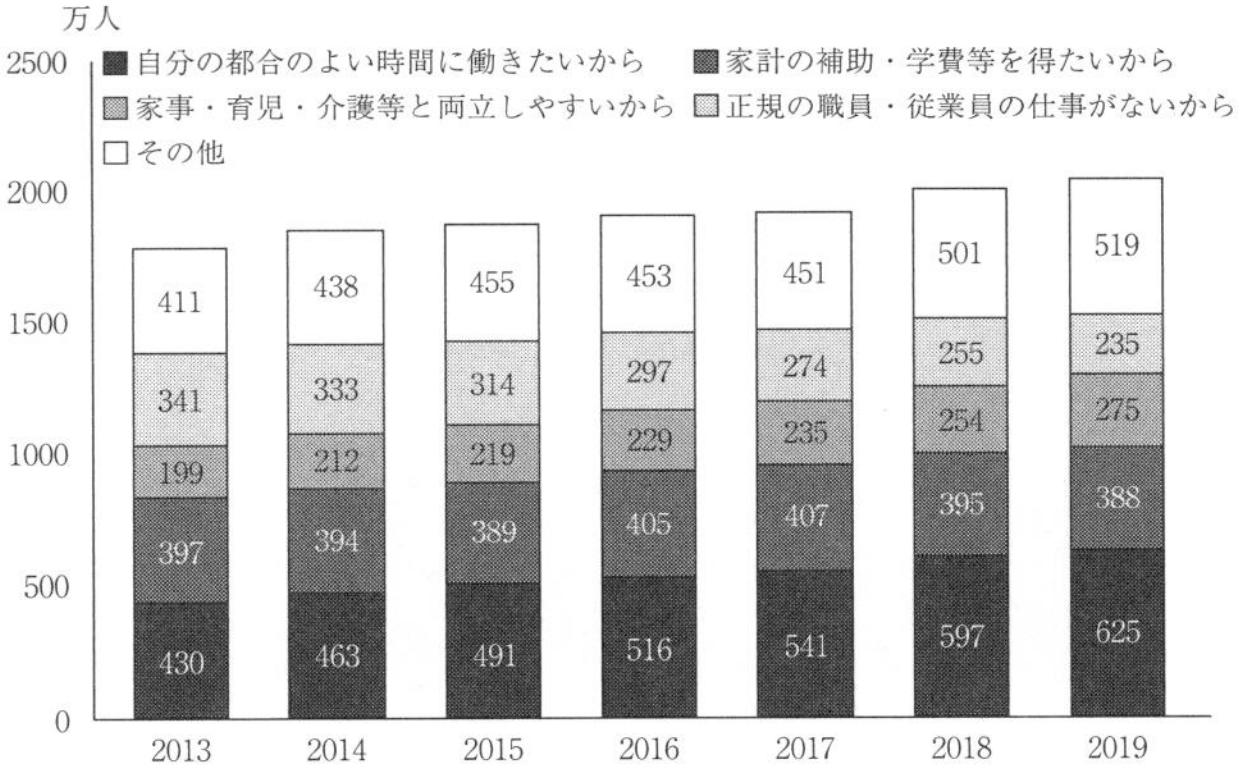

出典：総務省「労働力調査」

ずである。

非正規による雇用がなぜこんなにも普及したのかを考えるのであれば、人々がなぜ非正規雇用の職に就いたのか、その事情をくみ取らねばならない。非正規雇用の職に就く理由は人それぞれである。本来は正規雇用の職に就きたかったのにそれが叶わなかった人もいれば、家庭の事情などから自ら望んでその職に就いている人もいる。

労働力調査では、２０１３年から、非正規雇用の職に就いた人を対象として、その職を選んだ理由を聴取している。図表３－２がその内訳の推移を示したものであるが、ここからは「自分の都合のよい時間に働きたいから」や「家事・育児・介護等と両立しやすいから」など、自身の都合で非正規雇用を選ぶ人が増加していることが確認される。これは、余暇を大事にしたい高齢者や、育児の時間を優先したい子育て世代の人の労働参加が拡大しているからだろう。

一方、これとは対照的な状況にあるのが「正規の職員・従業員の仕事がないから」という理由で非正規雇用の職に就いた者である。こうした人は、本人の意思に反して非正規の働き方を余儀なくされているという意味で、不本意非正規雇用者といわれている。その不本意非正規雇用者の人数はというと、2013年の341万人から、2019年の235万人にまで、その数を大きく減少させているのである。

つまり、最近の非正規雇用を取り巻く状況を振り返れば、自らの意思に背き消極的な理由で職に就いた人が減少しつつ、自身の都合との兼ね合いで積極的に非正規雇用を選んだ人が増加するという、望ましい形での非正規雇用の普及が進んだ。これが近年の非正規雇用を貫く傾向なのである。

非正規雇用の拡大をどのように評価するのかという問題は、難しい問題である。しかし、少なくとも近年において、この理由のすべてを企業の責任に帰することは、適切ではない。労働者と企業との思惑が合致した結果が、現代の非正規雇用者の増加の背景にあることは確かなのである。

非正規雇用は多くの人の生活の安定に貢献している。だから、非正規雇用比率が上がっているから、非正規雇用者数が増えているから問題なのだという前提に立脚して議論をするのはおかしい。

非正規雇用の問題を考えるときには、単にその人数や比率にのみ焦点を当てるのではなく、非正規雇用を有効に活用している人とそうでない人で切り分けたうえでの議論を行わねばならないのである。

格差縮小の時代へ

非正規雇用の職といえばやむを得ずに選ぶ仕事だというイメージがどうしても付きまとう。しかし、その雇用の中身はここ数年で随分と変わってきているのだ。

賃金をみても、非正規雇用の質が大きく変化している様子がうかがえる。厚生労働省「賃金構造基本統計調査」を用い、一般労働者(全ての労働者からパート労働者を除いた者)について、正規雇用者と非正規雇用者の賃金の推移をとったものが図表3－3となる。

このグラフからは、正規雇用者との対比でみたときに、非正規雇用者の待遇が改善している様子が明らかになる。2005年の水準から比較すれば、2019年における無期雇用の非正規雇用者の年収は14・0%増加しており、有期雇用の非正規雇用者のそれも9・2%増加している。この間の正規雇用者の賃金の増加幅が3・4%であったことからも、非正規雇用者の賃金の改善が際立っていることがわかる。

厚生労働省「毎月勤労統計調査」から短時間労働者の時給を算出しても、結果は明瞭である（図表3－4）。すなわち、パート労働者の時給も、2010年の1049円から、2019年には1198円へと、ここ数年で大きく上昇しているのだ。時給の増加率をみれば、最近ではその比率は2％を超えることも多く、パート労働者の賃金上昇は加速さえしている。実際にフリーペーパーなどで時給をみてみると、アルバイトの時給が一昔前からかなり上がっていることを実感することができるだろう。

非正規雇用者の待遇が改善した効果は、格差指標にも表れている。格差の状況を表すための指標として最も多く用いられるのはジニ係数である。そして、相対的貧困率もまた格差関連の指標として頻繁に用いられる。相対的貧困率は、全世帯の所得の中央値の半分を貧困線として設定したうえで、貧困線以下の世帯数が全世帯数に占める割合を計算したものである。

我が国においては、どちらの指標も3年に1回の頻度で計測されている。そして、足元の動向をみれば、ジニ係数は2014年の0・570から2017年に0・559まで低下し、相対的貧困率も2015年の15・7％から2018年に15・4％へと低下していることがみてとれる（図表3－5）。2000年頃から長らく上昇傾向が続いていたジニ係数

図表3－3　非正規雇用者の年収

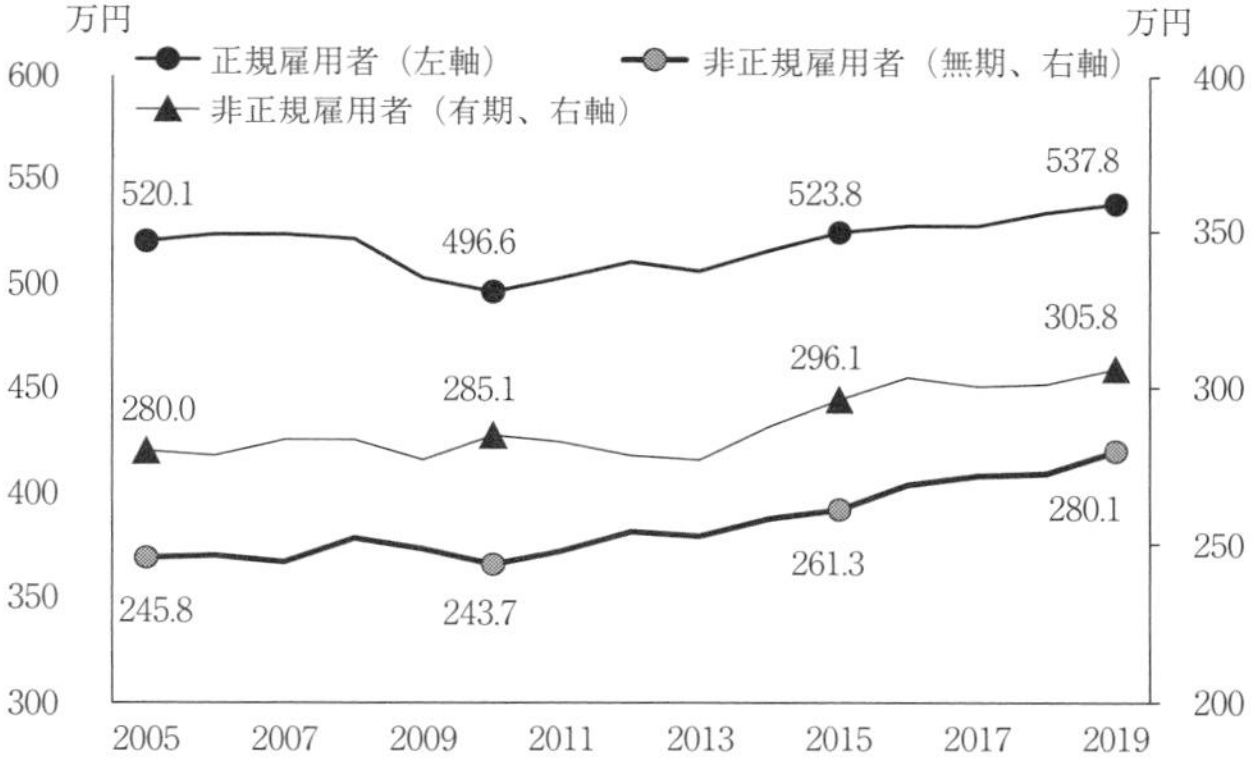

出典：厚生労働省「賃金構造基本統計調査」

図表3－4　短時間労働者（パート労働者）の時給

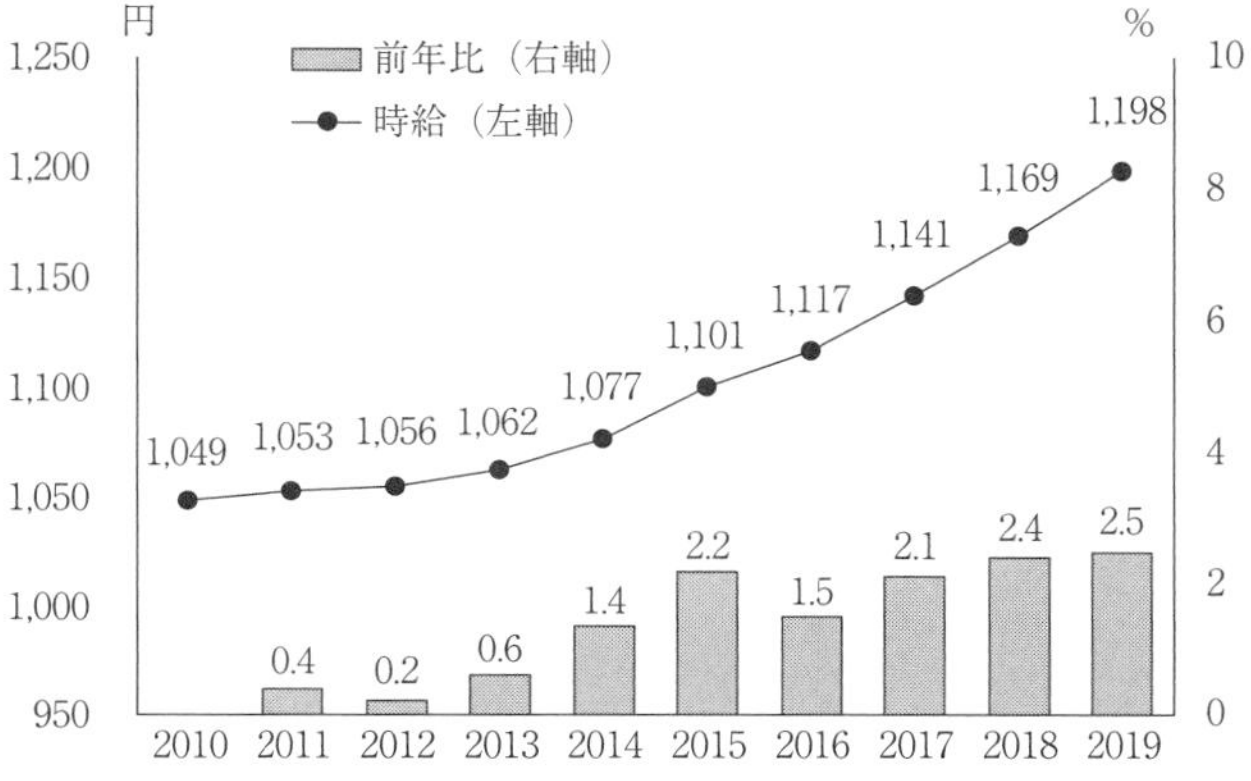

出典：厚生労働省「毎月勤労統計調査」

図表３－５　ジニ係数と相対的貧困率の推移

出典：厚生労働省「所得再分配調査」「国民生活基礎調査」

と相対的貧困率は、最近になって低下に転じているのである。

子どもの相対的貧困率という指標は子どもという言葉と貧困という言葉が結びつくことで、広がる格差の象徴として扱われることも多いが、これも16・3％あった２０１２年から２０１８年には13・5％まで大幅に低下している。

格差関連指標は、一般的に高齢化とともに上昇することが知られている。格差の高低が所得の高低で把握される以上、働かない高齢者が増えれば格差はどうしても拡大してしまうからである。

しかし、最近は高齢化の動きに逆らって、格差指標が低下している。ここから、相当な規模での格差縮小が起きていることが推察される。

このようなデータをみていると、非正規雇用者の待遇が以前よりさらに悪くなっているという事実は、少なくともここ数年間においては浮かび上がってこないのである。

もちろん、不条理ともいえる待遇に苦しんでいる人々がまだいることは事実だ。ただ、近年の政府の取り組みをみると、格差を是正させる方向へと世の中の潮流が変化していることが強くうかがえる。

格差の広がりに対する世の中の人々の厳しい視線が、最近の格差の縮小に貢献したのだと考えてもよいだろう。格差はどうしても拡大しているときだけ着目されがちであるが、それが縮小しているときも拡大しているときも、その背景を含めて正確な議論を行い必要な施策を講じていくことが重要なのではないか。

2 定着した生涯未婚

†引き継がれた3つの社会課題

非正規雇用を選ぶ理由をみれば、都合のいい時間で働きたいだとか、育児や介護と両立したいとか、自身の都合を優先させたいという理由が上位として出てくる。このことからも、非正規雇用が子育て世代や高齢者などにとって貴重な働き方であることがうかがえる。配偶者の一方が十分な稼ぎを得ている人、年金が支給されていて補助的な収入を得れば十分に生計が維持できる人。こういう既に十分な収入の基盤があって、仕事はその補助的な役割を担えば十分だという人にとっては、正規雇用という責任が重すぎる仕事はかえって好ましくない。非正規雇用はこれらの人たちにとって、必要な働き方なのである。

しかし、仕事を生活の糧とすべき人が特段の事情がないにもかかわらず非正規雇用を選んだとき、そこには問題が生じる。そして、こうしたケースが日本社会において広範にみられているのである。

非正規雇用の問題を考えるうえで欠かせない視点が、家族形成の問題である。若くして非正規雇用者となってしまい、会社において中核的な人材になれなかった人が、家族形成においても取り残されてしまうという事態が発生している。労働と結婚行動との間には、切っても切れない関係があるのだ。

未婚化は1990年代以降に急速に進行した。この時期に日本経済は低迷期に入り、やがて非正規雇用者や無業者の増加が社会問題となる。その結果として就職氷河期世代といわれる世代が生じてしまうこととなった。

図表3-6　未婚率の推移

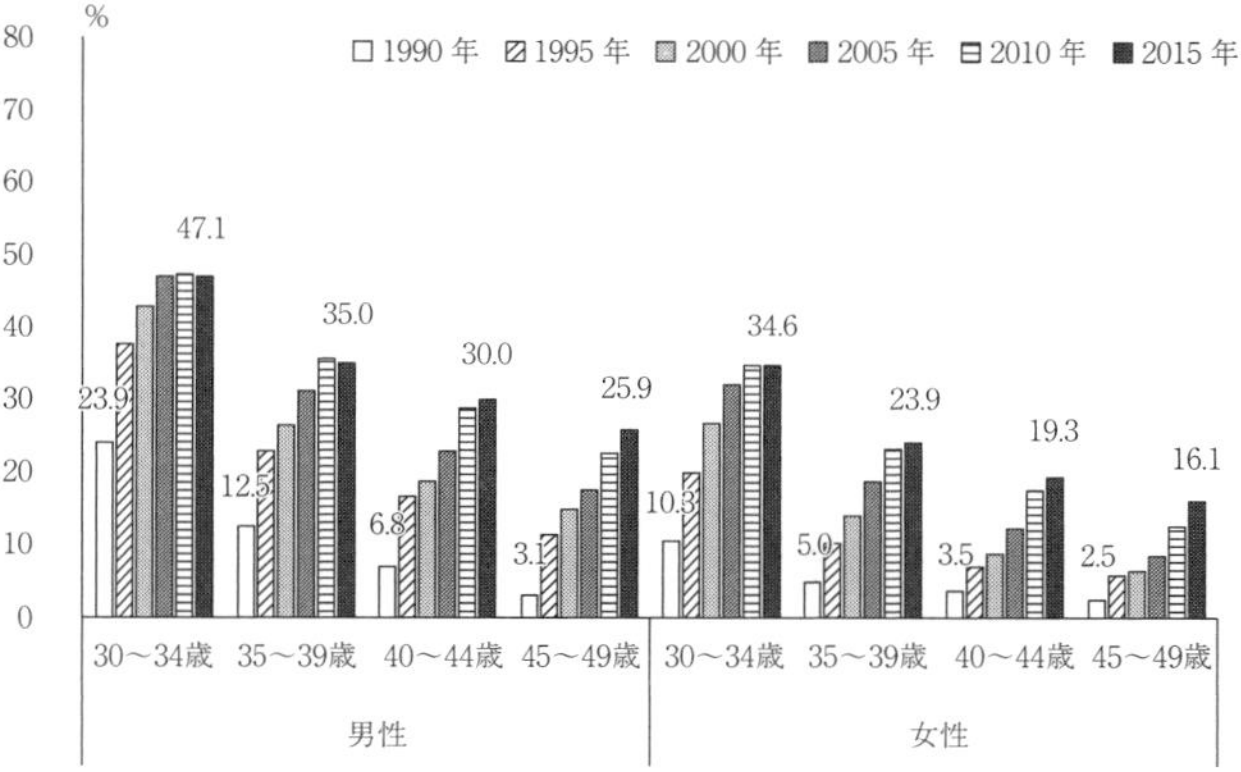

出典：総務省「国勢調査」

未婚化の進行は近年ようやく歯止めがかかっている。そして、年齢別に未婚率の推移をみると、分岐点となった時期が鮮明に浮かび上がってくる（図表3－6）。すなわち、30代前半は2010年、30代後半は2015年に未婚率が頭打ちになっている。

未婚率の上昇に歯止めがかかった時期は、5歳ごとの年齢区分に応じて、それぞれそのタイミングが5年ずつずれている。この傾向をみると、40代前半も2020年で未婚率の上昇が止まることが容易に想像できる。ここからも、2010年代以降は格差の進行が落ち着いていることが認められるのである。

一方で、未婚問題が急速に進行したのはやはり1990年代から2000年代である。この時期に結婚適齢期にあった人が結婚のタイミングを逃し、このまま歳をとっても結婚できないでいるのが現状であるのだ。

未婚率の上昇が一段落するなか、その比率がいずれの年齢層でも減少に転じずに高止まりしていることも注目される。つまり、非正規雇用や未婚の問題というのは、就職氷河期世代だけの問題ではないのである。このデータは、現代の若年層も当時の若年層と同じ問題を抱えているということを示唆している。

非正規雇用の問題、所得格差の問題、未婚の問題、この3つの社会課題は1990年代以降同時並行で進行した。そして、この後、3つの社会課題は日本社会にすっかり定着してしまうこととなる。

おそらくこれらの社会課題の起点になったのは、労働問題である。非正規雇用や無業者の問題が大きな要因となって、所得格差の問題、未婚の問題を引き起こしてしまったのである。ここに雇用の問題の根深さがうかがえる。

雇用の不安定化は、日本社会に大きな影響を与えてきた。非正規雇用は、それを選ぶべくして選んだ人もいれば、選ぶべきでなかった人にも選ばれてしまったのだ。格差の改善が進んできている現代においても、この問題は厳然として存在している。正規雇用を選ぶべきなのに非正規雇用になってしまった人はどの程度存在するのか、その実態をさらに明らかにしていこう。

†５００万人の未婚非正規

配偶者が十分な所得を稼ぐ場合や年金などの安定収入がある場合に非正規雇用の職が有効に機能していることは既に述べた。一方、こういった事情がなく、本来は十分な稼ぎを得なければならないのに非正規雇用を選んでいる人もかなりの数で存在している。

年齢階層ごとに、非正規雇用者の性別と結婚状態の内訳をみてみると、非正規雇用のいびつな構造が浮き彫りになる（図表３－７）。

ここからはまず、非正規雇用者の若年・中年男性の圧倒的多数が未婚であることがわかる。35～44歳の年齢層で非正規雇用の男性は83万人存在しているが、そのうち実に71万人が結婚していない。

先ほどの国勢調査で35～44歳の男性の未婚率を算出すればその比率は32・３％となるが、非正規雇用者に限ればそれは85・７％にものぼる。自分の都合で働きやすいという特性を持つ非正規雇用に、未婚男性が集中しているのである。

そして、これは男性だけの問題ではない。実は、非正規雇用の未婚女性は同様の状態にある男性の数を上回っている。35～44歳で１０２万人、45～54歳で97万人の非正規雇用の職にある女性が結婚していないという事実があるのだ。

図表３－７　非正規雇用者の内訳

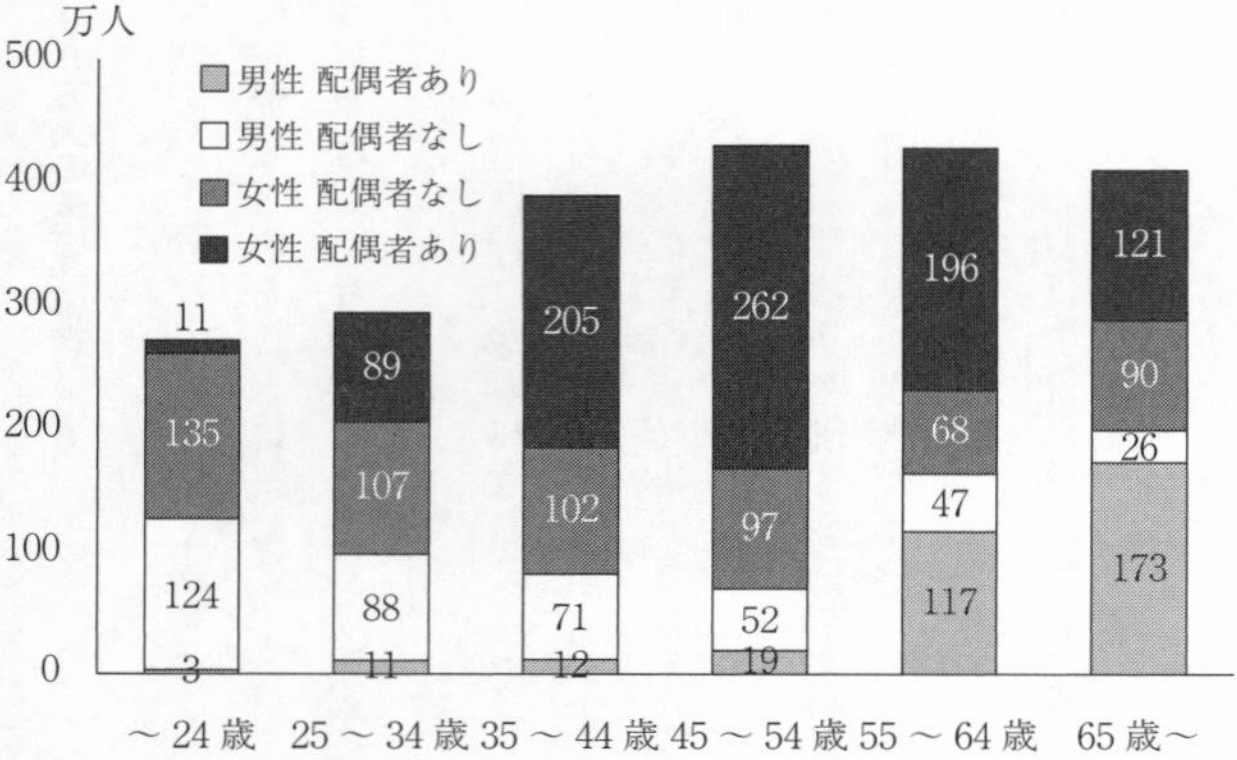

注：2018年におけるデータ
出典：リクルートワークス研究所「全国就業実態パネル調査」

さらに、このグラフからみてとれる特徴的な傾向は、歳を重ねても未婚非正規の数はそんなに大きく変動しないという点にある。25～34歳の結婚していない非正規雇用者の数は男性で88万人、女性は１０７万人いるが、35～44歳層では男性が71万人、女性が１０２万人と、ほとんど人数が変わらないのである。

ここから、若年の未婚非正規がそのままの状態を保ったままで年齢がスライドしていることが推測される。この事実は、35～44歳層で女性非正規が大量に新規参入してくることと、実に対照的な結果となっている。

以上の分析からわかることは何か。それは、男性にとっての非正規雇用は未婚問題とほぼ同義であるということである。そして、その因果はおそらく非正規雇用だから結婚できないという方向に働いている。若いころに非正規雇用に就いた人の多くが、結婚をしないまま非正規の仕事を続けているのである。

意外なことに女性にも同様のメカニズムが働いている。女性も男性と同様に非正規雇用である人が結婚できていないのである。非正規雇用者が結婚できないという問題は男性の問題として着目されがちであるが、女性においても同様のことが起こっている。

一方、女性の既婚である非正規雇用者は因果がおそらく逆だ。つまり、彼女らは結婚できたからこそ、非正規雇用を選んでいるのである。女性に関しては、非正規雇用だから結婚できない人と、結婚できたから非正規雇用になった人、この2種類の性質の人が非正規雇用という職の中で混在している。

25歳から54歳までに結婚していない非正規雇用者を合計すると、その数は500万人にのぼる。非正規雇用が織りなす重大な社会課題は、この500万人に凝縮されているのだ。

もちろん、未婚非正規のすべてが問題を抱えているというわけでもない。結婚している非正規雇用者のなかにも苦しい生活を余儀なくされている人もいるだろう。誰が大丈夫で誰が苦しいのかを正確に算出することは難しいにしても、おそらく2000万人超存在する非正規雇用者のおよそ4分の1がその雇用に問題を抱えているという規模感は、大筋で間違ってはいないのではないかと著者は感じている。

現代日本の非正規雇用の課題は、社会において中核的な役割を担うべき人たちに、非正規雇用という働き方を選ばせてしまっているということに集約することができる。この重大な社会課題を改善させなければ、健全な日本社会を取り戻すことなどできないだろう。

†現場労働への安住

現代日本に定着した格差を解消するためには、彼らの職業能力をいかにして開発するかを考えねばならない。働き方を起点とした問題は、働き方を変えなければ解決できない。

しかし、彼らの仕事の中身をみると、それがいかに難しいかがうかがえる。非正規雇用を選ぶべきでないのに選んでしまった人々、つまり25歳から54歳の未婚非正規雇用者に焦点を当てて、こういった人たちがどのような職種に就いているのかを分析すれば、そこには典型的なパターンが見いだせる(図表3-8)。

まず、およそ200万人いる未婚非正規の男性をみてみると、製造生産工程作業者が28・6万人、配達・倉庫作業者が25・6万人という内訳になっている。一般事務は18・1万人と3番目に多い職種となるが、全国の一般事務就業者の規模からすると明らかに少ない。このほか、接客業、販売店員、ドライバーなどが続く構成になっている。

図表3-8　未婚非正規の職業

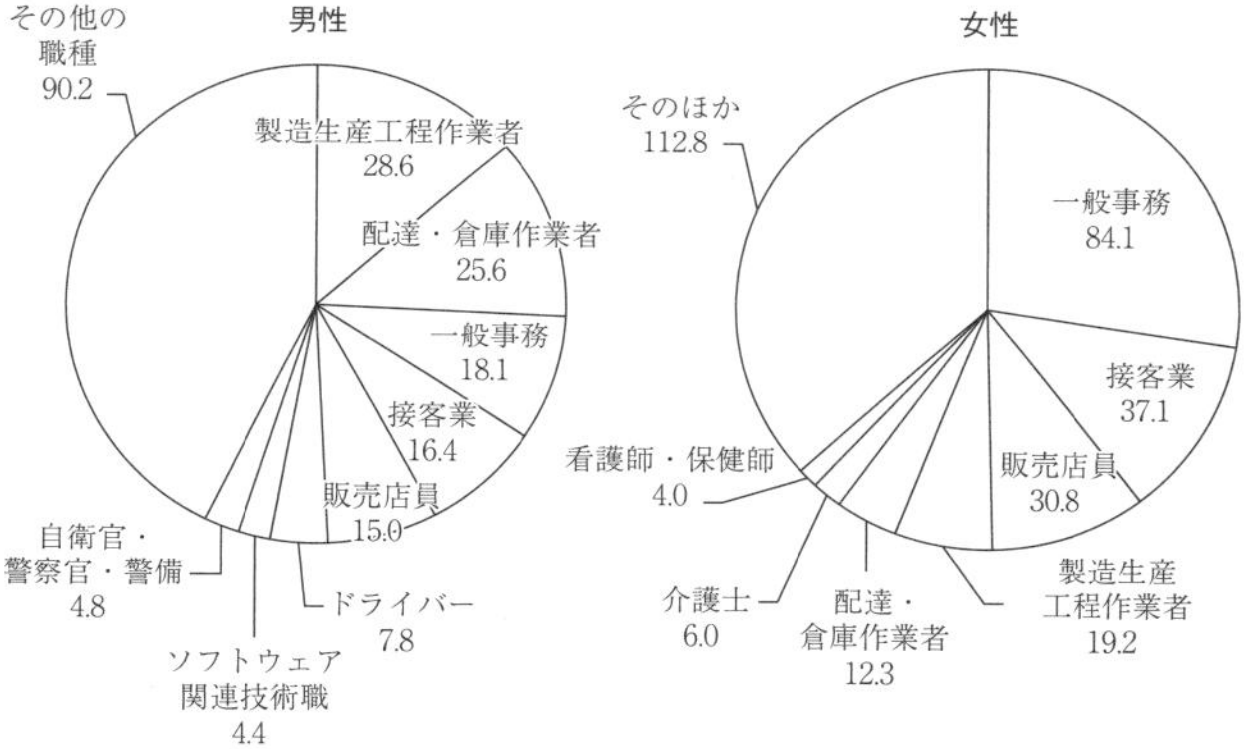

注：単位は万人。25～54歳を対象に算出。2018年の数値
出典：リクルートワークス研究所「全国就業実態パネル調査」

これらの職業に共通する特徴は、比較的に長期の訓練を必要としない職種であるということである。世の中に存在するほとんどすべての職業は、それが世の中に必要とされているからこそ存在している。しかし、仕事のなかには長期的な訓練を必要とする仕事とそうでない仕事があるということも厳然たる事実としてある。

企業が特定の仕事を雇用期間に定めのある非正規雇用者に担わせるのは、その仕事が長期的な勤務による熟練を必要としないからだ。そして、そのような仕事が未婚非正規に集中しているのである。

未婚非正規の彼らは現場労働に従事しているのである。製造生産工程作業者や配達・倉庫作業者、販売店員といった職種で非正規として働く働き方を「現場労働」とひとくくりにしてしまうのはやや問題があるかもしれない。これらの職種でも高度な技能を必要とする職種がある。しかし、専門的な知識や技能を必要とせず、短期間の訓練で行う事が可能な仕事という意味での現場労働は、現実問題としてかなりの部分で含まれているとみられる。

女性の分布をみると、男性とは大きく異なる職種分布となっている。女性では一般事務が84・1万人と圧倒的に多い。これに続いて、接客業が37・1万人、販売店員が30・8万人、製造生産工程作業者が19・2万人、配達・倉庫作業者が12・3万人と続く。女性の非正規雇用者に関しては、現場労働か事務労働かというような構図になっている。

国際的な競争が激化した1990年代頃を境に、企業は簡易な仕事を外に切り出してきた。そして、多くの企業で、企業における中核的な業務を正規雇用者に集中させる環境を作り出すと同時に、その周縁となる業務を非正規雇用者に集中的に割り当ててきた。

こうした働き方は長期の訓練を必要としない。このため、家庭の事情などで多くの時間を勤務時間に割けない人、定期的な収入があり仕事をその補助的な役割としてみなしている人にとって、非正規雇用の職はその需要を満たすものであった。しかし、本来であれば企業において中核的な戦力であるべき人がこうした周縁業務を担わされていることに、この問題の深刻さがある。

非正規雇用という使用者にとっては便利な雇用形態は、やはり世の中に大きなひずみを生み出しているのである。

現場労働が非正規雇用者に集中しているという事実は、非正規雇用問題の中核をなす問題である。彼らがそもそも長期的な訓練を必要としない仕事に就かされているのだとすれば、どうやって彼らの職業能力を開発して賃金を引き上げていけばよいのだろうか。

若手・中堅が非正規雇用にとどまってしまえば、本来行われるべき能力開発の機会が失われ、長期的なキャリアが損なわれてしまう。生産年齢人口が減少していく時代に、若手・中堅が持つ潜在能力が存分に発揮されなければ、この国に未来はないだろう。

3　非正規雇用の光と影

†非正規の待遇改善は続く

近年の格差縮小の背景にあるものは何であろうか。その要因としてまずあげられるのは、人手不足による影響である。

日本の労働市場を見渡せば、好景気で労働需要が増える一方で、生産年齢人口は既に減少局面に入っている。中小企業や不人気業種を中心に人員の獲得に困難をきたしている企業も少なくない。非正規雇用者は正規雇用者よりも雇用の流動性が高く、景況感の改善を背景とした需給の逼迫化が、賃金の強い上昇圧力になっていることが推察される。

そして、1990年代後半から2000年代にかけての格差拡大の時代から、2010年代の格差縮小の時代へと潮目が変わった決定的な要因には、非正規雇用者に対する政府の立場の変化がある。

過去、内閣府に設置された総合規制改革会議や経済財政諮問会議は、非正規雇用に関する規制緩和の旗振り役となった。当時は、政府自らが規制緩和を主導していたのである。

実際に、派遣労働者に関しては、1999年にポジティブリスト方式からネガティブリスト方式に考え方が変更となり、2003年には製造業派遣が解禁される。派遣期間の制限も1年から3年に延長された。これに合わせて契約社員に関する契約期間の上限も、1年から3年に延長されるなど、規制緩和が相次いで行われた。

しかし、政権交代を機にこうした規制緩和の流れは変わることになる。2012年には日雇い派遣が禁止され、労働者からの申し入れがあった場合には無期雇用に転換しなければならない無期転換ルールも2013年に導入された。2018年に成立した働き方改革関連法においては、非正規雇用者の賃金を改善させるため、同じ働き方をしているのであれば同じ賃金を支払わなければならないとする同一労働同一賃金が導入されるなど、非正規雇用者の処遇改善が企業に強く求められるようになっている。

最低賃金もこのところ引き上げが続いている。全国加重平均の最低賃金は2019年においては901円まで上昇している。2014年の780円と比べて120円も増えており、2016年以降の伸び率は3%を超えた力強い上昇を続けている。

こうした政府の方針転換によって、非正規雇用をめぐる状況は大きく変わった。非正規雇用者を正規雇用者へと転換させること、非正規雇用者の賃金を増加させることが、企業にこれまでになく強く求められているのである。

こうした世の中の潮流を捉えたとき、そこに見えてくるのは、就労の選択権を使用者側から労働者側へと移譲させている姿だろう。過去、企業は正規雇用の重い責任を負わされずに済む非正規雇用の拡大に舵を切ってきた。しかし、今は規制強化の流れのなか、企業の一方的な都合で非正規雇用者を雇うことはもはや許されなくなっている。

労働者が正規雇用も非正規雇用も選べるという状況下で、それでも非正規雇用を選んでもらうにはどうすればよいかという悩みに企業は直面している。企業が労働者に積極的に非正規雇用を選んでもらうために、そのメリットを労働者に訴求していかなければならない局面に変わっているのである。

すべての雇用者を正規雇用者にすればよいというわけではない。子育てをしている人や無理せず働きたいと思っている高齢者など、非正規雇用に大きなメリットを感じている人が多数存在するのである。だからこそ、その雇用をよりよくしていこうという努力は、今後、企業にさらに求められていくだろう。

非正規雇用という雇用形態は、急速な拡大局面にあった過去からそれがすっかり定着した現在に至るまで、多くの政治的な混乱を経験してきた。このような過程を経て、非正規の働き方は、企業の都合によるものから、労働者のニーズに即したものに、少しずつかつ着実に進化を遂げているのである。

また、非正規雇用者の賃金上昇は、高齢者など働いていない人にとって就労するインセンティブともなっている。非正規雇用者の処遇改善は、こうした副次的な効果を生むなど、日本の雇用環境の改善に大きく貢献している。

†現場労働を誰が担うのか

ほとんどの非正規雇用が必要な雇用といえる一方で、その職に就く人のうちのおよそ4人に1人が問題を抱えていることも事実だ。

就労と結婚行動には強い関係があり、非正規雇用の拡大が未婚化を引き起こしている可能性は否めない。1990年代以降に進行した雇用の不安定化が、少子化の進展に拍車をかけているのである。少子高齢化が日本社会に与える甚大な影響を考えれば、非正規雇用問題は国家を揺るがす重大課題であると考えられる。

未婚非正規に代表される人たちの能力をいかに開発し、戦力化していくか。その解決策は、一見するとそう難しくないようにも思える。すなわち、今いる非正規雇用者を強制的に正規化するか、あるいは一昔前のように新卒一括採用ですべての人を正社員として雇えばよいのかもしれない。

しかし、事態はそう簡単ではないだろう。データをみると、非正規雇用者自身が正規雇用の働き方を必ずしも望んでいない姿が浮かび上がってくる。先述のように、労働力調査によると正規の職につきたいのに非正規の職を余儀なくされている人は200万人超しかおらず、多くの非正規雇用者が自らの都合でその職に就いているのである。

正規雇用の仕事はつらい。長時間労働は日常茶飯事で、転勤によって急に土地勘のない場所で仕事をさせられることもある。終身雇用のもと、社内の難しい人間関係を避けて通ることはできない。実際に、正規雇用者と非正規雇用者の仕事に対する満足度を分析してみると、明らかに非正規雇用者の仕事満足度が高くなる。彼らの多くは正規雇用という煩わしい働き方をそもそも望んでいないのである。

かつて、こういった人たちの受け皿となってきたのは自営業である。しかし、現代の日本では自営業は大きく衰退してしまっている。労働力調査によれば、就業者に占める自営業者の割合は長期的に減少を続けているのである。現代において、正規雇用の働き方を望んでいない人たちの選択肢はほとんど非正規雇用しかない。こういった人たちに納得感を持ってもらいながら、持続的に能力を向上させていく方策を描くことはそう簡単ではないだろう。

未婚非正規解消のための課題の一つ目が非正規雇用者の能力をいかに開発していくかということであるとすれば、二つ目の重要な課題は社会全体で現場労働をどう受け止めるかということになる。

雇用は産業を映す鏡でもある。経済環境が変わる中で染み出してくる現場労働は誰かによってなされなければならない。非正規雇用がなぜ生まれるのかといえば、そこに社会的なニーズがあるからなのだ。

たとえば、配達作業員の仕事が人々の生活を豊かにしていることは言うまでもない。しかし、こうした業務の多くは非正規雇用者によって遂行されている。世の中には、多くの人に必要とされている仕事であるものの、その仕事の遂行にあたっては必ずしも長期的な訓練が必要とされないものが存在する。非正規雇用を世の中からなくすべきだというのであれば、こういった仕事を誰が担うのかも同時にデザインしていかねばならないのではないか。すべての人を正規雇用として長期的な訓練を受けながら就労させるという未来は、産業の側面から考えたときに実現不可能なのだ。

今後、高齢化で若手・中堅層の労働力はますます希少となる。それにもかかわらず、働き盛りにある世代を単調な仕事に追いやっていては、一体誰が今後の日本経済を担うのだろうか。

日本が超高齢社会に直面している現在・未来において、若手・中堅に彼らにしかできない仕事をしてもらう必要がある。そのためには、いかにして彼らの能力を高めていくかと同時に、経済活動において漏れ出した現場労働をだれが担うのかを考えねばならない。

†急増する単身高齢者と生活保護

未婚非正規の将来はどうなるのだろうか。生涯未婚時代を生きた人が歳をとれば、その人たちは単身の高齢者になる。近年急速に進んだ未婚化は、近い将来に単身高齢世帯の急増という帰結をもたらす。

厚生年金保険の受給額は在職時の収入に応じて決まる。このため、働き盛りの頃を低賃金の非正規雇用として過ごしてしまえば、年老いた時に十分な年金をもらうことはできない。そして、結婚をしていない彼らには頼るべき配偶者も子どもも存在しない。

そうなると、彼らの老後に待ち受ける現実は、体力の続く限り働き続けなければならないという未来しかない。多くの人は高齢になっても働き続け、なんとか生計をやりくりすることになる。幸い、総務省「家計調査」の2018年の集計によれば、単身高齢世帯の支出額は月15万6894円とそう多くはない。厚生年金保険の受取額が月10万円だとしても、細々と仕事をしていけばなんとか食いつないでいくことはできる。

彼らの未来に待ち受ける試練を、彼ら自身の手で解決できるのであればまだよい。しかし、すべての人が永遠に健康に働くことなどできない。彼らが働けなくなったとき、頼るべき人もおらず年金も不十分となれば、最終的には生活保護で生計を維持せざるを得なくなるだろう。

非正規雇用問題は低年金問題につながる。そして、低年金は生活保護に直結する。日本社会で進む未婚非正規化が、社会保障財政にも大きな影響を与えると予想されるのである。今後、非正規雇用の問題は社会保障の問題に形を変えて、日本社会に重くのしかかってくるであろう。

年金制度は制度的に大きな欠陥を抱えている。現役時代に年金保険料を納めなければ、将来の年金の受給はもちろんできない。しかし、高齢になって働けなくなれば、結局のと

図表3-9　生活保護受給者数

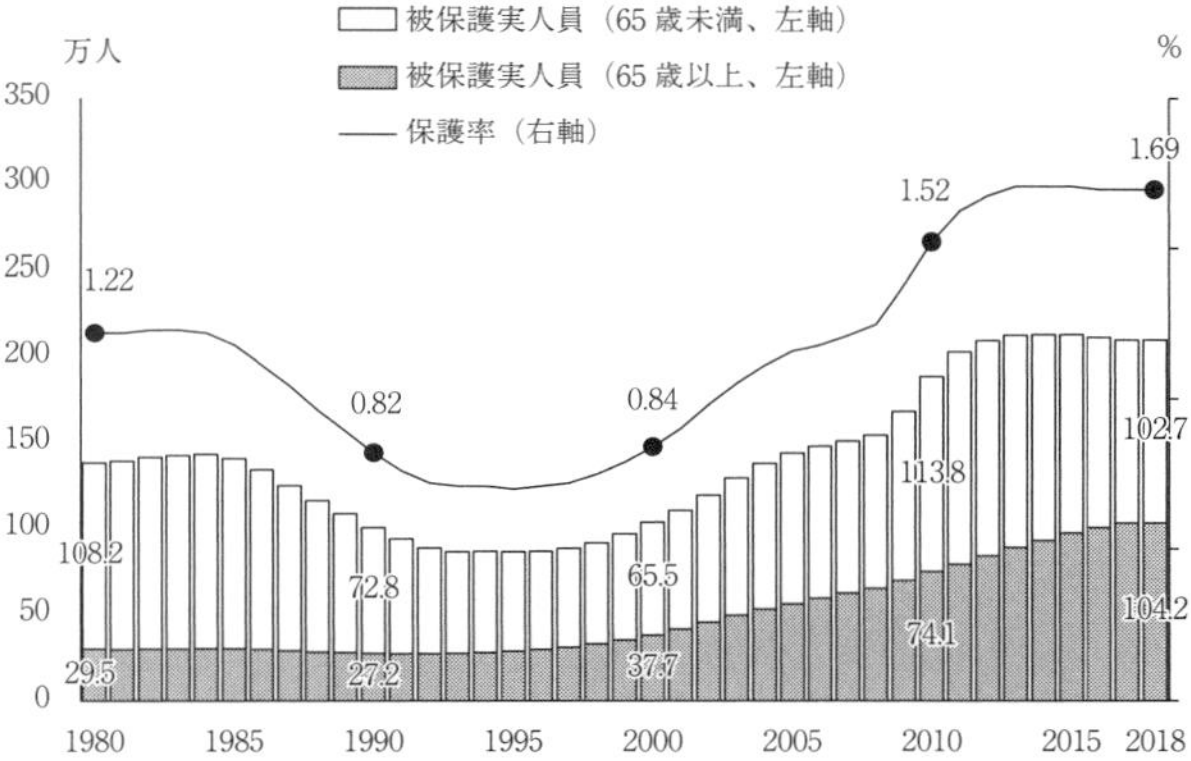

出典：厚生労働省「被保護者調査」

ころ生活保護の受給要件を満たすことになり、それによって生活ができてしまうのだ。年金制度はそもそもモラルハザードが起こる制度設計になっているのである。

将来の日本においては、年金財政や医療保険財政の悪化とともに、生活保護が国家財政の更なる悪化を引き起こすことになるはずだ。すでにその兆候はみられている。生活保護を受給している人の数は2018年に206万9000人となっており、長期的に増加傾向にあるのだ（図表3-9）。

生活保護受給者数は若者や中堅の間でも増加傾向にあるが、その最も大きな要因となっているのが高齢者の増加である。被保護人員の年齢階級別内訳をみると、65歳以上が近年急速に増えている。2018年における被保護人員のうち高齢者が占める割合は、全体の50・3％まで上昇している。少子高齢化が生活保護受給者数の増加を牽引しているのである。

高齢の生活保護受給者はもれなく低年金者であると考えられる。今後、低年金の単身高齢者はますます増える。不遇な中堅層が単身高齢者となることで、大きな社会問題を引き起こす。未婚非正規が定着した現代において、もはやこれは受け入れざるを得ない日本の未来なのである。

第4章

生活は豊かになっているのか

使用する統計：総務省「消費者物価指数」など

1　デフレ脱却の功罪

†名目成長率と実質成長率が逆転

少しずつとはいえ経済は成長し、賃金も増えている。それでもなお、多くの人は生活が豊かにならないと感じている。これが錯覚ではないのだとしたら、その要因はどこにあるのか。

生活の豊かさを語るときに依拠する数値といえば、国内総生産（GDP）がある。国内総生産は、民間・政府部門における消費と投資の額の総和に純輸出を足して算出される。人々の生活の豊かさを指し示す指標として最も重要な指標は何かと問われれば、それはGDPの構成要素の一つである消費だといえよう。

仮に、海外への輸出が増え、それによって国の経済規模が拡大したとしても、その国に住む人々の消費の向上につながらなければ意味はない。輸出によって多くの外貨を獲得し、その外貨を用いて財やサービスを輸入する。そして、輸入した財・サービスを国民が消費して初めてその国が豊かになったのだといえる。投資も同様に豊かな消費につながって初

図表4－1　一人当たり名目消費と実質消費

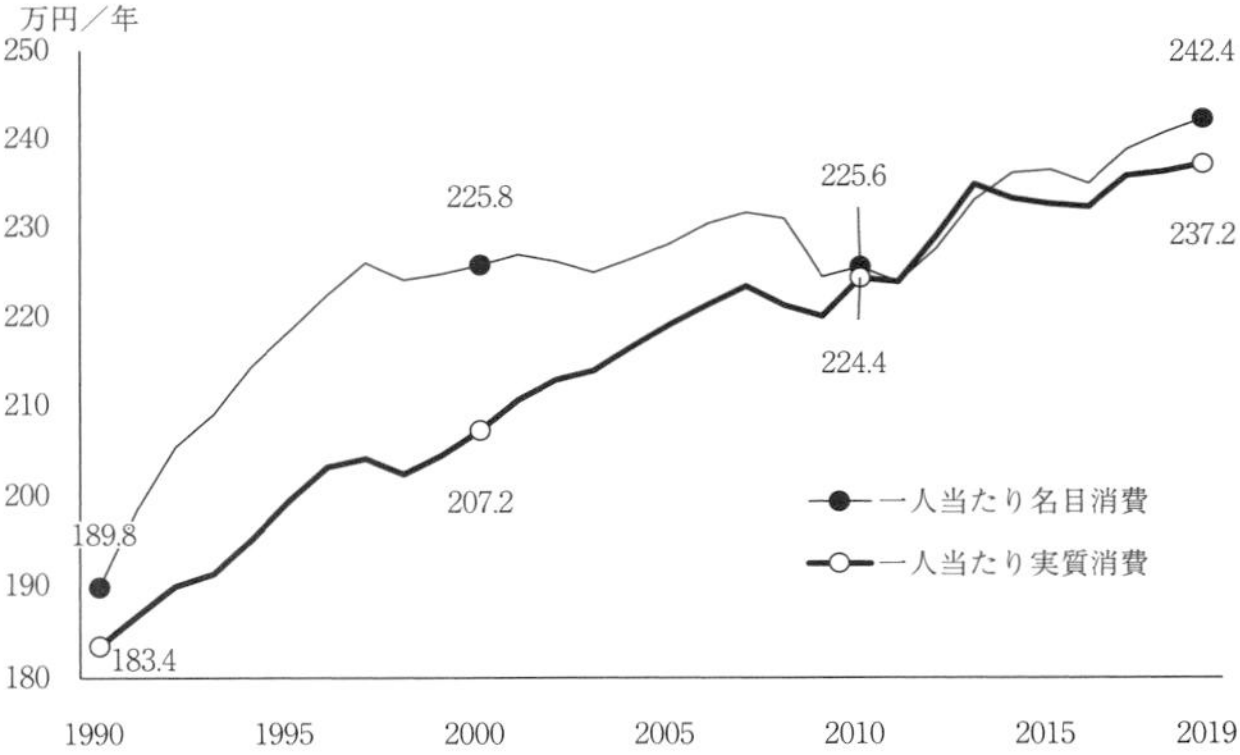

出典：内閣府「国民経済計算」、総務省「人口推計」

めて価値を成す。国家の大きな目標の一つは、国民一人ひとりの消費水準を高め、また安定させることだと考えてもよいだろう。

内閣府「国民経済計算（SNA）」の民間最終消費支出を用い、我が国の消費の動向を確認したものが上図となる（図表4－1）。

一人当たり名目消費の上昇率は2000年代に大きく落ち込んだ。2000年の225・8万円から2010年には225・6万円と、2000年代の10年間でまったく増えなかったのである。

名目成長率の鈍化を背景として、デフレーションが日本経済にどのような影響を与えているのか、一大論争が巻き起こったのもこの時期である。

デフレが原因として実体経済が停滞し、国

民の賃金・消費水準が低下しているのか。それとも、実体経済の停滞の結果としてデフレが生じているのか。当時の論争の構図を単純化すれば、物価が先か経済が先かというその因果を巡る論争が展開されたとみることができる。

この論争の結果、デフレーションが国民一人ひとりの消費・賃金水準に一定の悪影響を与えているという、緩やかなコンセンサスが世の中に醸成されることになる。そして、後述するように、政府もこのような認識に基づき経済政策を大きく転換させることになった。

政府の経済政策の変更などを背景として、名目成長率はその後上昇を始めることとなる。実際に2010年代の一人当たり名目消費額の推移をみると、2010年の225・6万円から2019年には242・4万円まで回復している。

しかし、これをもって、2010年代の経済政策がうまくいったと考えるのは早計である。なぜなら、実質の消費水準の伸び率はこの10年間ほどでむしろ鈍化しているからだ。一人当たりの実質消費額の年率の平均成長率をとると、1990年代：プラス2・1%、2000年代：プラス0・8%、2010年代：プラス0・6%と減速しているのである。これは、一人当たりの名目消費額が1990年代：プラス2・9%、2000年代：マイナス0・0%、2010年代：プラス0・8%と、V字回復していることと対照的な結果となる。

経済の動きを分析する際には、名目の値（名目値。実際に市場で取り引きされている価格に基づいて推計された値）も重要であるし、実質の値（実質値。参照年からの物価の上昇・下落分を名目値から取り除いた値）も重要である。インフレーションが起きて名目の消費だけが増えても意味がないし、デフレーションでコスト削減ばかりを行って実質GDPの引き上げを図る経済も決して健全とは言えないからである。

そのようななか、昨今、実質値が上昇しないことが、人々が成長を実感できない背景として俄かに語られるようになってきた。一昔前に名目値の停滞を糾弾していたものが、実質値の停滞を糾弾する方向へと、世論が少しずつ変節してきているのだ。

景気回復が進むこの数年間で、私たちが生活の豊かさを感じていない背景には、実質消費の低迷がある。本節では、物価の変動や社会制度の変更が消費にどのような影響を与えているのかを分析することで、近年の人々の生活がどう変化してきたのかをたどってみよう。

†金融緩和による円安が物価上昇を主導

日本経済の名実の逆転。この現象を引き起こした主体の一つに、政府があることは確かだろう。日本政府はこれまでに進行したデフレーションの反省から、名目成長率の引き上げを重視する方向へ経済政策の舵取りを大きく転換させた。

我が国にとって最大かつ喫緊《きっきん》の課題は、経済の再生です。私がなぜ、数ある課題のうち経済の再生に最もこだわるのか。それは、長引くデフレや円高が、頑張る人は報われるという社会の信頼の基盤を根底から揺るがしていると考えるからであります。

これまでの延長線上にある対応では、デフレや円高から抜け出すことはできません。だからこそ、私は、これまでとは次元の違う大胆な政策パッケージを提示します。断固たる決意を持って、強い経済を取り戻していこうではありませんか。

大胆な金融政策、機動的な財政政策、そして民間投資を喚起する成長戦略という三本の矢で、経済再生を推し進めます。

（2013年1月28日、衆議院における安倍首相の所信表明演説）

2012年12月の政権発足当初から、安倍政権はデフレ脱却や円高の是正を政権の至上命題としてきた。そして、同政権はデフレ脱却のために、大胆な金融政策、機動的な財政出動、民間投資を喚起する成長戦略からなる三本の矢を繰り出すことになる。

この三本の矢の中でこれまで最も機能してきたのが大胆な金融政策である。2013年

1月、内閣府、財務省、日本銀行の連名で、従来の政策枠組みを大胆に見直す共同声明を発したことを皮切りに、中央銀行は大規模な金融緩和に傾倒することになる。

共同声明の中では、2%の物価安定目標をできるだけ早期に実現することを宣言し、同年4月には量的・質的金融緩和の導入、14年10月には量的・質的金融緩和の拡大(追加緩和)と、いわゆる異次元金融緩和を累次に行ってきた。

日本銀行による大規模金融緩和は、金融市場に大きな影響を及ぼした。日本銀行は金融緩和が物価上昇に波及する経路を3つあげている。すなわち、金利の低下、ポートフォリオ・リバランス効果、期待への働きかけである。

これらの経路はいずれも物価を上昇させると同時に為替を減価させる方向に作用した。国内の金利の低下は海外資産の価値を相対的に上昇させることになり、ポートフォリオ・リバランス効果には日本国債に向いていた資金を海外資産に振り向けさせる効果が期待される。これまでの金融政策を振り返れば、こうした経路を通じて金融緩和が円安を誘発させてきた側面が強くあったのだろう。

そして、為替が円安方向に動くことで、物価は上昇に転じることとなった。為替と消費者物価指数の推移をみれば、その関係性は強い(図表4-2)。物価は原油価格の変動による影響も強く受けるが、この影響を除けば、概ね消費者物価指数とドル円は連動している。

図表4－2　為替、原油価格と物価

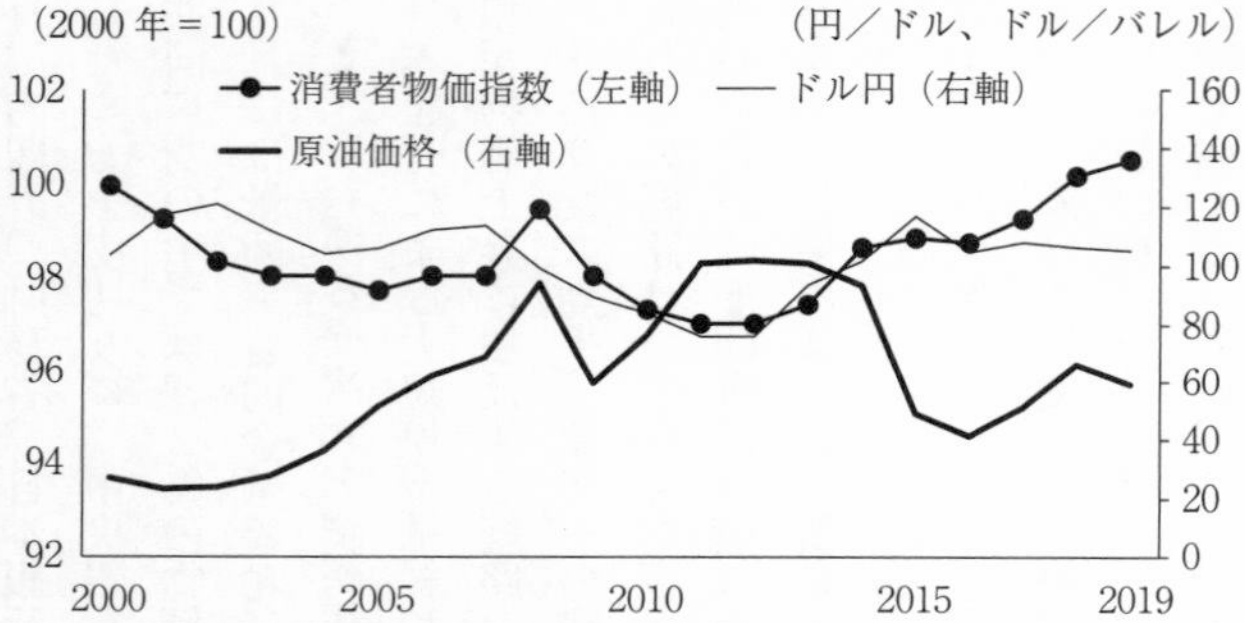

注：消費者物価指数は、消費税率の改定による直接的な影響を除いた指数を掲載している
出典：総務省「消費者物価指数」、日本銀行「外国為替市況」など

消費者物価指数と為替の因果を追えば、金融緩和による日本円の減価を起点として、それが輸入物価を押し上げ、輸入物価の上昇が消費者物価指数を上昇させたということになるだろう。

日本銀行による大規模な金融緩和はデフレ脱却すなわち物価上昇のために行われているというのが政府と中央銀行による説明である。しかし、この説明はあくまで建て前である。為替の円安誘導は、日本にとっては輸出振興策になるが、他国にとってはそれによって輸入が拡大する。このような近隣困窮化政策は、国際金融の場において禁じ手とされるため、表立って日本円の減価のために金融緩和を行っているとは言えない。

政府は金融緩和と円安との関係について明示的な言及をしていないが、金融緩和が円安を誘発し、円安による輸入物価の高騰が物価上昇につながっ

図表4－3　消費者物価指数の推移（品目別）

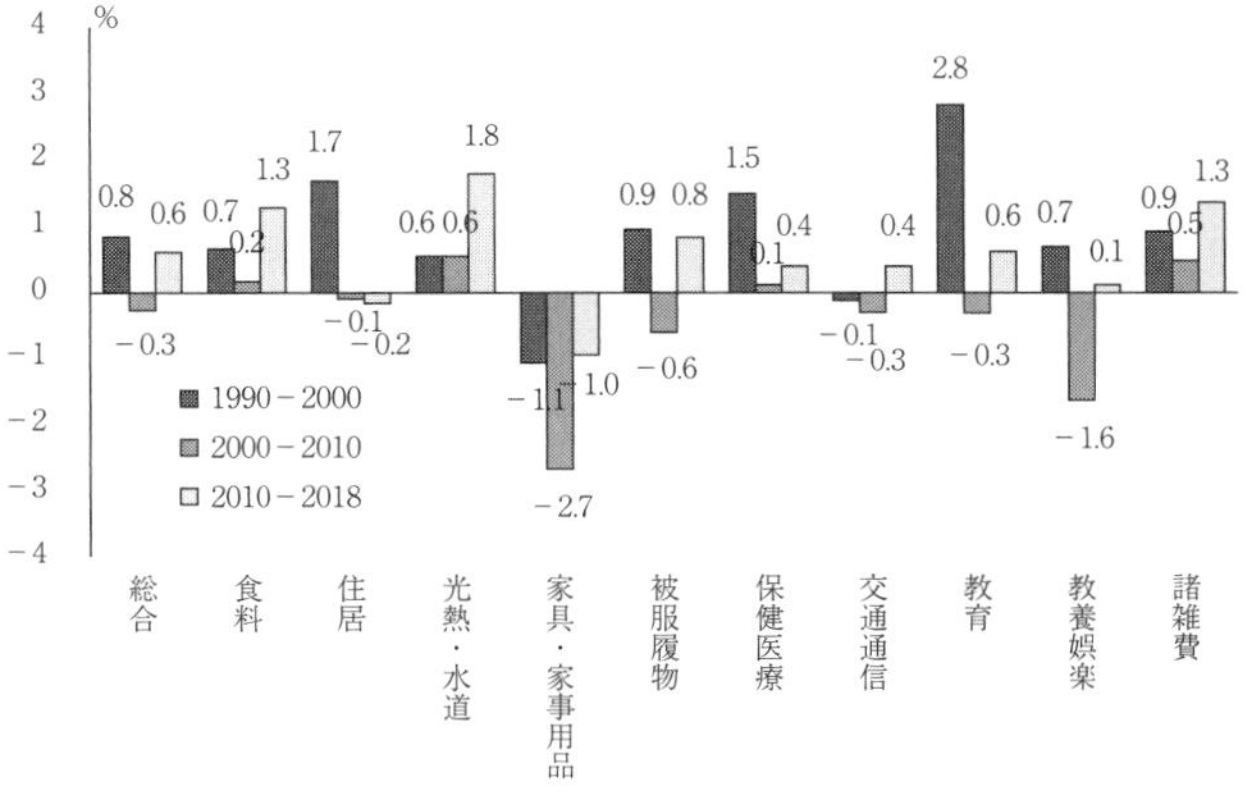

注：数値は各期間における年率の平均上昇率
出典：総務省「消費者物価指数」

たことは確かである。

物価上昇が日本の生活水準を切り下げている

日本銀行による異次元金融緩和は、為替を円安方向に動かした。その成果もあり物価はたしかに上昇をしている（図表4－3）。

消費者物価指数は2000年代に年率0・3％で減少していたが、2010年代に入ってからは逆に年率0・6％で上昇している。日本経済が長く続いたデフレから決別できたのは、政府・中央銀行の大きな成果であったのだ。

しかし、政府・中央銀行が主導した物価上昇は、人々の生活にも大きな影響を与えることになる。

品目大項目別に消費者物価指数の伸び率

を算出すれば、多くの品目で２０００年代から２０１０年代にかけて物価の伸び率が上昇していることが確認される。

「食料」は消費に占めるウエイトが大きく、物価を構成する代表的な品目である。食料物価の上昇率は２０００年代にはわずかに年率プラス０・２％であったが、２０１０年代は年率プラス１・３％までその伸びが拡大した。

物価の基調に大きな変化が生じたのは「光熱・水道」も同様である。光熱・水道費の物価上昇率は、２０００年代の年率プラス０・６％から、２０１０年代には年率プラス１・８％と、価格の高騰がより顕著となっている。

多くの財・サービスにおいて価格が上昇している背景には、前述のとおり円安がある。たとえば、牛肉や豚肉など肉類一つをとっても、その多くは海外からの輸入に頼っている。農林水産省の資料によると、２０１８年度における肉類の自給率は数量ベースで51％であった。さらに、飼料自給率も勘案した自給率は7％まで下がる。たとえ最終的な生産地が国内であっても、その飼育にあたっては海外の飼料を大量に使うからである。

電力も原料である原油の多くを海外から輸入している。原油価格が高騰すれば電力価格が上昇するし、円安で日本円換算の価格が上がればそれも電力価格の上昇要因となる。

「家具・家事用品」に含まれる白物家電などの家庭用耐久財や、「教養娯楽」に含まれるテレビやパソコンといった教養娯楽用耐久財などは中国など海外で生産された商品を輸入しており、為替による影響を受ける財には枚挙にいとまがない。

これは、財だけではなくサービスも同様である。宿泊料金は、「教養娯楽」に含まれるサービスである。海外居住者にとって円が安くなることは日本の物価が相対的に下がることを意味し、インバウンドの増加を通じて宿泊需給が逼迫する。その結果として宿泊料金も上昇することになる。

こうしてみると、円安は実にさまざまな経路で物価を押し上げているのである。そして、円安によって生じた物価上昇の多くは、家計にとっては負担の増加につながっている。ドル円レートは2010年の87・8円／ドルから2019年は109・0円／ドルまで円安方向に動いているが、これによる家計への影響は大きかった。

近年の消費者物価指数の推移をみれば、物価が為替によって左右されてきたことは明らかである。日本銀行による異次元金融緩和は、円安を引き起こすことを通じて財・サービスの価格を上昇させ、人々の生活を苦しくさせている側面もあるのだ。

†消費増税が実質消費を落ち込ませた

税制もまた人々の生活に大きな影響を与えている。この数年間で人々の暮らしに最も影響を与えた税制変更は、いうまでもなく消費増税である。

消費増税による財・サービスの価格の上昇は、そのまま物価に反映される。総務省「消費者物価指数」においては、消費増税による影響を含む消費者物価指数と、それを除いたときの消費者物価指数の推定値が掲載されている。これを利用すれば、消費増税による消費への影響度合いを算出することができる。

消費税は自社さ連立政権の村山内閣によって1997年4月に3%から5%へと引き上げられることが決定された。さらに、その後民主党政権下の野田内閣によって5%から10%への消費増税が決定され、結果として2014年4月に5%から8%へ、2019年10月に8%から10%へと引き上げられた。

過去2回の消費増税による物価上昇率への影響を単純に計算すれば、1997年の引上げ時がプラス1・5%分、2014年の引上げ時がプラス2・1%分、消費者物価指数の上昇に寄与していることとなる。

一方、家計の収入は限られているのだから、物価が上昇しても簡単に名目上の消費額を増やすことはできない。名目消費額が不変であると仮定すれば、消費増税が実質消費に及ぼす影響は、短期的にはそのまま1・5%、2・1%の押し下げとなる。1%の消費増税によって押し下げられる実質の消費水準はおよそ0・7%となる。

増税される比率よりも消費の減少率が小さくなるのは、財・サービスの中に非課税品目があるからである。主な非課税品目には、家賃、診療代や介護料などの医療・介護サービス費、私立・国公立の中学・高校授業料といった学校教育費などがある。これらはもともと消費税が課されていないことから、消費増税が直接的に物価に影響を与えることはない。

一方、このように消費増税は短期的に消費や経済へ悪影響を与えているが、税制が経済に与える影響はそこまで単純なものではないということは、言及しておかねばなるまい。

まず、ここまで見てきたように、消費増税による影響は名目でみるか実質でみるかで方向性が大きく異なる。実質消費は消費増税による物価上昇分だけ減少するが、名目消費は消費増税によって支出額が増えることでむしろ増加するかもしれない。消費増税による物価上昇は実質消費の減少につながることは明らかであるが、名目消費額への影響は何とも言えない。

また、短期か長期かによって、消費増税による影響をどう見るかはだいぶ異なる。消費税の使途については、消費税法第一条第二項で「消費税の収入については、（略）毎年度、制度として確立された年金、医療及び介護の社会保障給付並びに少子化に対処するための施策に要する経費に充てるものとする」と規定されている。

少なくとも形式上は、消費税は社会保障のための目的税とされているのである。そうなると、消費税率を引き上げられればその増収分は社会保障の財源に充当されることになる。社会保障財源が充実すれば、年金給付額を増加させるなど人々への社会保障給付を増やすことができる。社会保障による受取額が増えた人は消費を増やすから、理論上は、消費増税は中長期的な消費に対して中立であるはずだ。

しかし、これは理屈の上での話であって、実際には消費税による収入と社会保障給付は必ずしも連動していない。消費増税による歳入増の多くは、間接的に国債の償還に充てられているからである。そうなると、消費増税は結局のところ財政引き締めと同じ効果を有し、中長期的にも消費を抑制してしまう。

少子高齢化で社会保障費などの歳出が拡大するなか、その分の歳入はどこかで確保しなければならない。しかし、実際には消費増税を行えば、短期的にも長期的にも実質消費を落ち込ませることになってしまうことは事実である。

2　実感なき景気回復

†直接税・社会保険料の増加が可処分所得を抑制

図表４－４　実収入とその内訳

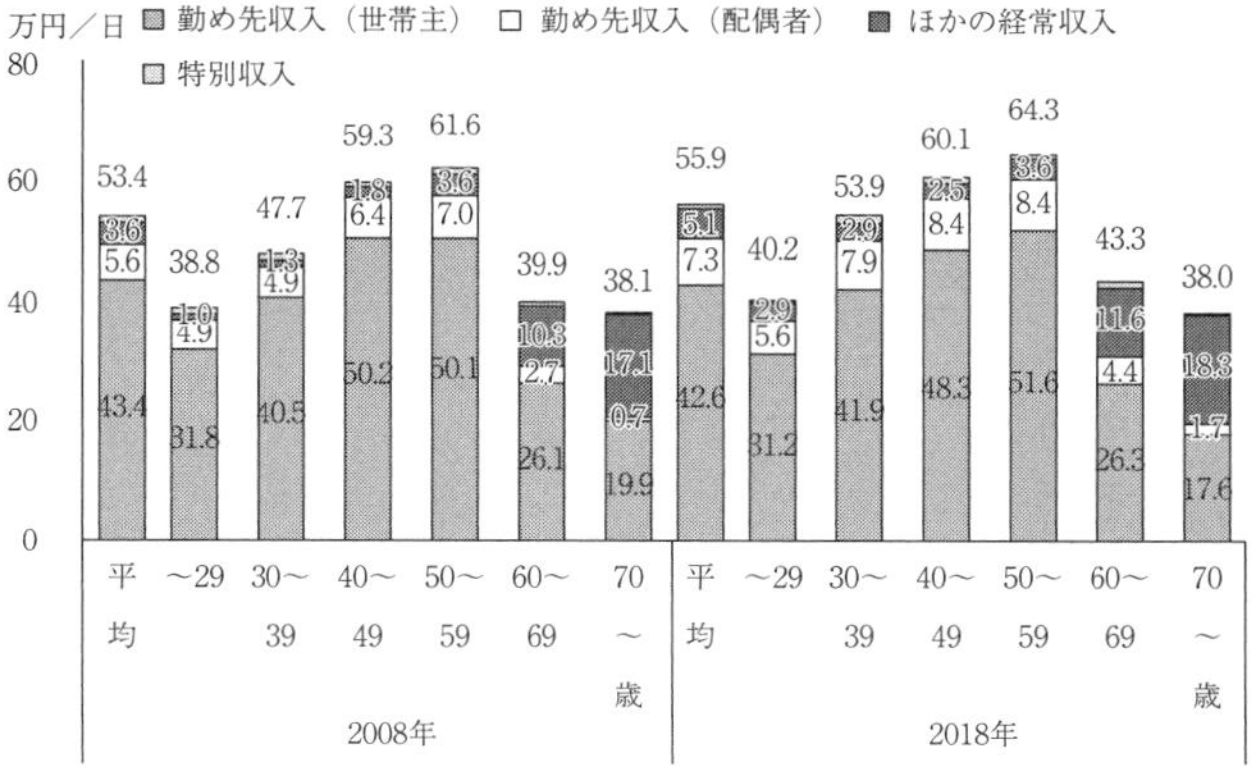

注：２人以上世帯のうち勤労者世帯を対象に算出
出典：総務省「家計調査」

景気が回復しているにもかかわらず多くの人がその実感を持てない背景には、円安や消費増税による物価上昇があった。しかし、物価が消費に与える影響の経路は間接的なものである。

一方、人々の手取りの収入や手元の資産の変化はより直接的に人々の生活に影響を与える。上図は総務省「家計調査」を用い、２００８年から２０１８年の10年間で、勤労世帯の収入がどう変化したのかをみたものである（図表４－４）。

世帯主の年齢階層別に世帯の収入の変化を追うと、実収入が最も大きく増加している世帯は30代世帯（世帯主が30代の世帯）となる。30代世帯の収入月額は、47・7万円から53・9万円へと、実は大きく増えているのである。

30代世帯の世帯収入の上昇に大きく寄与しているのは、「世帯員の勤め先からの収入」である。これは主に配偶者が稼いだ収入を示している。世帯員収入はこの10年間で4・9万円から7・9万円へと3・0万円増加した。世帯主の賃金の増加に加え、女性の労働参加が家計にとって強い追い風になっているのである。

50代世帯や60代世帯などの世帯をみても、同様に配偶者の収入増加が家計にとってプラスになっている。第2章でみたように、女性や高齢者の労働参加によって、世帯単位でみれば、確かに収入は増えているのである。

なお、家計調査は調査票の記入負荷が著しく高い調査である。このため、家計簿を取る時間的余裕がない共働き世帯がサンプルから抜け落ちる傾向がある。家計調査は専業主婦世帯が多く含まれている可能性が高いから、実体としての世帯収入は、統計が指し示すデータ以上に増えているはずである。

しかし、世帯収入は増えているのだが、それが必ずしも消費の向上へとつながっていない。円安や消費増税（間接税）による影響に加え、直接税や社会保険料の増加によって非消費支出が増加していることが、消費の増加を妨げているのである。

非消費支出のこの10年間での変化をみれば、直接税・社会保険料などによる負担増が額

図表４－５　非消費支出の内訳

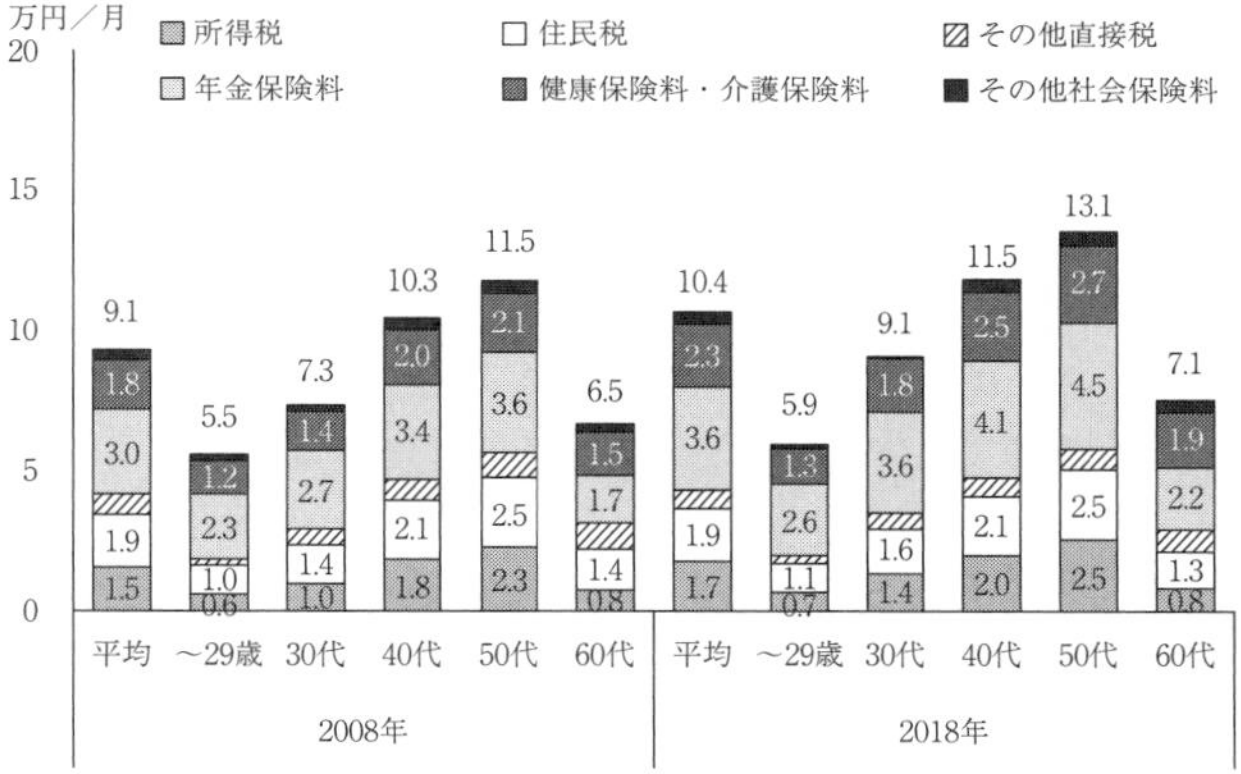

注：２人以上世帯のうち勤労者世帯を対象に算出
出典：総務省「家計調査」

面の収入増加を相殺していることが明らかになる（図表４－５）。

勤労世帯全体で見ると、２００８年に９・１万円だった非消費支出は、２０１８年には10・４万円まで増加している。そして、非消費支出の中身をみると、その増加分は主に年金保険料の上昇と健康保険料・介護保険料の上昇によって引き起こされている。

直接税・社会保険料の負担が中堅層に集中していることも特徴的である。この10年間で、直接税・社会保障の負担は、30代世帯で１・８万円、40代世帯で１・２万円、50代世帯で１・６万円増えた。40代世帯では収入の増加幅が小さかったために負担の増加分もやや少ないが、総じて中堅層の非消費支出が増えている様子が確認できる。

増え続ける社会保障費が現役世代の間接税、直接税、社会保険料の負担増を引き起こし、せっかくの賃金上昇を相殺してしまう。その結果として、可処分所得は増えていないのである。

日本経済が着実に回復し、人々の賃金の総額も増えているのに、それでも生活が豊かになったと感じられない背景には、少子高齢化という日本の構造問題が存在するのだ。

†資産価格の高騰で資産形成が困難に

世帯の貯蓄額にも変化が生じている。図表4－6が指し示しているのは、世帯の純貯蓄額の5分位の境界値である。ここでいう純貯蓄額は、家計が蓄えている貯蓄の額から抱えている負債の額を差し引いて算出されるものである。

それぞれの5分位の数値は、貯蓄額が多い順番に世帯を5つのグループに分けたとき、それぞれのグループの境界となる貯蓄額を表している。たとえば、100世帯を5分位に分けるのだとすれば、その境界値は、世帯の貯蓄額が上から20番目の世帯、40番目の世帯、60番目の世帯、80番目の世帯の貯蓄額を表すことになる。

これをみると、30代世帯を中心に若い世帯の純貯蓄額が減っていることがわかる。30代

図表４－６　純貯蓄額の分布（左：2008年、右：2018年）

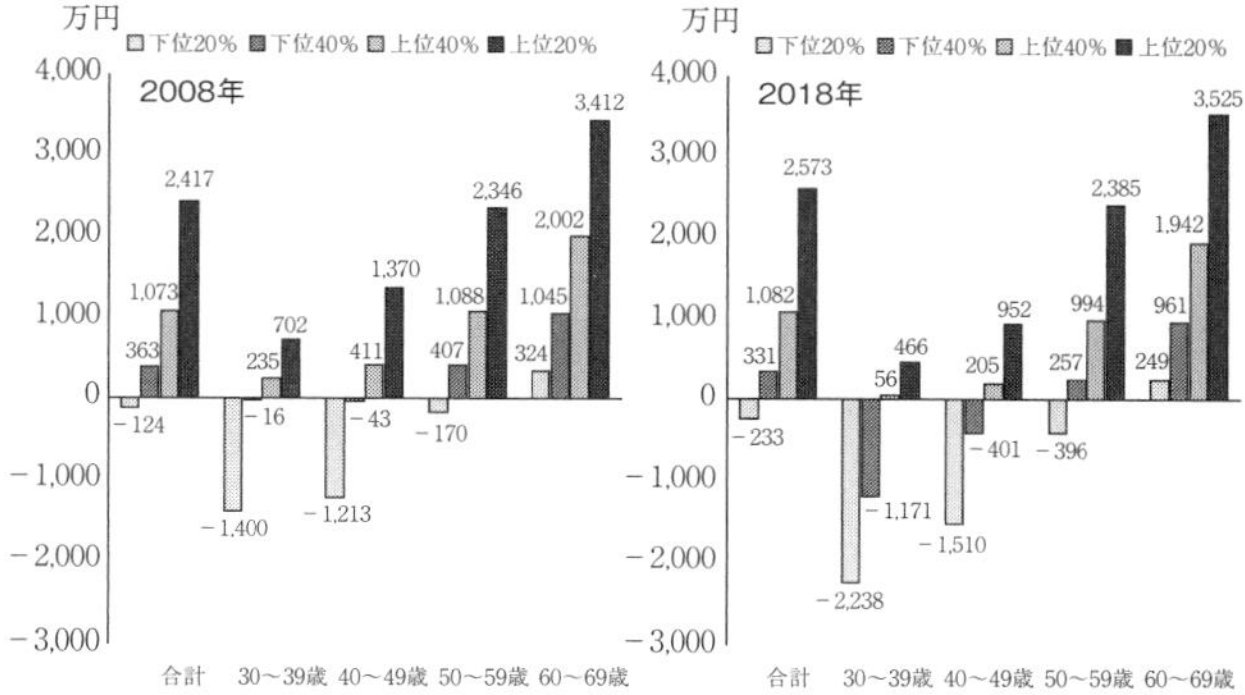

注１：純貯蓄は、貯蓄の額から負債の額を引いた額
注２：２人以上世帯のうち全世帯を対象に算出
出典：総務省「全国消費実態調査」

世帯の２００８年から２０１８年の純貯蓄額の変化をみると、下位20％世帯がマイナス１４００万円からマイナス２２３８万円、下位40％世帯がマイナス16万円からマイナス１１７１万円へと、特に下位層で純貯蓄額が急減している様子がみてとれる。40代世帯も30代世帯よりは影響は穏やかであるが、すべての境界値で値が低下している。

　貯蓄額が大きく減少しているのは、家計の負債が拡大しているからである。日本の家計の負債が何によるものかと問われれば、そのほとんどが住宅ローンである。海外ではクレジットカードなどによる家計の借金が社会問題になっているが、日本の平均的な家計ではこういった借金は少ない。日本において純貯蓄額が減少しているのは、住宅ローンの負債残高が増えたからである。

住宅購入費、子の教育費、老後の生活費は人生の三大支出といわれている。このなかでも、住宅購入費は支出額が大きくて価格の変動が激しい。このため、家計に最も重大な影響を与える支出項目といえる。住宅購入者は30代や40代が多く、影響が特定の世帯に局所的に生じることも住宅関連支出の大きな特徴である。

足元で30代を中心に負債が増えている背景には住宅価格の高騰があると考えられる。不動産の取得の形態は戸建てあるいはマンション、土地のみの購入と大きく3つあるが、近年の不動産価格の動向をみるとそのなかでも特にマンションの価格が急速に上昇している。東京カンテイ「中古マンション70㎡価格年別推移」から、中古マンションの平均取引価格を時系列でみてみると、マンション価格が大きく上昇している様子が確認できる。首都圏の70平方メートル換算の中古マンション価格は、2000年の2545万円から2008年には3128万円をつけ、2019年時点ではそれを大きく上回る3709万円で取引をされている。

住宅価格をはじめとする資産価格の高騰の背景になっているものの一つに、日本銀行による大規模金融緩和があると考えられる。日本銀行による大規模金融緩和が先述の3つの経路を通じて株価や住宅価格など資産価格を大きく上昇させているのである。

資産価格の上昇は資産の非保有者から保有者に向けた富の移転をもたらす。典型的な個人のライフサイクルは、資産を保有していない若年・中堅期に労働の対価としての賃金を受け取り、老齢期に向けて資産を形成していく過程に求められる。しかし、資産価格が高騰するいま、若年・中堅層の資産形成に困難が生じている。

政府・中央銀行の金融政策の変更が、若年・中堅層の資産形成過程に多大な影響を与えているのである。近年生じている資産の保有構造の揺らぎは、経済・金融政策による大きな副作用ともいえよう。

†退職金の急減が老後の資金不足を招く

その一方で、高齢世帯が裕福な生活を送っているのかと問われれば、どうやらそうでもないようだ。

60代世帯は貯蓄を切り崩していく時期に差し掛かる年代にある。しかし、その高齢者世帯の貯蓄額は必ずしも増えていない。60代世帯の上位20％世帯の純貯蓄額は3412万円から3525万円とやや増えているものの、下位20％世帯の貯蓄額は324万円から249万円へとやや減少している。

60代世帯の多くはすでに定年を迎えている年齢にあたる。このため、退職金制度がある

図表４－７　退職給付額の推移

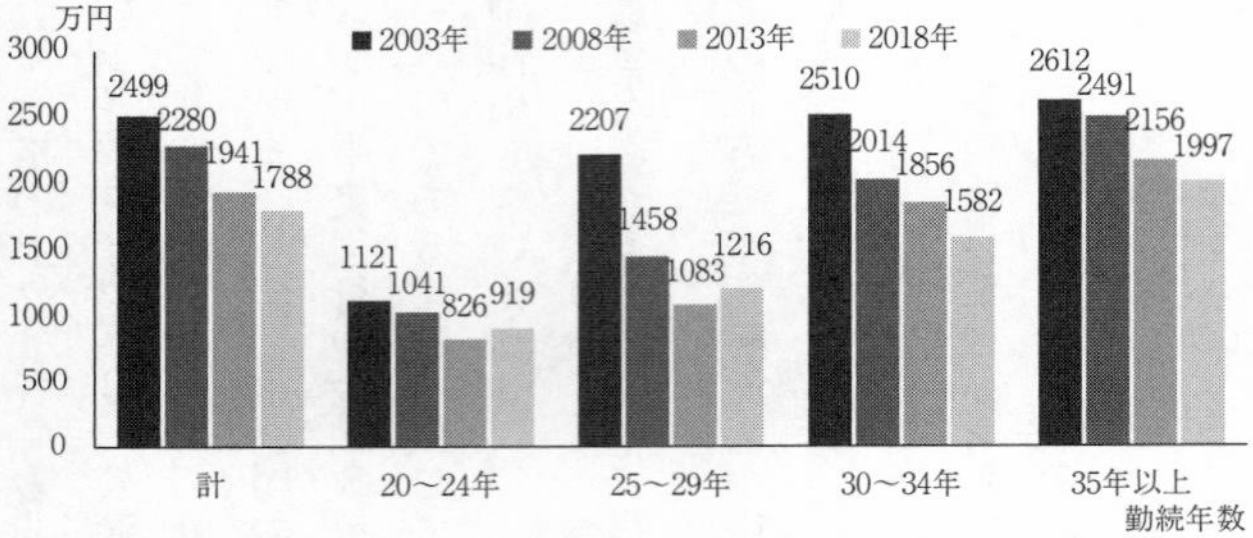

注：調査対象企業は、2008年以降、「本社の常用労働者が30人以上の民営企業」から「常用労働者が30人以上の民営企業」に変更されている
出典：厚生労働省「就労条件総合調査」

会社で働いている人の貯蓄額は、既に退職金を受け取った後の額となっているとみられる。60代世帯の貯蓄の減少は、この退職金の減少によるところが大きい。

厚生労働省「就労条件総合調査」によれば、２００３年の大卒者の定年時平均退職給付額は２４９９万円であった。その後、退職給付額は２００８年に２２８０万円、２０１８年に１７８８万円へと急減している。この10年間で退職金は平均で実に４９２万円も減少しているのである（図表４－７）。

企業が退職金の減額を続けているのは、転職が一般化するなかで、キャリアの最終期に報酬を手厚く支払う退職金制度が競争優位性を持たなくなっているからだろう。若い頃は低い給与水準で我慢してもらい、定年時に多額の退職金を支払うことでその回収をさせる――優秀人材の確保が求められる中で、こうした報酬設計はもはや破綻してしまっている。

さらに、高齢者雇用の負担感の高まりから、近年、早期退職による退職金を上乗せする動きも広がっている。勤続年数別に退職給付額の変遷をみると、直近で、勤続年数が20年から29年の労働者の退職金が増えている様子がうかがえる。長期勤続者の退職金を引き下げると同時に、40代後半から50代前半までの早期退職者の退職金を増額することで、企業は高齢社員が会社に居続けないように暗に促しているのである。

約5００万円という退職金の大幅な減少に比して貯蓄額の減少幅が小さいのは、高齢者の就労が長期化しているからである。減少する退職金額を補うために多くの人が働きに出ており、それでようやく退職金の減少と相殺させているというのが内情なのである。

高齢者世帯が豊かであるという印象を持っている人は多い。しかし、高齢者の貯蓄が実はそこまで多くないということもわかる。2０００万円と言われる老後に必要な貯金額は60代世帯の上位40％の境界値にあたり、必要な貯金を有している世帯は全体の4割しかいないのだ。

社会保障給付費の拡大による税・社会保険料の負担増に、現役世代は苦悩している。そして、その苦悩の先に、退職金の減少による老後の資金不足が立ちはだかることになる。現代の世帯の苦悩は終わらないのである。

3　少子高齢化と将来の家計

†老後資金の確保はますます難しくなる

これまで日本を賑わせてきた物価をめぐる狂想曲。これをどう理解すればよいか。物価上昇には、良い物価上昇と悪い物価上昇がある。一口にデフレ脱却と言うが、本来はその物価上昇の中身こそが重要である。

イノベーションによって画期的な商品が作り出され、その財・サービスの需要が高まることで価格が上がる。こうしたイノベーション主導の物価上昇は、良い物価上昇といえる。

一方、先のような円安による物価上昇は悪い物価上昇といえる。光熱・水道費に関して言えば、電気はどこまでいってもただの電気であり、ガスや水道も、イノベーションによって価格が上昇する性質のサービスではない。円安による原材料価格上昇の多くは、家計にとって純然たるコストアップに相当する。近年の物価上昇がどちらによって引き起こされたのかを考えれば、それはおそらく後者の側面が強かったのではないだろうか。

物価の持続的な低下が経済に対して悪影響を与えるのは事実である。１９９０年代半ばから2000年代にかけて生じたデフレーションという現象下、日本企業は財・サービスの生産効率化を目的とした企業努力に傾倒し、その高付加価値化を目指す取り組みはおざなりにされてきた。

そうしたなか、デフレーションから脱却し、財・サービスの付加価値が高まっていく経済構造を目指すという思想自体に、誤りがあったとまではいえない。しかし、円安主導による物価上昇によって、日本の経済構造を変えることはできなかった。それが2010年代に行われた経済・金融政策の効果に関するここまでの答えである。

一方で、金融政策の大胆な見直しによって、為替レートは円安方向へ推移し、資産価格は上昇した。これによって、所得や資産の所在は大きく変動させられてしまった。円安による物価の高騰が家計から輸出企業への富の移転をもたらし、資産価格の上昇は資産の非保有者から保有者への富の移転を促した。

過去、デフレーションは日本経済が低迷する元凶とみなされてきた。しかし、いざ物価上昇のための施策を政府が講じてみれば、それが悪い物価上昇につながり、家計の実質消費を低下させた。そして、資産価格の高騰によって、多くの人が生活に必要な資産を取得することが難しくなっているのである。

このような状況下、翻って日本経済をめぐる世の中の論調をみると、それは緩やかに変化してきているようだ。物価上昇を批判する声は徐々に増えてきており、人々は物価上昇の弊害に気づきつつある。

結局のところ、政府・日本銀行の諸般の政策によって、人々の生活が豊かになることはなかった。物価をめぐる騒動の末わかったことは、やはり政府や中央銀行に民間経済を中長期的に浮揚させる力などなかったということではないだろうか。

財政学者であるリチャード・マスグレイヴは、政府の役割を3つに分類した。それは、公共財の提供などによる資源配分の調整と、所得再分配などによる所得と富の分配の調整、景気の安定化の3つである（Musgrave 1959）。政府の役割とは、市場の失敗を補完することであり、経済成長を促進させることではないのである。

近年の経済・金融政策は経済の構造を良い方向に変えることなく、所得や富の分配メカニズムを攪乱させるだけに終わった。日本経済が低迷する原因をあら捜ししたところで、それを浮揚させる特効薬などなかったのである。

幸いなことに、日本円の減価が永遠に続くことはありえない。近年の物価の変動が為替の変動によるものであったのなら、それは同時に物価の上昇も一時的なものにとどまることを意味する。

ただし、近年の物価上昇や資産価格の高騰が一時的なものであっても、昨今の金融政策が及ぼした若年・中堅層に対する影響は消えることはない。退職金の減少傾向が続くとみられるなか、現在の現役世代が高齢者となるころに今の高齢者と同水準の資産を形成することはおそらくできないだろう。

寿命がさらに長くなると予想されるなか、60歳そこそこで引退できるくらいの貯蓄を確保できる人は未来において希少な存在となるだろう。

†国民総出で高齢者への仕送りを賄う構図に

こうしたなか、日本経済に通底する構造変化は着実に進展している。その構造変化とは、少子高齢化に伴う税・社会保障の負担増大である。本来であれば経済成長によって増えるべきだった現役世代の所得の多くが、社会保障や税という社会システムを通じて、高齢者への仕送りに使われている。ここ数十年で生活が豊かになっていないと感じる根本的な原因は、こうした日本社会の構造変化にこそ求められるべきであろう。

少子高齢化が進む中、消費税が増税されるなど徴税強化の動きは着実に広まっている。これに加えて、近年、国民の負担増の主翼を担っているのは社会保険料である。

社会保険料を引き上げる制度改正は、矢継ぎ早に行われている。年金に関しては、2004年の国民年金法等の一部を改正する法律によって、国民年金保険料が2017年にかけて1万3300円から1万6900円に増額された。厚生年金保険料の保険料率に関しても13・6%から18・3%へと順次引き上げられている。高齢者の増加に伴う年金給付費の増大に対応して、現役世代の年金保険料の負担は増え続けている。

医療・介護も年金と同様の状況にある。中小企業が多く加盟する協会けんぽの健康保険料率は、2003年の8・2%から2012年には10・0%まで上がった。介護保険料率も2003年の0・89%から2020年には1・79%まで上昇しているなど、健康保険料・介護保険料の料率の引き上げが相次いでいる。

社会保障給付費の財源は、個人から徴収する社会保険料のほか、企業からの拠出金、中央・地方政府による税財源などによって賄われている。このため、社会保障給付費の増加は、個人の保険料負担の増加につながるだけではなく、国や地方の歳出増加による国・地方税の課税強化にもつながっている。

そして、企業に対する社会保険財政への拠出金の増加も、巡り巡って労働者の賃金の削減につながっている。社会保障給付費の増加があらゆる経路で国民生活に甚大な影響を与えているのである。

就労を巡る構造変化もこうした動きと無縁ではない。この数十年で女性の社会進出がなぜ進んだかといえば、女性が稼がなければもはや家計が成り立たなくなってしまったからでもある。社会負担が拡大していくなか、男性が一手に家計の稼ぎを担うことは不可能であることに、若い世代の多くは既に気づいているのである。

少子高齢化で生産年齢人口が減少していけば、女性が働くことなくして日本の経済や財政はもたない。女性が社会で活躍することを良しとする価値観は、こうした社会的なニーズのもとで醸成されてきた側面もあるのだ。表現を変えれば、現代の女性は増え続ける高齢者への仕送りを賄うために働きだしたともいえる。

そして、多くの女性が就労し、女性の就業化の余地が限られてくるようになれば、こうした動きは徐々に女性から比較的体力に余裕がある60代から70代前半の高齢者へと移っていくのだろう。近い将来、高齢者が働くことを良しとする価値観が急速に広まり、高齢者が当たり前のように働く社会が否でも応でも実現するはずなのだ。

経済成長率は緩やかに減速しながらも、今後も着実に経済は拡大を続けるだろう。そして、経済の担い手をさらに増やすための女性の社会進出、健康な高齢者の労働力化が今後も進むことは間違いない。

そうしてなんとか増やした成長による原資が、高齢者への社会保障給付に使われていく。こうした構図によって、ようやく人々の暮らしは現在とそう変わらない水準で保たれるのである。

第5章

年金はもつのか

使用する統計：総務省「家計調査」など

1　危機の年金財政

†2010年代に実質年金受給額が大きく減少

現役世代が支払う社会保険料は増加を続けている。その一方で、現在の年金世代はどの程度の年金をもらっているのだろうか。年金財政が悪化するなか、私たちは将来、年金を受け取ることができるのだろうか。

人々が老後の暮らしに思いを馳せたとき、その不安の根幹には年金制度の持続可能性がある。年金制度の未来を考えるにあたって焦点になってくるのは、私たちが高齢者となるときに年金の支給開始年齢が何歳になるのか、また月額の受給額がいくらになるのかであろう。

近年、年金の給付水準は縮減を余儀なくされている。老齢厚生年金の定額部分の支給開始年齢は、1994年の国民年金法等の一部を改正する法律で65歳まで引き上げられた。同法による改正は適用を終えており、男女ともに同年金の定額部分の受給開始年齢は既に65歳で統一されている。

図表5－1　新規裁定者の厚生年金保険の受給月額（モデル世帯）

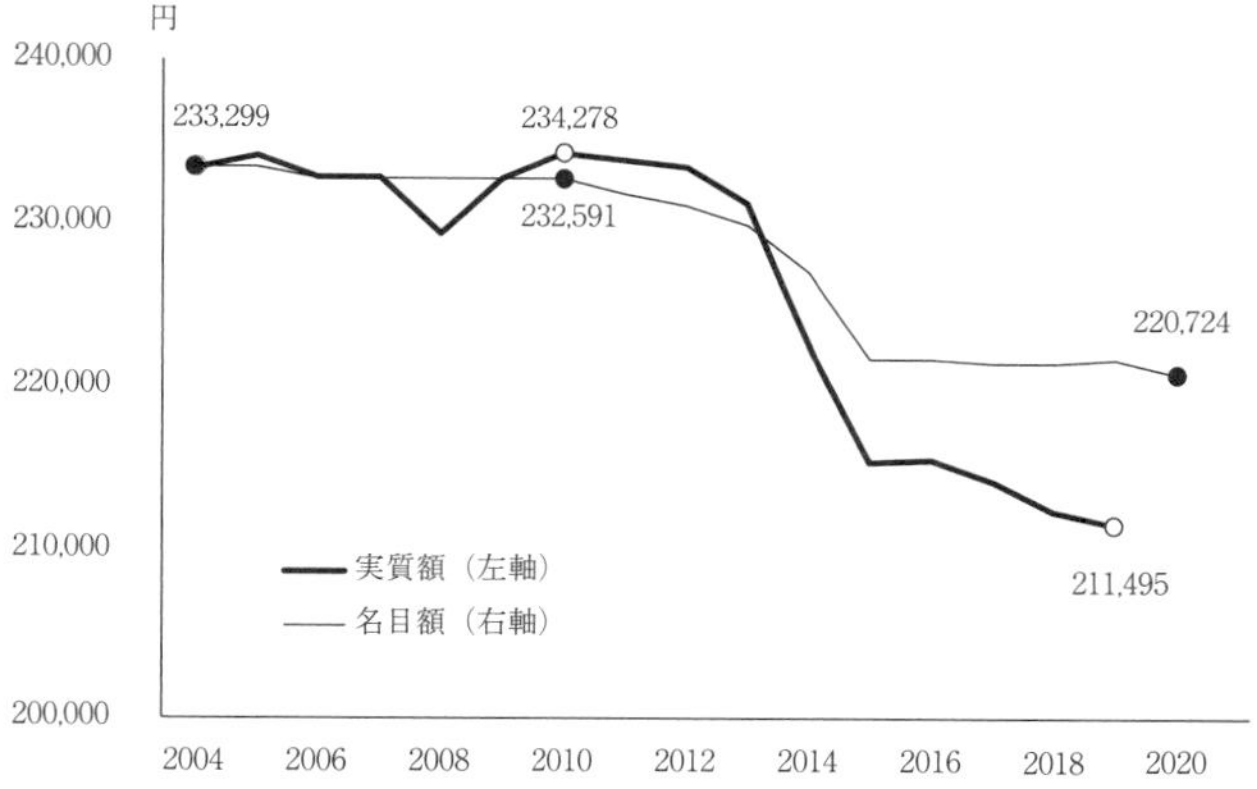

出典：厚生労働省公表資料、総務省「消費者物価指数」より算出

老齢厚生年金の報酬比例部分の支給開始年齢については、2004年の法改正で男性が2011年から2023年にかけて、女性が2018年から2030年にかけて、3年に1歳ずつ遅らされることになっている。

年金制度発足当初に55歳だった支給開始年齢は、累次の制度改正によって、65歳に向けて引き上げられているのである。

さらに、年金の支給開始年齢の引上げと並行して、給付水準も緩やかに減少させられている（図表5－1）。

2020年度の新規裁定者の年金受給月額は、国民年金のモデル世帯（1人で老齢基礎年金を満額でもらえる場合の給付水準）で6万5141円、厚生年金のモデル世帯（夫が平均的収入で40年間就業し、妻がその期間すべて専業主婦であった世帯の給付水準）で22万7２4円となっている。

厚生年金のモデル世帯の年金受給月額は10年前の２０１０年には23万２５９１円だったのだから、この10年間でそれは1万１８６７円減少したことになる。

さらに、これは年金の名目の給付額であることにも注意したい。２０１０年代は緩やかに物価が上昇していたため、実質に換算すると給付水準の減額幅はさらに拡大する。２００4年基準で厚生年金のモデル世帯の実質年金受給月額を算出すれば、２０１９年時点で21万１４９５円と、同じく10年前と比べて２万１０９６円と大幅な減少となってしまう。

年金の受給額が減少した最大の理由は、過去に特例的に高額の年金支給を行っていた措置を解消したことにあるが、継続的な賃金水準の低下もその一つの要因となっている。年金の支給額は現役世代の賃金と連動する仕組みとなっている。このため、現役世代の賃金水準が増えなければ年金支給額も増えない。

しかも、年金の受給額を決めるのは現役世代の「平均的な」賃金の水準である。第２章で分析したように、現役世代の平均賃金は就業構造の変化などによって減少傾向にある。平均賃金の低迷が年金の給付水準をも強く押し下げているのである。

近年、年金の支給開始年齢の引き上げと支給月額の減額が同時進行で行われてきた。年金の給付水準は、ここ十数年間で急速な縮減を余儀なくされてきたのである。

たしかに、給付水準の引き下げは年金財政の持続可能性を担保するために必要不可欠なものだ。しかし、昨今のこのような状況をみると、10年後、20年後に果たして私たちが年金を受け取ることができるのか。人々が年金制度の未来を不安に思うことは自然な成り行きだといえよう。

†100年安心年金保険の虚構

減少する年金の裏には、当然に年金財政の悪化がある。そもそも、現在の年金保険制度はどういった経緯で形成されてきたのか。

年金制度の歴史を振り返ってみると、厚生年金保険法の前身となる労働者年金保険法が制定されたのが1942年。その後、1961年に国民年金制度が施行となり、自営業主など従来年金保険に未加入だった人を被保険者に含めることで、国民皆年金が実現する。

国民皆年金が実現して以降、大規模な制度改革はこれまで二度行われている。

一回目となったのは、1985年である。この改正によって、これまで別々の制度として運用されていた国民年金と厚生年金とが再編統合される。国民年金を全国民共通の基礎年金（1階部分）とし、厚生年金はその上に付加される報酬比例年金（2階部分）として制度が統一されたのである。同改革において、これまで任意加入であった専業主婦を国民年金保険の被保険者（いわゆる3号被保険者）とする仕組みも導入されている。

2回目の年金制度の抜本改革は、小泉政権下の2004年に行われたものである。少子高齢化で現役世代の減少が予想されるなか、厚生年金の保険料率を18・3％を上限として固定したうえで、年金積立金を活用しながら、給付水準を年金財政の財源内で自動調整する仕組みに変えたのである。

改革前の年金制度の思想がどうなっていたかというと、老後の生活に必要な資金を賄うことをまずありきとして、財政が均衡するように保険料率を引き上げるというものであった。つまり、2004年の改革によって、給付水準を固定して保険料を調整する方式から、保険料を固定して給付水準を調整する仕組みへと、年金制度の思想を大きく転換したのである。

テレビ・新聞などでもよく取り上げられたマクロ経済スライドが導入されたのも同年の改正による。年金の給付額は、原則として、毎年の現役世代の賃金上昇率と物価上昇率に連動して決められる。しかし、年金の給付額を機械的に賃金と物価の上昇率に連動させてしまえば、少子高齢化で現役世代が年々減少し、平均寿命が延び続けている現代において、年金財政は破綻してしまう。

このため、賃金と物価の伸びからスライド調整率（平均余命が伸長する影響と公的年金の被保険者数減少の影響を勘案して算出された比率）を差し引く形で年金給付額を減額するマクロ経済スライドを導入することとしたのである。

そして、この新制度のもとで、年金財政が持続可能であるか、その状況を5年ごとに確認する財政検証の仕組みも整えられた。

２００４年の年金改革の大きな成果は、年金財政が長期的に均衡する仕組みを制度のなかに埋め込んだことにある。当時、厚生労働大臣であった坂口力《ちから》は本改革の意義について、以下のように述懐している。

> 以前の年金制度は2、3年ごとに保険料や給付額を変えることがずっと続いていた。「これ以上は保険料は上げない、これ以上は年金は下げない」と明確にしてほしいというのが国民の最大の要求だった。そんな声に応えるため長期的な展望の年金制度をつくらないとならん、というのがスタートだった。
>
> （『日本経済新聞』電子版　２０１３年9月22日）

２００４年の年金改革によって、将来の年金財政や年金支給額の予想が財政検証の度に示されるなど、年金保険制度の透明性は格段に上昇した。そういう意味でも同改革の果たした役割は大きかったといえる。

これをもって100年安心の年金制度ができたと、政府自らが述べていたことからも、当時の政府がこの仕組みに大きな自信を持っていた様子が垣間みられる。

しかし、それと同時に、改革の背後にある経済環境をめぐる想定は今からみればあまりにも甘いものであったことを指摘しておかなければならない。当初の計画ではマクロ経済スライドの発動によって、所得代替率（現役世代の毎月の手取りに対する年金受給月額の割合）が2004年時点の59・3%から2023年には50・2%まで下がり、同年以降はこの給付水準で年金財政の収支が均衡することとされていた。しかし、その経済前提はというと、物価上昇率が1・0%、賃金上昇率が2・1%、運用利回りが3・2%という極めて楽観的なものだったのである。

この甘い経済の見通しのもと、100年安心の年金保険の計画は、制度導入直後から狂うことになる。

†名目下限制度の欠陥

当初の計画の狂いは、2009年の第1回財政検証で早くも露見した。2004年からの5年間でマクロ経済スライドは一度も発動せず、所得代替率は2004年時点の59・3

%から2009年には62・3%と、逆に上昇してしまったのである。2回目となる2014年の財政検証の時点でもマクロ経済スライドは一度も発動せず、所得代替率は62・7%に高止まりした。

現在の年金受給世代により多くの年金を支給すれば、年金財政が悪化し、将来の年金世代への年金支給額を減らさざるを得なくなる。このため、年金財政の持続可能性のためには、所得代替率を速やかに低下させる必要があった。

所得代替率の高止まりを招いたのは、2004年の年金法改正で年金給付額を名目額を超えて引き下げることを禁止する名目下限制度を導入したことによるところが大きい。結果としては、長引くデフレの影響で賃金と物価は低迷し、名目下限制度が発動することで年金の給付額は高止まりすることになった。

年金改革が行われて以降、日本経済が現在のような状況に陥ったことを不運とする向きもある。しかし、後付けの議論であることを承知した上でいえば、楽観的な経済の見通しのもとで構築された新しい年金制度の仕組みは、発足当初からとても100年安心といえるものではなかった。

当時の年金制度の欠陥の根幹にあったのはマクロ経済スライドの名目下限制度である。当初の想定したような高い物価・賃金上昇率などは実現するはずもなかったのである。厚生事務次官を務め、長年にわたり年金保険制度の実務を担ってきた吉原健二氏は、その著書『日本公的年金制度史――戦後七〇年・皆年金半世紀』のなかで、要約すると次のように述べている。

2004年野党の民主党の強い反対を押し切って行った年金改革により、100年安心というのは言い過ぎにしても、年金制度は長期的に安定した持続可能な制度となった。残された課題は、基礎年金の国庫負担を2分の1に引き上げるための安定財源の確保、非正規労働者に対する厚生年金の適用拡大、被用者年金の一元化などというのが当時の自公政権や厚生労働省の認識であった。私もそのように思った。

しかし、マクロ経済スライドの調整が10年も遅れたことの年金財政に対する影響は大きかった。上がると予想していた賃金も逆に下がり、現在の年金受給者の所得代替率は上がってしまった。財政検証結果は、年金財政はこのままで将来とも十分安心、安泰というより、もはやマクロ経済調整の基本的仕組みの見直しや年金の支給開始年齢65歳以上への引上げが避けられないものとなったと受け止めなければならない。

100年安心と謳った2004年の年金改革。しかし、年金保険制度を取り巻く経済環境は従来の想定を大きく裏切り、もはや現行の仕組みのままでは制度が持続不可能なものになってしまった。これが年金制度に長年関わってきた実務家から見た、現在の年金保険制度の等身大の姿なのである。

経済の正確な見通しを持たずして作られた新しい年金保険の仕組みは、虚構であったといわざるを得ないだろう。

月額3万円の減少がメインシナリオ

将来の年金の給付額がどうなるのか。それは、最新の財政検証の結果が指し示してくれる。

2019年の財政検証では、6つの経済環境を前提にしたうえで、それぞれのシナリオ下で年金の月額受給額がどう変化していくかを検証している（図表5－2）。

経済環境の6つのシナリオは、全要素生産性（ＴＦＰ）上昇率などによって場合分けをされており、物価上昇率、賃金上昇率、運用利回りの数値がそれぞれのシナリオのもとで算出されている。

ケースⅠからケースⅢは高成長シナリオとなる。高成長シナリオは、内閣府の中長期見通しにおける「成長実現ケース」を基準に将来の年金支給額が算出されており、物価上昇

図表5－2　財政検証の結果

（年金支給月額の予測）

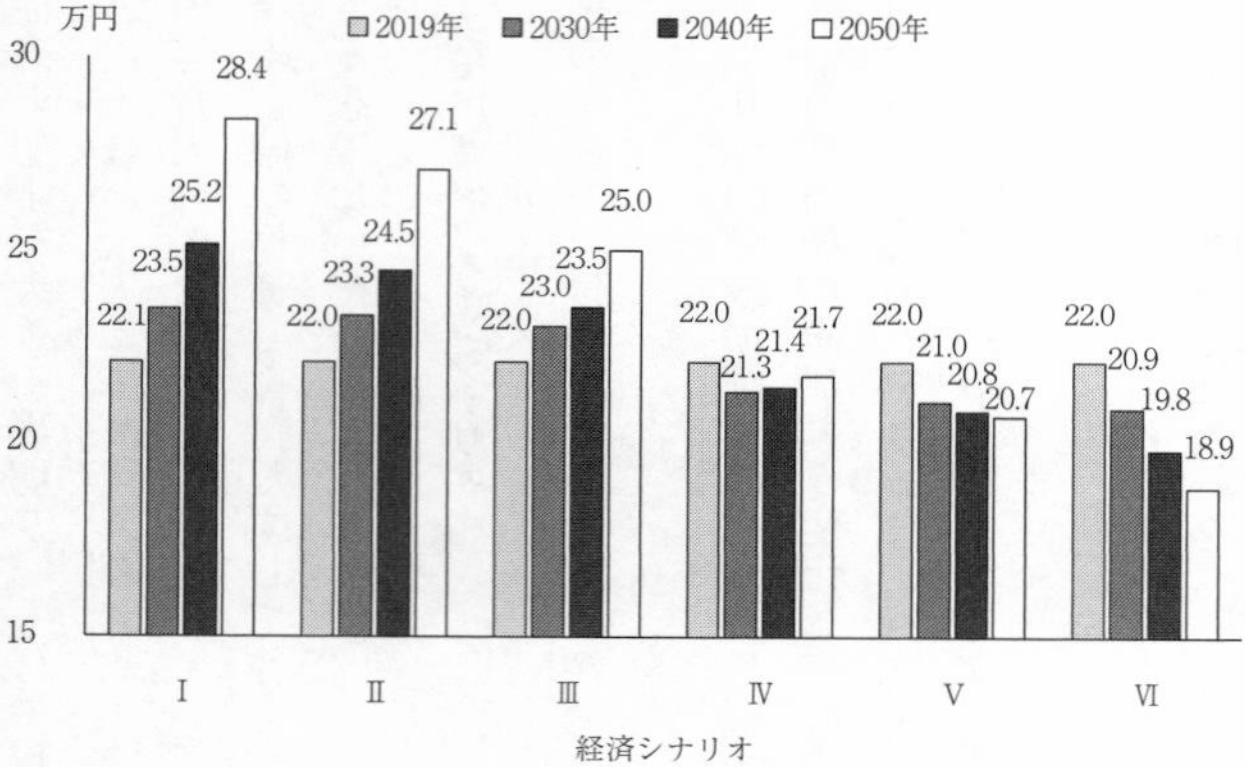

（各経済シナリオの前提）

	Ⅰ			Ⅱ			Ⅲ		
	物価上昇率	賃金上昇率	運用利回り	物価上昇率	賃金上昇率	運用利回り	物価上昇率	賃金上昇率	運用利回り
2019年	0.7	0.4	1.0	0.7	0.4	1.0	0.7	0.4	1.0
2025年	2.0	1.4	0.0	2.0	1.4	0.0	2.0	1.4	0.0
2029年以降	2.0	1.6	3.0	1.6	1.4	2.9	1.2	1.1	2.8

	Ⅳ			Ⅴ			Ⅵ		
	物価上昇率	賃金上昇率	運用利回り	物価上昇率	賃金上昇率	運用利回り	物価上昇率	賃金上昇率	運用利回り
2019年	0.7	0.4	1.0	0.7	0.4	1.0	0.7	0.4	1.0
2025年	0.8	0.7	0.7	0.8	0.7	0.7	0.8	0.7	0.7
2029年以降	1.1	1.0	2.1	0.8	0.8	2.0	0.5	0.4	0.8

出典：厚生労働省公表資料

率、賃金上昇率ともに高い数値を見込んでいる。

一方、ケースⅣからケースⅥは低成長シナリオとなる。低成長シナリオは、同経済見通しの「ベースラインケース」を基準としつつ、高成長シナリオよりも緩やかな成長率の前提のもとで年金給付額を試算している。

厚生労働省から示された6つのシナリオのうちどれが実現するかによって、将来の実質年金受給額は大きく振れる。最も楽観的なケースⅠのシナリオに基づけば、2019年時点で22・1万円だった年金受給月額は2030年に23・5万円、2040年に25・2万円、2050年に28・4万円まで増加していく。しかし、最も慎重なシナリオであるケースⅥに基づけば、同金額は2030年に20・9万円、2040年に19・8万円、2050年に18・9万円にまで下がる計算となる。

なお、ここで掲げた額は、いずれも実質の額である。つまり、各年の物価上昇率をもとに2019年基準の実質額に割り戻された額となっており、物価上昇の影響も勘案されたものになっている。

このシミュレーションの結果を見ると、将来どの程度の年金がもらえるのかは、経済前提によって大きく異なることがわかる。経済が成長すれば、現役世代の所得が増加し、これに応じて保険料収入、税収入が拡大する。そうなれば、財源が豊かになることで年金支給額は増加する。逆に、今後日本経済が低成長を余儀なくされるのであれば、年金財政は先細り、年金支給額も減少していかざるを得ない。

だとすれば、気になるのはどのシナリオが最も実現可能性が高いかということになるが、おそらく最も実現可能性が高いシナリオはケースⅥもしくはケースⅤということになるだろう。

根拠となるのは経済前提の確かさである。ケースⅠからケースⅢの高成長シナリオは、将来の物価上昇率や賃金上昇率が2019年時点から大幅に改善する前提に立っている。しかし、成熟した先進国である日本において、物価や賃金が加速度的に上昇していくことはまず考えられない。ケースⅠからケースⅢが実現する可能性はほぼゼロといってもよいくらいの楽観的なシナリオになっている。さらに、低成長シナリオとはいうものの、ケースⅣもこれらの前提が2019年時点の数値を上回っており、これもやはり前提が甘すぎる。

現時点での物価と賃金の上昇率を鑑みれば、将来に向けて信頼するに足るシナリオは、ケースⅥかケースⅤしかない。これまで、日本経済の成長率が緩やかに減速している趨勢を踏まえれば、最も実現可能性が高そうなのがケースⅥ。日本経済のパフォーマンスが想定より良ければ、ケースⅤが実現することもありうる。

逆に言えば、ケースⅥとケースⅤは十分に現実的なシナリオである。この2つのシナリオは、それまでのものとは違った。過去の政府による財政検証においては、先述のように過度な楽観論に基づいて年金財政のシナリオを組み立てていたのである。悲観的なシナリオを衆目にさらすことで世論を刺激したくない。過去の財政検証の議論においては、そういう政治的な判断もあったのであろう。

こうして考えると、2019年の第3回財政検証は、年金受給額が減少していくという厳しい現実を突きつける内容にもかかわらず、現実的なシナリオを用意して世の中に問うたという点で、評価されて然るべきではないだろうか。

2050年における年金受給月額の見通しは、ケースⅥのシナリオでは現在の水準から3万円程度減少することになる。現実的な経済予想に基づけば、将来の年金支給額はやはり減っていかざるをえないのである。年金受給月額のこれまでの推移を踏まえても、おそらく将来の年金受給月額はこのくらいの水準で決着しているはずだ。

将来の年金の支給額は現在の水準から1割から2割程度減る。これが将来の私たちの老後の等身大の姿なのである。

2 高齢者の家計簿

†年金の減少が高齢者を働きに出させた

高齢者の暮らしを考える際、年金の受給額がその中心的な議題となることは避けられない。将来の年金のゆくえ如何《いかん》は、高齢者にとっては文字通り死活問題である。

年金の受給額が期待する水準に満たないものであり、かつ高齢期に十分な貯蓄を有していないのであれば、人は働くよりほかにない。

高齢者の経済状況と就業の状況は裏表の関係にあるのだ。現代日本において、高齢者のうちのどの程度の人が既に就労しているのかをみれば、現代の高齢者を取り巻く経済環境が推察される。

高齢者の就業率は年々上昇しているのである（図表5-3）。60〜64歳の就業率は、1980年から2000年代半ばまで50％をやや超える水準で推移していたが、2010年に57・1％、2019年には70・3％にまで急上昇している。65〜69歳の年齢層の就業率も1980年の40・2％から2010年の36・4％まで一進一退の動きをしたのち、201

図表５－３　年齢階層別就業率の推移

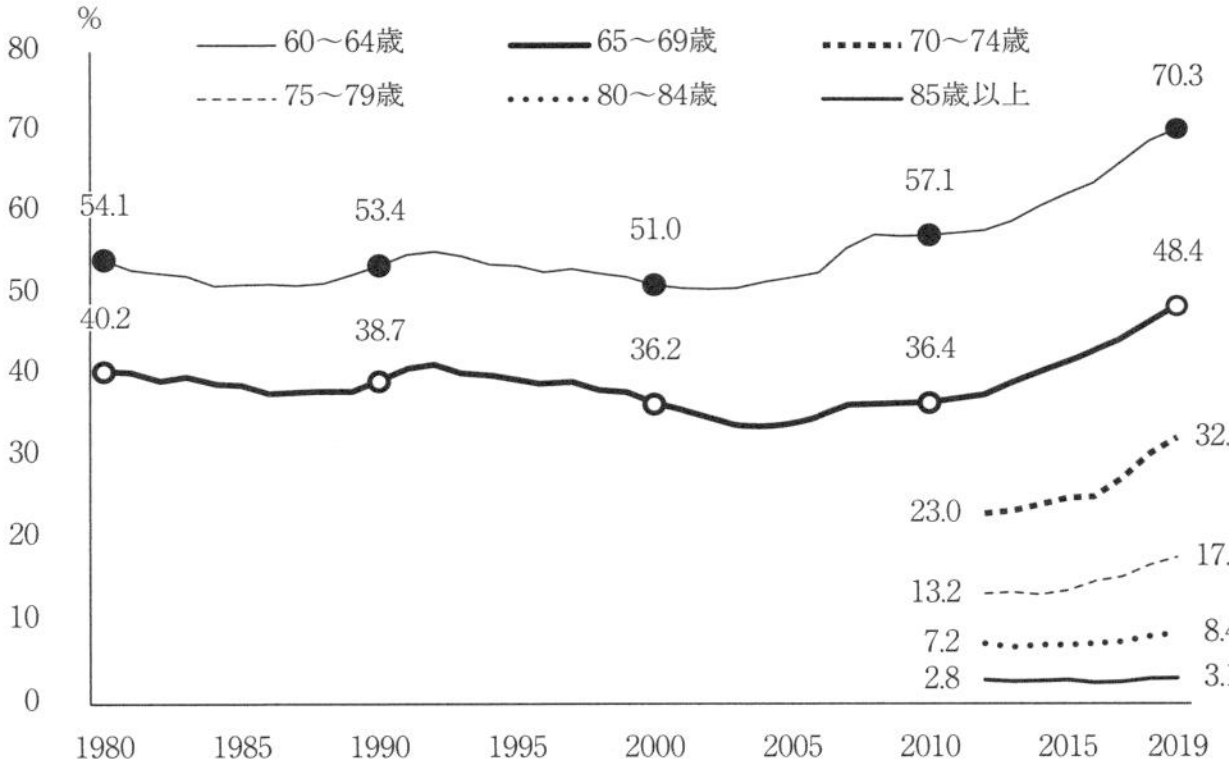

出典：総務省「労働力調査」

０年代に急上昇する。２０１９年には60代後半の人の就業率は48・４％にまで高まっている。

さらに、細かい年齢区分が公表されている２０１２年以降の就業率の推移をみると、70～74歳の年齢層でも想像以上に早いピッチで就業率が高まっていることがわかる。２０１９年時点で働いている70代前半の高齢者は32・２％になる。

一方で、さすがに75歳を超えると就業率の上昇ペースは鈍くなる。就労期間はどんどん長くなっているが、それでも多くの人にとって働ける限界となる区切りの一つが75歳という年齢なのだろう。

これらは男女計の数値であるが、男性だけでみると足元の就業率はさらに高くなる。２

019年時点の男性の就業率は、60〜64歳で82・3％、65〜69歳が58・9％、70〜74歳が41・1％となっているのである。定年直後に引退して悠々自適の暮らしを行う男性は、もはやわずかにしか存在しないのである。

60代後半でも働いていない男性は少数派にとどまっている。再雇用の区切りは多くの会社で65歳以下となるから、現代の高齢者の多くは再雇用の期間が終わってもほかの会社で職を見つけるなどして就労を継続させているのだと考えられる。さらに、70代前半でも3人に1人を超える男性が勤労所得を得ている。

生涯現役が実現しているとまではいわないが、労働所得を得るために75歳程度までは働くこと、それを視野に入れなければならない時代は既に到来しているのである。

女性も例外ではない。現在の高齢世代の女性は、専業主婦であることが当たり前の時代を生きてきたわけだから、高齢になってまで働いている人は少ない。しかし、これから現在の共働き世帯が歳を重ねていけば、男性と同様に働く高齢女性が多数現れてくるはずだ。

我が国は、今まさに高齢者が当たり前に働く時代へと移行しつつあるのだ。そして、人々がなぜ歳をとってまで働くのかといえば、その背景には年金の減少をはじめとする経済問題がある。第1章で述べたように、生活水準と関係なく働く人は少数派なのである。働かなければ、生活はもたない。だからこそ、多くの人が高齢になってでも働くのである。

高齢者が働き始めているということは、働かないと満足した生活が送れないと判断する人が増えてきたということだ。働かなければ家計はどうなってしまうのか。

図表5－4は、世帯主の年齢が60歳以上の無職世帯（2人以上の世帯に限る）における収入と支出のバランスをみたものである。

ここでは、世帯の収入を上方に、支出を下方に記している。ここから、年金無職世帯の収入のほとんどが社会保障給付であることは一目瞭然である。そして、その社会保障給付の大半は公的年金給付にあたる。

70代前半の無職世帯の家計をみると、毎月の収入の平均値は20万7000円であることがわかる。収入の19万4000円が社会保障給付で、公的年金給付がこのうちの19万3000円を占める。ほとんどの年金世帯が年金収入だけでやりくりをしているのである。

親族から受け取ったお金などが含まれる受贈金という項目や、家賃収入、株式などから生じた利子・配当による財産収入などが「その他の収入」として計上されるが、これは全てあわせて1万円を少し超える程度である。働かずに収入を得る手段は想像以上に少ない。

無職世帯の支出額に目を移せば、月々の支出は年金収入をはるかに超えていることがわ

図表5－4　年金世帯の家計収支

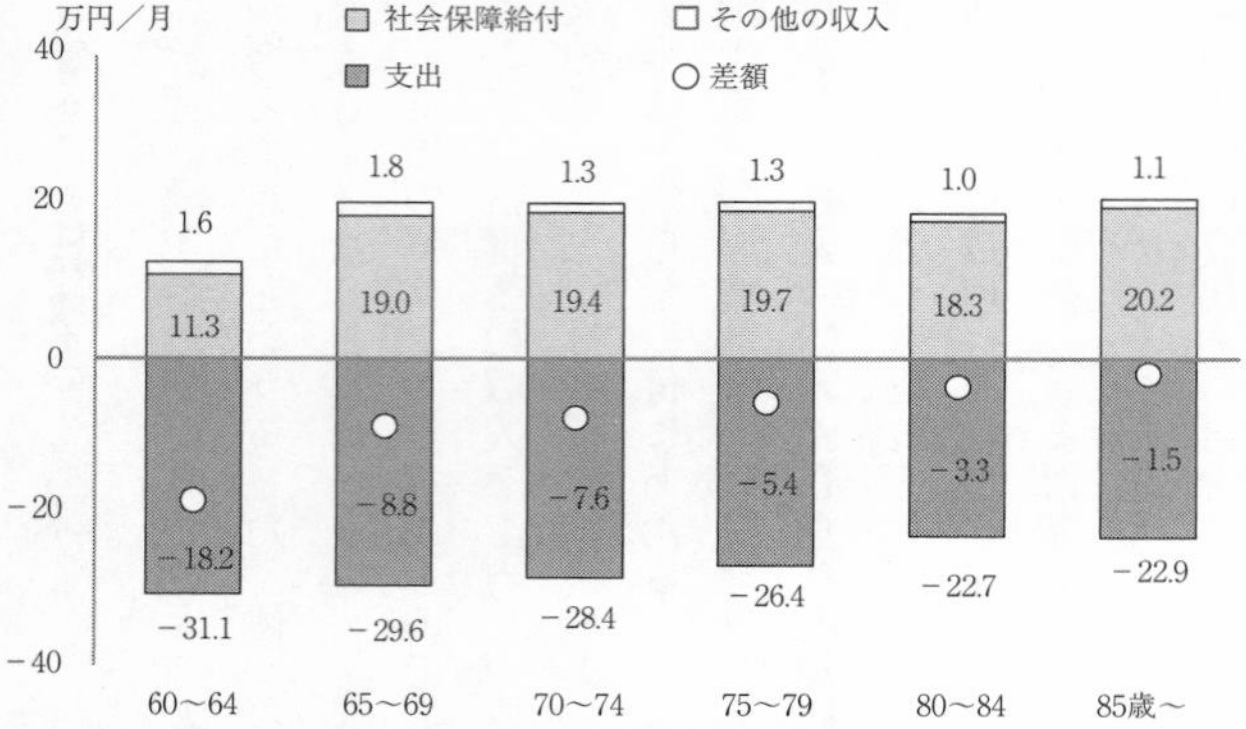

注：２人以上の世帯のうち、世帯主が無職の世帯を対象に集計している。「そのほかの収入」は、実収入（除く世帯員収入等）から社会保障給付を引いた額で算出している。差額は実収入（除く世帯員収入等）から実支出を引いた額。2018年におけるデータ
出典：総務省「家計調査」

かる。65～69歳では8・8万円、70～74歳では7・6万円と、相当額の赤字が毎月計上されている。つまり、多くの働かない年金世帯が、貯蓄の切り崩しによって赤字額を穴埋めしているのである。

一方で、年齢を重ねるにつれて、その赤字額が少しずつ減っていくことも注目される。これは歳を重ねるにつれて、世帯の支出額が減少する傾向があるからである。

年齢階層別に家計の支出額の推移をみると、60～64歳で月額31・1万円、65～69歳で29・6万円、70～74歳で28・4万円と高い水準で推移したあと、75～79歳で26・4万円、80～84歳で22・7万円にまで下がる。80代前半の家計を70代前半

のそれと比較してみると、特に、交通・通信費や教養・娯楽費といった項目で、歳を経るに従って支出額が減少していく様子がみてとれる（図表5－5）。高齢になるほどに貯蓄が減少して倹約を余儀なくされているという見方もできそうだが、どちらかというと体力の衰えからこれまでと同じような消費活動ができなくなるという側面の方が強いのではないだろうか。

高齢になるほど支出額が増えると考えられている保健・医療費についても、むしろ80代前半の方が支出が少ないことがわかる。多くの人が歳をとったときの医療費について不安に思うが、我が国において高齢者の医療費の自己負担はかなり抑制されているのである。

日本の医療保険制度では、75歳以上の後期高齢者の自己負担は原則1割に設定されている。さらに毎月の医療費が一定額以上であった場合には、決められた自己負担額を上限としてその差分が還付される高額療養費制度が存在している。

高齢者の自己負担の上限額は所得（ほとんどの場合年金の受給額）に応じて定まるが、後期高齢者であれば概ねその上限額は月5万7600円となる。保険収載されていない医療サービスを受ける場合においてはこの限りではないが、日本の医療保険制度をもってすれば、老後の医療費については過度な心配をする必要はないのである。

要するに、老後に乗り越えるべき経済的な障壁は75歳までにあるのだ。老後に最も生活

図表5－5　家計支出の変化

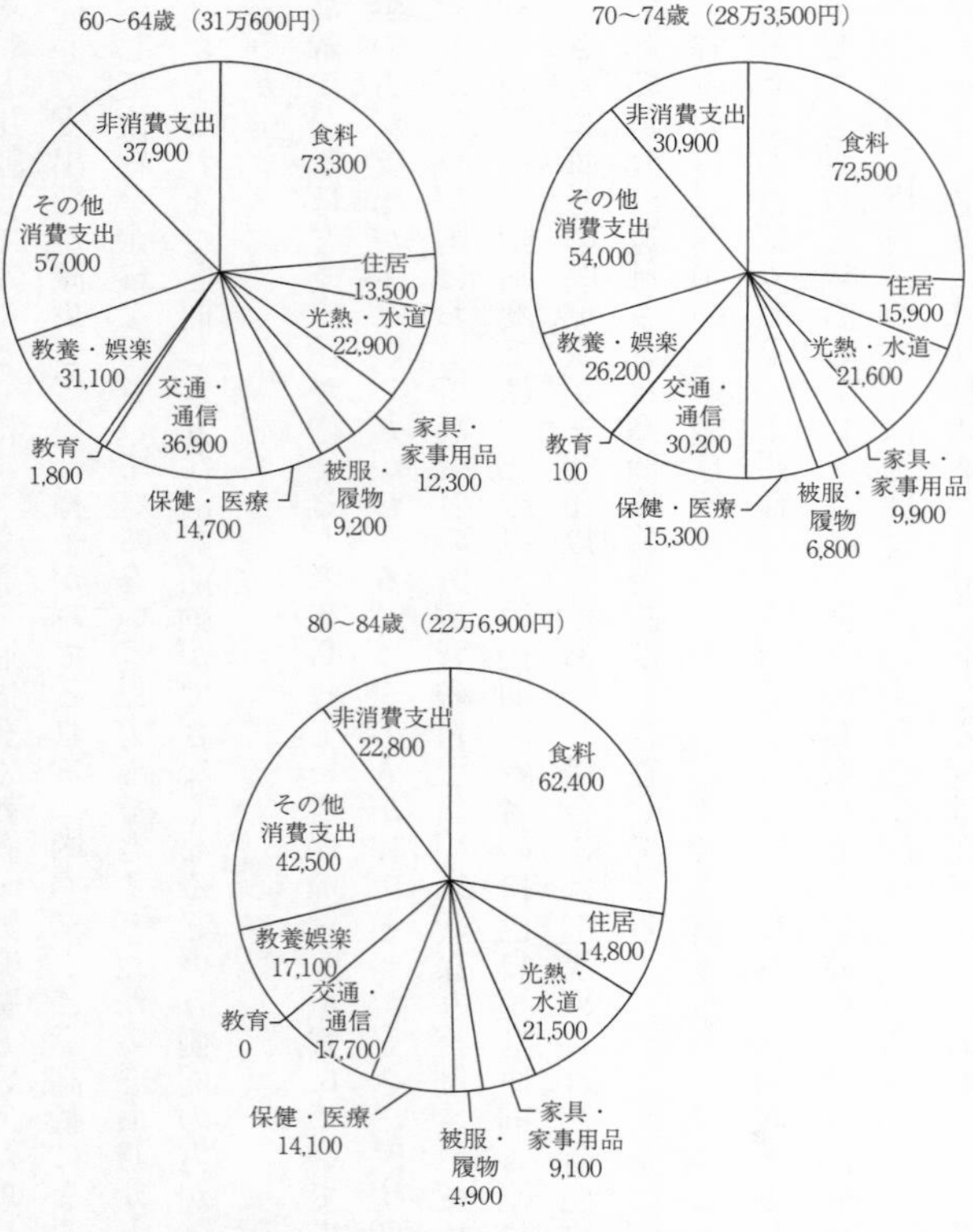

注1：2人以上の世帯のうち、世帯主が無職の世帯を対象に集計している。2018年におけるデータ
注2：十の位を四捨五入して掲載している
出典：総務省「家計調査」

が逼迫する時期は、定年直後から70代前半にかけて訪れる。そこさえ乗り切れてしまえば、貯蓄額がそこまでに多くなかったとしても老後に資金が不足する可能性は低いのである。

†高齢者こそ経済事情が生活の豊かさを決める

ただし、ここまでの話はあくまで平均の収支に基づいている。家計というのは、結局のところ、収入に見合うように支出が調整されるものだ。

少ない年金とわずかな貯蓄しかなければ、支出を切り詰めて生活水準を引き下げることでなんとか家計を回す。だから、平均の赤字額をみて必要な額を算出したところで、自身の求めている生活とそれが見合っているかまではわからない。

老後の消費額に差がつく大きな要因は、年金の受給額のばらつき以上に、世帯の貯蓄の多寡に大きなばらつきがあるからである。

家計の毎月の支出額は、その家計が有している貯蓄額に応じてどのように変動するのか。総務省「全国消費実態調査」を用いることで、高齢無職世帯の貯蓄額別の平均消費月額が算出できる。

貯蓄額ごとに消費額の平均値をみれば、確かに貯蓄額が多い世帯ほど多額の消費を行っている様子がうかがえる（図表5－6）。600万円未満の貯蓄しか有していないAグルー

図表5-6　年金世帯の家計支出（貯蓄階層別）

	平均	600万円未満（Aグループ）	600～1500万円（Bグループ）	1500～3000万円（Cグループ）	3000万円以上（Dグループ）
消費支出	243,300	191,700	225,800	262,600	313,900
食料	66,900	59,300	65,000	70,400	75,300
住居	16,000	11,800	11,600	17,700	24,500
光熱・水道	19,900	19,800	20,200	20,000	20,200
家具・家事用品	9,600	8,000	9,900	10,000	11,500
被服及び履物	7,500	5,100	6,700	8,200	10,500
保健医療	15,000	12,100	13,700	16,100	19,200
交通・通信	30,100	22,400	27,500	32,900	41,000
教育	600	600	600	500	600
教養娯楽	27,700	16,900	24,100	30,500	43,500
その他の消費支出	50,100	35,700	46,600	56,200	67,500

注1：2人以上の世帯のうち、世帯主が65歳以上でかつ無職の世帯を対象に集計している。2014年におけるデータ
注2：百の位を処理して掲載している
出典：総務省「全国消費実態調査」

プから、3000万円以上の貯蓄を有しているDグループまで、貯蓄額に応じてグループ分けを行えば、Aグループが22万5800円、Bグループが26万2600円、Cグループが31万3900円と貯蓄が増えるごとに毎月の支出も増える。

高齢者の資産の多寡によって消費額に差が出る項目は何か。食料（DグループとAグループの差額は1万6018円）、交通・通信（同1万8654円）、教養娯楽（同2万6586円）、その他の消費支出（同3万1800円）などが、裕福な世帯とそうでない世帯で消費の格差が大きい項目となる。

食料はもともとの支出額が高い項目だから必然的に差が生じやすい。一方、交通・通信、教養娯楽、そのほかの消費支出の3項目はもともとの支出額に比して消費水準の差が大きい項目といえる。

「交通・通信」の中で消費額に大きな差が生じているのは、自動車等関係費用（Dグループと Aグループの差は1万1852円）である。自動車等関係費用は、自動車の購入費用やその維持費が計上される項目であり、貯蓄が多い世帯ほど自動車に関して高額の消費を行っている。

「教養娯楽」については、雑多な財・サービスが含まれる。影響が大きいのは、旅行などの宿泊費や、ゴルフ料金や映画・演劇の入場料などが含まれる入場・観覧・ゲーム代などである。何かを体験するために行う消費というのは、生活に絶対的に必要な消費ではないため、経済状況の差が反映されやすい。

「その他の消費支出」は交際費の違いによるところが大きい。交際費はDグループの世帯が毎月3万200円の消費を行っている一方で、Aグループの世帯の支出額は1万4400円にとどまっている。裕福な世帯ほど、友人との交際や、子供や孫など親族との交際の頻度が高くかつそれに関して自分自身が多くを負担をしているのだと考えられる。

貯蓄の多寡は、総じて老後の体験に関わる支出行動に大きな影響を与えていることがわかる。老後に好きな車に乗って、自由に出かける。時には航空代を支払い海外への旅行に出ることもある。そして、日常でも友人や配偶者とゴルフを行うなどして時間を過ごす。息子・娘家族との団欒《だんらん》を楽しみ、その援助も惜しまない。

残念ながら、老後に豊かに暮らすことができるかどうかは、やはり経済的な状況によって決まってしまうのだ。

現役世代のほとんどの人は、職場や家庭など何らかのコミュニティに所属している。仕事を通じて様々な人と関わり、多くのことを経験する。それは家庭においても同様である。現役世代は、経済的な余裕が多少なくとも人と関わりながらある程度豊かな生活を送ることができるのである。

しかし、高齢者は違う。歳をとれば、このような機会を得るために自ら動かなければならない。そして、そこには往々にして経済的な負担が発生する。

そう考えると、経済的な豊かさが生活の豊かさを決めるというのは、むしろ高齢者にこそあてはまるのではないだろうか。歳をとって満たされた暮らしをするか、それとも最低限の費用で営む暮らしを選ぶか。そのどちらを選ぶかは、年金の受給額や貯蓄の多寡に大きく左右されてしまうのだ。

†高水準の消費を前提にすれば2000万円では足りない

では、豊かな生活を過ごすうえで貯蓄はいくら必要なのか。先ほどの区分に応じ、それぞれの生活水準ごとに老後にどれくらいの貯蓄が必要になるのか推計を行ったものが図表5－7である。

老後の生活費を決める変数は大きく3つある。すなわち、何歳まで生きるか、いつ引退するか、どの程度のレベルの消費を行うかである。ここでは、以上のパターンで場合分けをしたうえで、必要貯蓄額を推計している。

まず、現在の年金水準を前提としたうえで、必要な貯蓄額をみてみる。引退年齢が65歳で、老後は平均的な支出を行い、90歳で死亡するケースを標準シナリオと呼べば、そのシナリオで必要となる貯蓄額は1600万円となる。この標準シナリオをベースにしたうえで、各変数を動かすと必要貯蓄額はどう変化するか。

寿命の前提を変えてみると、80歳まで生きる場合には、必要な貯金額は1300万円にまで減少する。65歳で引退してから死亡するまで15年であるから、ある程度の貯蓄があれば、あとは年金で十分生活が可能ということになる。

一方、100歳まで生きるとすればどうか。100歳まで生きたときに必要な額は18

図表５－７　必要貯蓄額のシミュレーション

〈平均年金月額が維持されるケース〉

	引退年齢	60歳	65歳	70歳	75歳	80歳
80歳で死亡するケース	平均	2,400	1,300	800	300	－
	Aグループ	900	200	100	0	－
	Bグループ	1,900	900	500	200	－
	Cグループ	2,900	1,700	1,000	400	－
	Dグループ	4,400	2,800	1,700	800	－
90歳で死亡するケース	平均	2,700	1,600	1,100	600	300
	Aグループ	600	－100	－200	－300	－300
	Bグループ	2,000	1,000	600	300	100
	Cグループ	3,500	2,200	1,500	1,000	500
	Dグループ	5,500	3,900	2,800	1,900	1,100
100歳で死亡するケース	平均	2,900	1,800	1,200	800	500
	Aグループ	200	－500	－600	－700	－700
	Bグループ	2,000	1,000	600	300	100
	Cグループ	3,800	2,600	1,900	1,300	900
	Dグループ	6,500	4,800	3,800	2,800	2,100

〈平均年金月額が今より３万円減少するケース〉

	引退年齢	60歳	65歳	70歳	75歳	80歳
80歳で死亡するケース	平均	3,100	1,800	1,100	500	－
	Aグループ	1,700	800	400	200	－
	Bグループ	2,600	1,500	900	400	－
	Cグループ	3,700	2,300	1,400	600	－
	Dグループ	5,100	3,300	2,100	1,000	－
90歳で死亡するケース	平均	3,800	2,500	1,800	1,200	600
	Aグループ	1,700	800	500	200	100
	Bグループ	3,100	1,900	1,400	800	500
	Cグループ	4,500	3,100	2,300	1,500	900
	Dグループ	6,600	4,800	3,500	2,400	1,400
100歳で死亡するケース	平均	4,300	3,000	2,300	1,700	1,200
	Aグループ	1,700	800	500	200	0
	Bグループ	3,400	2,300	1,700	1,200	800
	Cグループ	5,300	3,900	3,000	2,200	1,600
	Dグループ	7,900	6,100	4,900	3,700	2,800

注：端数は四捨五入して掲載している

出典：総務省「全国消費実態調査」より算出

00万円と、90歳で死亡する場合とそう変わらない結果となる。これは、歳を重ねていくほどに生活費が減少し、毎月の収支の赤字額が縮減されるからである。

次に、引退年齢を動かしてみる。引退年齢を60歳にすれば必要貯蓄額は2700万円に跳ね上がる。60代前半で仕事をやめてしまえば、年金が支給されない期間に貯蓄を切り崩さざるを得ないため、その分多額の資産が必要になる。ここからも、60歳で引退するという選択肢が既に多くの人にとって難しくなっていることがわかる。

他方、引退年齢を70歳まで引き延ばせば、必要貯蓄額は1100万円に減る。就業延長は老後の家計の資産形成に多大な効果がある。

最後に、消費水準を変えてみればどうか。消費水準が最も高いDグループを前提とすると、貯蓄は3900万円必要である。同グループは月額31万超の消費を行っており、このレベルの消費を行うためには多額の資産が必要になる。一方、Aグループであればそもそも貯蓄は必要ない。現在の年金で十分にまかなえてしまうからだ。ここからも、消費水準さえ下げてしまえば、生活すること自体は十分に可能なことがわかる。

老後に必要な貯蓄額が2000万円といわれているが、どの程度の消費を行いたいかを考えないで必要貯蓄額を算出しても意味はない。

†働き続けねば生計はもたない

そして、将来的に年金受給額が減少するとなれば、家計の状況は大きく変わる。家計調査をみると平均的な公的年金受給額は20万円弱となっているから、年金受給額の変動が月数万円であってもそれは家計に大きな影響を与える。

現在の水準から年金が月額3万円減少する場合に、家計はどうなるか。シミュレーションの結果によれば、年金支給月額が3万円減少したときには、標準シナリオでも必要貯金額は2500万円まで増える。そのほか、すべてのケースで年金の受給額の減少分だけ蓄えなければならない貯蓄額が増加する。

将来、年金受給額が減るとすればどう対処すればよいのか。消費水準を変えないことを前提に考えるのであれば、必要貯蓄額まで貯蓄を積み上げていくか、引退年齢を引き上げるかの選択肢をとらざるをえない。

高齢期に働きたくないのなら、現役時代の賃金を増やすなどして貯蓄額を増やすしかない。私的年金制度に加入して、公的年金給付の足しにするということも有力な選択肢となる。実際に、政府は企業年金の充実などに力を入れている。これは裏を返せば公的年金給付は期待するなということの政府の意思の表明ともとれる。

この選択肢をとる場合には、現役時代の消費をある程度犠牲にせざるを得ない。しかし、まだ見ぬ老後のため、多くの現役世帯が消費を過度に抑制する世の中が良いかと問われれば、そこには大きな疑問が残る。

一方、引退年齢引き上げのインパクトは非常に大きい。年金の支給月額が3万円減少しても、引退年齢を75歳に引き上げれば必要貯蓄額は1200万円にまで下がる。これに加えて75歳まで勤労所得を得ることができるのだから、その間にさらに貯蓄を積み増すこともできる。

引退年齢を引き上げて年金の支給開始年齢を引き上げる場合は、年300万円程度稼がなくてはならない。しかし、それでも夫婦2人世帯で夫と妻の両方が働く場合、ともにパートで月十数万円程度稼ぐことで事足りるのだ。年金世帯には公的年金等控除が適用されるし、給与所得もこの程度であれば、そのほとんどは課税されないだろう。

年金を65歳で受けとりながらも、足りない分を稼ぐという働き方もある。年金受給月額が3万円減ったとしても、時給1000円で月30時間働けば稼げてしまう。幸い、将来の非正規雇用者の時給は今よりさらに上昇するはずだし、そもそも75歳を超えれば自然と家計の出費は減少していくのだ。今後年金が減少したとしても、老後の前半戦である程度暮らしを賄えることができれば、あとは自然に支出額が年金給付額に近づいていく。

結局、多額の貯蓄を有する人は別として、将来の年金額が減少したときの最も有力な対応策はやはり働き続けることなのだ。将来の私たちは否でも応でも働き続けなければならないのだと、シミュレーションの結果は物語っている。

3　老後の未来

†受給額の引き下げか支給開始年齢の引き上げか

結局のところ、年金制度がもつのかと問われれば、その答えは明白である。年金給付額を引き下げることで年金財政の持続可能性を保ちながら制度を運用すれば、年金制度は財政的に十分もつのである。逆に、今後の年金財政の持続可能性を考えると給付水準の引き下げは不可避ともいえる。

今後、少子高齢化の進行によって日本の財政状況はさらに悪化する。こうした中、年金問題を実際にどう対処していくかを決断するのは政治である。

年金財政の悪化を解決するには4つの方法があるといわれている。すなわち、第一に年金支給額の引き下げ、第二に支給開始年齢の引き上げ、第三に保険料の引き上げ、第四に

GDPの拡大である。これ以外の方法で年金財政を根本的に解決させる方法はない。

この前提に立ったときにまず言及せねばならないのは、年金の解決策をGDPの拡大のみに帰してはいけないということだ。特定の政策を政府が講じることで、一国のGDPを自由に引き上げられるというのは幻想である。政府は、民間経済に対してそこまでの影響力をもたない。

さらに、2004年の年金改革の精神を鑑みれば、現役世代の年金保険料を引き上げるという選択肢はその中心的な役割を担わないであろう。

そうなれば、もう年金支給額を引き下げるか支給開始年齢を引き上げるかの選択肢しかない。年金支給額の引き下げか支給開始年齢の引き上げか、このいずれかの選択肢が近い将来、政治的に決断されるはずなのだ。

もっとも、年金の給付水準の切り下げは、政治的にたやすいことではない。過去の厚生年金保険の支給開始年齢の引き上げにあたっては、国会で大論争が行われた。年金記録問題という年金保険制度の運用面の問題が中心だったとはいえ、2009年に自民党政権が下野した大きな原因を作ったのもやはり年金である。政権与党としては、政権を維持していくためにできる限り年金には手をつけたくないというのが実情のはずだ。

しかし、政府が70歳までの就業機会確保を企業に要請するようになったことをみると、年金給付額の水準を維持するために年金支給開始年齢の引き上げはやむを得ないと、政府はみているのだろう。

いかに人々の納得を得ながら年金制度の持続可能性を確保するか、その政治的な道筋を描くことは容易ではない。こうした中、定年延長や継続雇用制度の延長によって、まずは70歳まで働くことを既成事実化する。そして、そのもとで年金の支給開始年齢を徐々に引き上げていく。政府はそういう戦略を描いているのかもしれない。

†年金のゆくえがいつまで働くかを決める

足元の高齢者の就業率の急上昇をどうとらえるべきか。就業意欲の高い高齢者が増えたから、彼らは働きに出たのか。

おそらくそれは違う。第1章の冒頭で述べたように、多くの人は生活のために仕事をしている。高齢になっても働くことは、現代の日本人の理想ではないのだ。

では、就業率が高まったのは、政府が定年延長や継続雇用の拡充を企業に強いたからだろうか。

たしかに、60代前半の就業率が上昇していることから、継続雇用義務が延長されたことなどの影響は大きかったのだと推察される。定年延長や継続雇用制度の延長は、高齢者の就労を促す一定の効果があるとみられる。

しかし、継続雇用義務の対象外である60代後半の高齢者の就業率も同時に急速に上昇していることは注目すべき事実である。これを踏まえると、近年の高齢者の就業率上昇の最も大きな要因となったのは、雇用制度の変更よりもむしろ年金受給額の減少なのではないかと考えられる。

２０１０年代に実質の年金受給額が大きく減少し、それが高齢者を働きに出させたのである。寿命が延伸していくなか、年金の受給額は下がり、豊かな老後を送るために高齢者は働かざるを得なくなっている。

極論を言えば、高齢者が働くかどうかを決めるのは雇用制度ではない。多くの人は十分な老後の収入の見通しがあれば、定年が延びても無理をして働こうとは思わない。どのような雇用制度があるかではなく、年金による十分な収入があるかどうかが、高齢者が就業するかどうかの意思決定に決定的な影響を与えるのである。

少子高齢化が急速に進むなか、政府は名目の年金支給額を減少させ、それと並行して物価を上昇させた。物価の上昇と名目の年金支給額の減少が合わさって、実質の年金支給額は大きく減少した。高齢者の実質所得を低下させたことが、就業率向上に貢献したのである。

仮に、どうすれば政府の提唱する生涯現役が実現するのかと問われるのであれば、その答えは簡単だ。年金の支給額を絞ればよい、ただそれだけのことなのだ。

2010年代は高齢者が就業する社会の実現に向けて、その大きな転換点となった。これまでは定年後に引退するというライフスタイルが主流であったが、これに代わり、年金受給額の実質的な減少により、定年後も一定の期間は働くことが一般的なライフスタイルとしてできあがりつつある。

定年後に引退して悠々自適な老後を送るという慣習を作り出したのが年金制度であったとすれば、それを廃したのもまた年金制度だったのである。

†繰り下げ受給を自ら選択して働くことに

年金制度の未来を考えれば、現在65歳である年金の支給開始年齢を、70歳まで徐々に引き上げて支給水準を維持するシナリオが政府がとると予想される第一のシナリオとなる。そして、もう一つのシナリオは、年金の支給開始年齢はいじらない代わりに、支給水準の低下を甘受するというシナリオとなる。

もっとも、日本の年金制度においては年金の繰り上げあるいは繰り下げ受給が認められており、既に支給開始年齢は自由に選べることとなっている。そして、それに連動して月々の支給額も変わる。このため、この2つのシナリオには実質的な差はほぼない。

そうした中で未来の年金制度をどう設計していけばよいかを考えれば、支給開始年齢を70歳まで引き上げる措置をとるよりも、年金支給月額の引き下げを年金財政の持続性確保の中心軸に据えつつ、一人ひとりの事情に合わせて支給開始年齢をより柔軟化させていく形が実現可能性が高い選択肢となるのではないだろうか。

健康状態が優れず働くことが難しい人は低い年金額で最低限の生活を営み、そうでない人は自主的に支給開始年齢を遅らせて働くことで生活水準を保つ。それが将来の日本人の老後の現実的な未来ではないだろうか。

実際に、2020年5月に成立した「年金制度の機能強化のための国民年金法等の一部を改正する法律」では、年金の受給開始年齢の選択肢の拡大が行われている。これまで60歳から70歳で選べることになっていた受給開始年齢の幅を、60歳から75歳までに拡充したのである。

年金の支給開始年齢を遅らせる効果は絶大である。厚生労働省の試算によれば、年金支給開始年齢を自主的に70歳にすれば、年金の受給額は4割程度増える。さらに、75歳にまで繰り下げれば、その額は2倍近くにもなる。支給開始年齢の繰り下げには、将来の年金の受給額の減少がほとんど問題にならないくらいの絶大な効果があるのである。

どうしてこういうことになるのかは、想像にたやすい。仮に85歳まで生きるとしたとき、65歳から年金をもらえば年金の受給期間は20年間になるが、75歳から年金の受給を開始すればその受給期間は半分の10年間で済むからだ。受給期間が半分で済むのであれば、年金の支給額は2倍にできるという算段となる。こうしたなか、支給開始年齢を引き上げる高齢者は年々増えている。

年金財政が悪化する未来において、年金のゆくえがどうなるかは以下の通りである。まず、年金財政が先細ることで年金の支給額が減少する。この穴埋めをするために、多くの人が年金の支給開始年齢を自主的に繰り下げる。そして、繰り下げた年齢までは、生活基盤を確保するために働く。これが、ほぼ確実に訪れるであろう日本社会の将来像なのである。

年金の支給水準の切り下げは政治的には極めて困難な課題である。しかし、将来の年金財政を考えれば、それはいつか必ず実行に移されるはずだ。そうしないと日本の財政が持たないのは火を見るより明らかなのだ。

現在30代や40代にある人は、こうした時代に生きているのだということを再認識する必要があるだろう。

第6章

自由に働ける日はくるのか

使用する統計：リクルートワークス研究所「全国就業実態パネル調査」など

1　働き方改革の効果

†法と実態が乖離した日本の労働慣行

我が国において、「ブラック企業」という言葉を聞いたことがない人はいないだろう。企業の業績向上のため長時間労働や残業代の未払い、ハラスメント行為などを繰り返して人を使いつぶす企業のことである。

日本の労働法令をみてみると、その多くで労働者保護のための厳格な規定が盛り込まれており、これに反すれば使用者は刑事罰に問われる重い責任を負っている。

たとえば、労働基準法においては、三六《さぶろく》協定（使用者と労働者の間で協定を結ぶことで労働者に時間外労働や休日労働をさせることができるもの）という例外があるものの、従来から原則として1日8時間以上の労働を禁止している。残業代に関しても、割増賃金を支払わなければならない旨の義務規定が置かれており、法令上はサービス残業という概念すら存在しない。

労働契約法においても、解雇は合理的な理由がありかつ社会通念上認められるものでなければ無効になることが定められると同時に、判例においても、使用者が従業員の解雇を行うためには高いハードルが設けられている。

しかし、こういった厳しい法体系のなかで、多くの人が前記の規定に反する違法労働に従事させられている。我が国においては、労働法制が使用者に対して厳しい責務を課す一方で、実態としてはブラック企業が跋扈《ばっこ》する状況が古くから蔓延していたのである。

法と現実とがここまでに乖離した背景には何があったのだろうか。第一の要因として指摘しておかなければならないのは、市場メカニズムの欠如である。本来、労働市場においては、違法行為を繰り返す企業を淘汰する機能が備わっている。働いている会社の雇用慣行がおかしいと労働者が判断して、ブラック企業が労働者から選ばれなくなれば、企業の経営はたちまち立ち行かなくなるはずなのだ。

しかし、日本の雇用の流動性は高くなく、また弱い立場にある人には必ずしも自身で企業を選ぶ力は備わっていない。我が国においては、労働市場の自浄作用は総じてうまく働いてこなかったといえる。

第二に、こうした状況においては、規制当局すなわち労働基準監督署の強力なイニシアティブが必要とされるが、その機能も限定的であったといえる。労働基準監督官は司法警察としての強い権限を有しているものの、厳しい財政事情にあるなか労働基準監督署も恒常的に人員不足に悩まされている。

日本には全国でおよそ500万を超える事業所がある一方で、労働基準監督官の数はおよそ5000人にとどまる。監督官1人で担当する事業所数はおよそ1000事業所にのぼり、すべての事業所の雇用管理の状況を把握することは困難である。違法労働を行う事業所に対して送検手続きをしようものなら、証拠の確保などの膨大な業務量にたちまちパンクしてしまうだろう。

第三に、使用者と労働者との間における政治的なパワーバランスの影響も無視することはできない。経営者団体が政治的に力を行使する状況下においては、経営を縛り付けるようなルールは可能な限り排除する方向で主張を行うものである。

政権与党を長く担ってきた自民党がこうした経営者団体を支持母体としているのに対し、労働者側の代表である連合は旧民主党系の政党の支持母体となる。こうした力関係が、政府の審議会等における政策決定の議論、また時には労働基準行政の運営において、影響力を及ぼしてきた。

従業員を雇用する際に使用者側が負う責任は重く、労働者が一方的に虐げられてきたと主張することは公平性に欠けるかもしれない。しかし、日本の雇用慣行が従前から大きな問題を抱えていたということは否定できない。働き方の見直しを求める世論の高まりの背景に、こうした法と実態との乖離があったことは見逃してはならない。

†働き方改革関連法で潮目が変わった

このような雇用慣行が日本人の働き方を長らく支配していたなか、潮目を大きく変えることになったのが大手広告会社の電通における過労死事件である。2015年12月、同社の社員であった高橋まつりさんが過労自殺をしたことがわかり、その事実はメディアでも大きく報道された。

この事件の後の政府の対応は機を見るに敏であった。事件以降、働き方の見直しの議論は加速し、政府は2017年3月に働き方改革実行計画を取りまとめる。そして翌年には同計画に基づき、働き方改革を推進するための関係法律の整備に関する法律（働き方改革関連法）を成立させた。

働き方改革関連法は、戦後の労働基準法制定以来70年ぶりの大改革となった。同法は、働き方改革の総合的かつ継続的な推進、長時間労働の是正と多様で柔軟な働き方の実現、雇用形態にかかわらない公正な待遇の確保、の3つの柱から構成されている。

法律の目玉は長時間労働の是正策である。改正後の労働基準法第36条では、原則として月45時間かつ年360時間を時間外労働の上限としたうえで、これに反した事業者に対して罰則を設けることとされた。これまでも労働時間の上限規制は度々検討されたが、その都度、経営者団体の壁に跳ね返されていた。労働時間の上限規制の設定は、労働者側の悲願ともいえる改正でもあったのである。

長時間労働に関しては、運用面はもとより法体系上も大きな問題があった。周知のとおり、改正前の労働基準法は原則として8時間労働を謳いながらも、三六協定を締結することによって使用者の都合次第で労働者を労働に従事させることができた。三六協定は労使での合意さえあればよく、個々人の意思を必ずしも反映する仕組みがなかったことも大きな問題点だったといえる。

さらに、長時間労働対策の一環として、一定の条件を満たす労働者に対して年5日の年次有給休暇を与えなければならないこととされ、勤務間インターバルの努力義務の創設や、産業医・産業保健機能の強化も同時に盛り込まれている。

非正規雇用者の処遇改善も謳われている。非正規雇用者について、不合理な待遇や差別的取扱いの禁止などに関する規定を整備したうえで、通常の労働者との間の待遇の相違の内容、理由等を説明することを事業主に義務づけるほか、行政による裁判外紛争解決手続の整備などが求められている。

これまで、日本の労働慣行が、働きすぎが原因で労働者が死亡するという常軌を逸した事態をたびたび引き起こしてきた。この状況がいかに特殊かということは、「過労死」(karoushi)という言葉が日本由来の言葉として海外でもそのまま用いられていることが物語っている。この一連の改革は、日本の働き方にあった積年の課題を大きく改善させるものとなった。

†働き方改革の効果は表れ始めている

いまやこうした世の中の潮流の変化を受けて、多くの企業が従業員の働き方の見直しを進めている。というのも、統計上も労働時間の縮減や有給休暇取得率の向上は着実に進んでいることがうかがえるのである。

労働時間の動向をみると、平均年間労働時間は2013年の1960時間から2019年に1869時間まで減少している。これに合わせて、長時間労働者の比率も2000年の13・0%から2019年には7・0%にまで低下した(図表6-1)。一般的に好況期においては業績が拡大して時間外労働が増える傾向がある。近年は好況といえるのだから、労働時間の基調は確かに変化していると考えられる。

これまでは、比較的に短い時間で働く非正規雇用者の増加が平均労働時間の減少に寄与しており、正規雇用者に限定してみると労働時間が減少していないことが指摘されてきた

図表６－１　週労働時間が60時間以上の人の割合

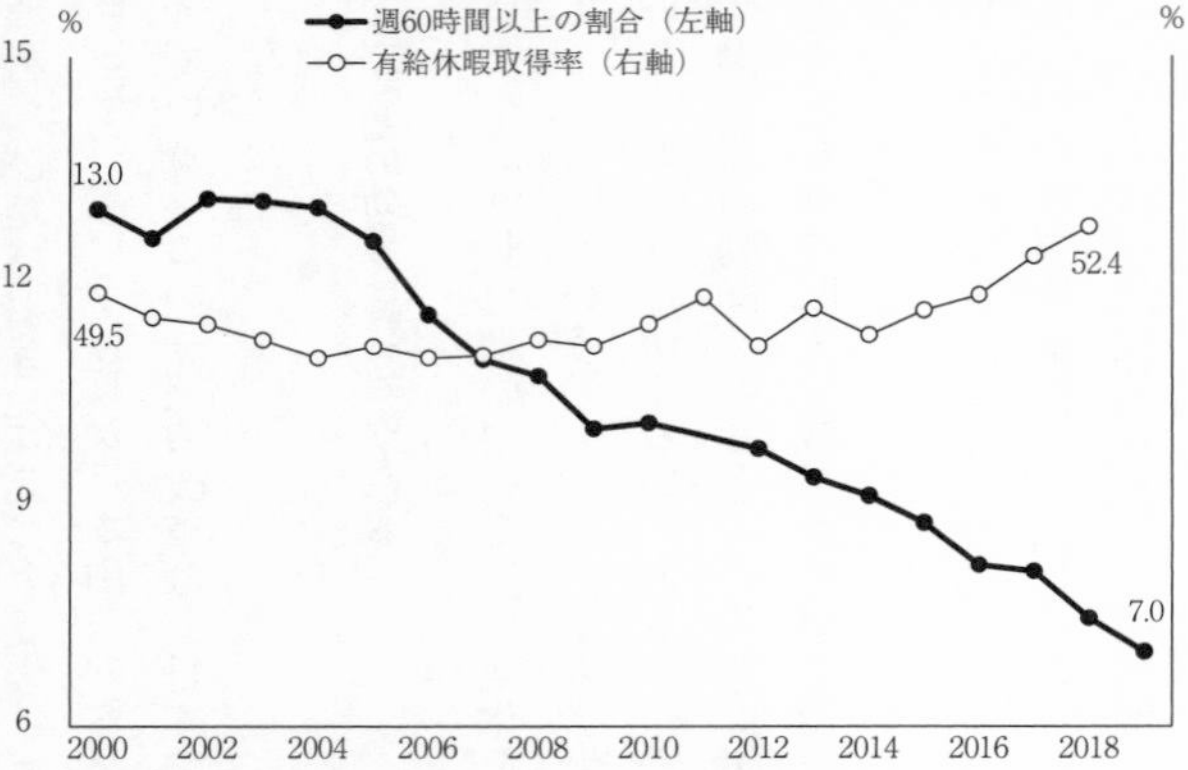

出典：総務省「労働力調査」、厚生労働省「就労条件総合調査」

（山本・黒田２０１４）。しかし、ここ数年でみると、正規雇用者のみに対象を絞ってみても長時間労働者の減少が進み始めている。

有給休暇取得率も２０１９年には52・４％（取得日数は９・４日）と緩やかながらも上昇傾向となっている。労働者のワークライフバランスの実現を図る取り組みは、企業において確かに広がりをみせているのである。

実際に、長時間労働対策を講じているという企業の声を聞くことも明らかに増えた。これまでは労働時間の管理さえしなかった企業が、従業員のパソコンの開閉時間などで労働時間を管理し、基準を超えた場合には直属の上司の評価に反映させるというような厳しい対応を行う例も増えている。経営者も社員の労働時間の目標を定め、その目標達成に強く

図表６－２　長時間労働者比率と有給休暇を半分以上取得している人の割合（正規雇用者、企業規模別）

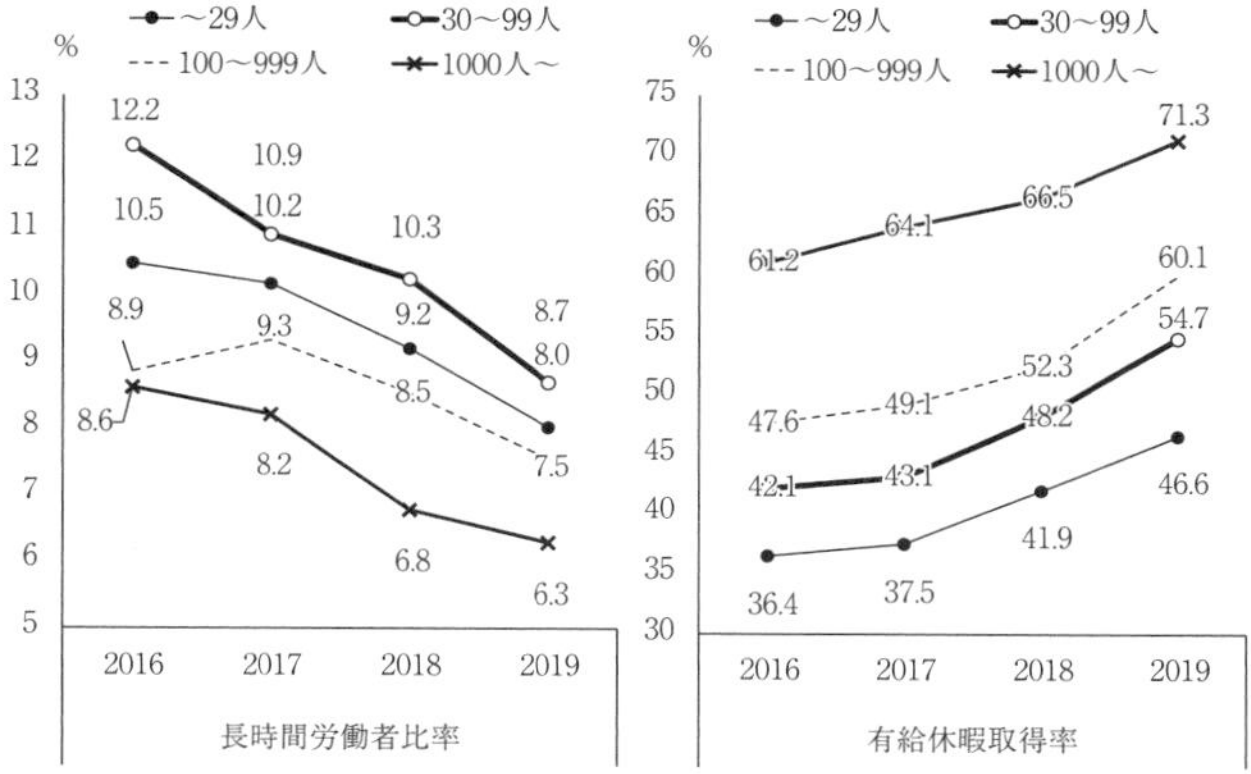

注：長時間労働者比率は週60時間以上の労働を行っている者の比率を表す。有給休暇を半分以上取得している人の割合は、有給休暇の取得状況の設問について、「すべて取得できた（10%）」「おおむね取得できた（75%程度）」「おおよそ半分は取得できた（50%程度）」を合計した割合を示している

出典：リクルートワークス研究所「全国就業実態パネル調査」

コミットするようになってきている。

働き方が改善しているのは大企業だけで中小企業は違うという主張もある。働き方改革関連法でも大企業への適用が２０１９年４月とされているのに対して、中小企業は２０２０年４月以降の適用とされるなど、中小企業に一定の配慮がなされている。

たしかに、企業規模別に現状をみると、中小企業に勤める人のほうが長時間労働者は多いし、有給休暇も明らかに少ない傾向がある（図表６－２）。しかし、その姿も徐々に変わってきているようだ。

企業規模が小さい企業においても、労働時間の縮減や有給休暇の取得率向上は着実に進んでいるのである。30人未満の企業における正規雇用者の長時間労働者比率は２０１６年の10・5％から２０１９年に８・０％にまで下がり、半分以上の有給休暇を取得している人の割合も36・４％から46・６％へと上昇している。

大企業と中小企業では働き方の改善が進むメカニズムは異なると考えられる。大企業は政府の法令改正や世論の動きをにらみながら対応を変えていると思われるが、中小企業は人手不足のなかで人が集まらないため働き方の見直しを進めざるを得ない現状がある。

帝国データバンクや東京商工リサーチによれば中小企業で人手不足倒産が近年増えてきており、中小企業にとって人材の確保が死活問題になっていることがうかがえる。採用活動や既存社員の離職防止のために、働き方の見直しを進めないと企業経営がままならないというのが中小企業の内実なのである。

政府による規制強化の動きと人手不足の進展。これらによって、大企業においても、中小企業においても、働き方は徐々に変わってきているのだ。

2　新しい働き方の萌芽

†テレワークは広まるも、課題が多い

2017年3月に首相官邸から発表された働き方改革実行計画。この中で、雇用型テレワーク、非雇用型テレワーク、副業・兼業の推進のための環境整備を行うことが明示されている。柔軟な働き方の推進が、働き方改革の大きな柱の一つとなっているのである。

政府は柔軟な働き方を推進しているが、会社に勤める雇用者がどの程度柔軟に働けているかは、労働時間や賃金のような数量的な指標がないため、政府統計による定量的な把握が必ずしも十分に行われていない。

そのようななか、全国就業実態パネル調査では、現在の仕事で「勤務日／勤務時間／働く場所を選ぶことができたか」を尋ねている。働く人がどう感じたかという主観的な指標であるという制約はあるものの、ここから労働者がどの程度柔軟に働けているか、その実態を分析することができる。

全国就業実態パネル調査によれば、正規雇用者のうち「勤務時間を選ぶことができた」という設問に対して「あてはまる」あるいは「ややあてはまる」と回答した人の割合は、2016年に11・9％であったが、2019年には14・4％となった（図表6-3）。依然としてその比率は低水準にあるものの、労働時間を選べる働き方をしている人はここ数年

図表6－3　柔軟な働き方をしている人の割合（雇用者）

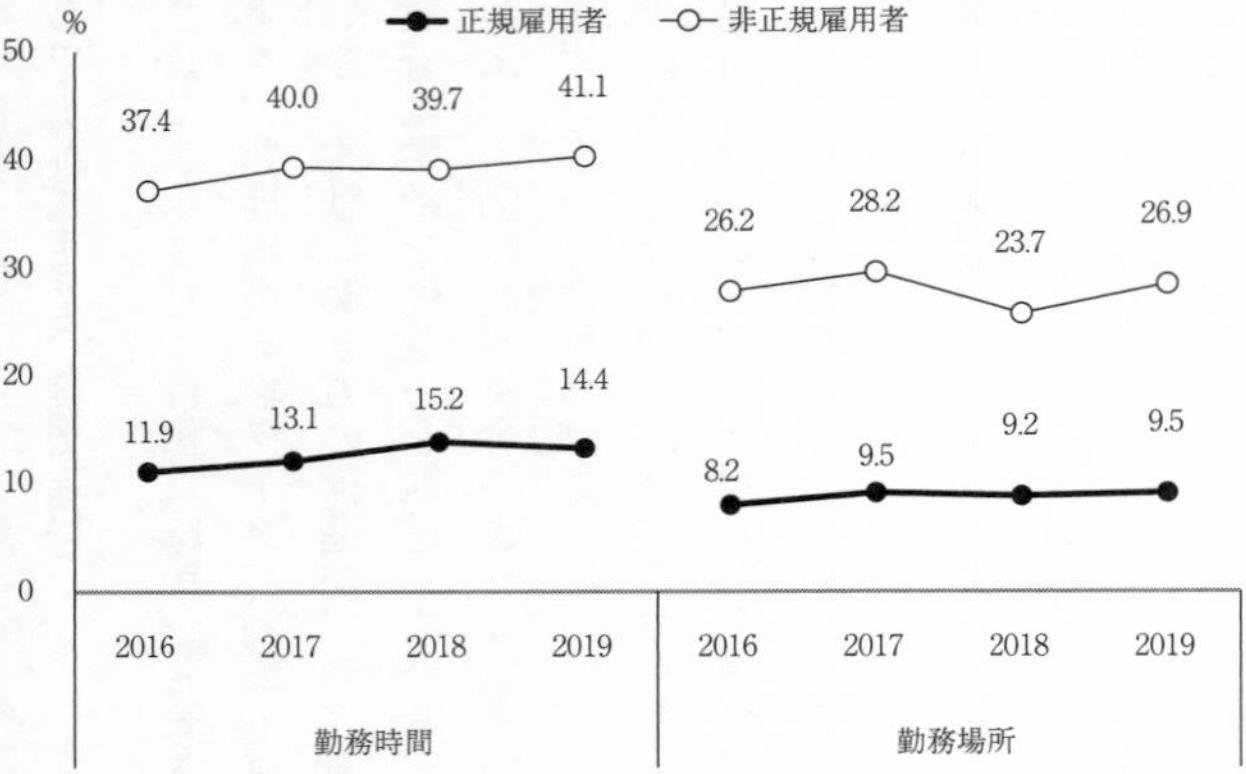

注：勤務時間の比率は『「次のことは、昨年12月時点についていたあなたの仕事にどれくらいあてはまりますか。」―「勤務時間を選ぶことができた」』という設問に対して「あてはまる」「どちらかというとあてはまる」を選んだ人の比率を表す。勤務場所の比率は同様に「勤務場所を選ぶことができた」に「あてはまる」「どちらかというとあてはまる」を選んだ人の比率を表す

出典：リクルートワークス研究所「全国就業実態パネル調査」

でやや増えている。さらに、勤務場所を選べると回答した人に目を移せば、正規雇用者でそう答えた人の割合は2019年時点で9・5%となる。

一方、職場でテレワーク制度が適用されている人の割合を算出すると、2016年の3・7%から2019年の6・5%へと上昇している（図表6－4）。

統計データにはまだ結果が表われていないが、2020年には新型コロナウイルス感染症の感染拡大によって、多くの企業でテレワークが行われている。今後、柔軟な働き方はますます広がっていく

図表6-4　雇用者のテレワーク普及率と利用時間（雇用者）

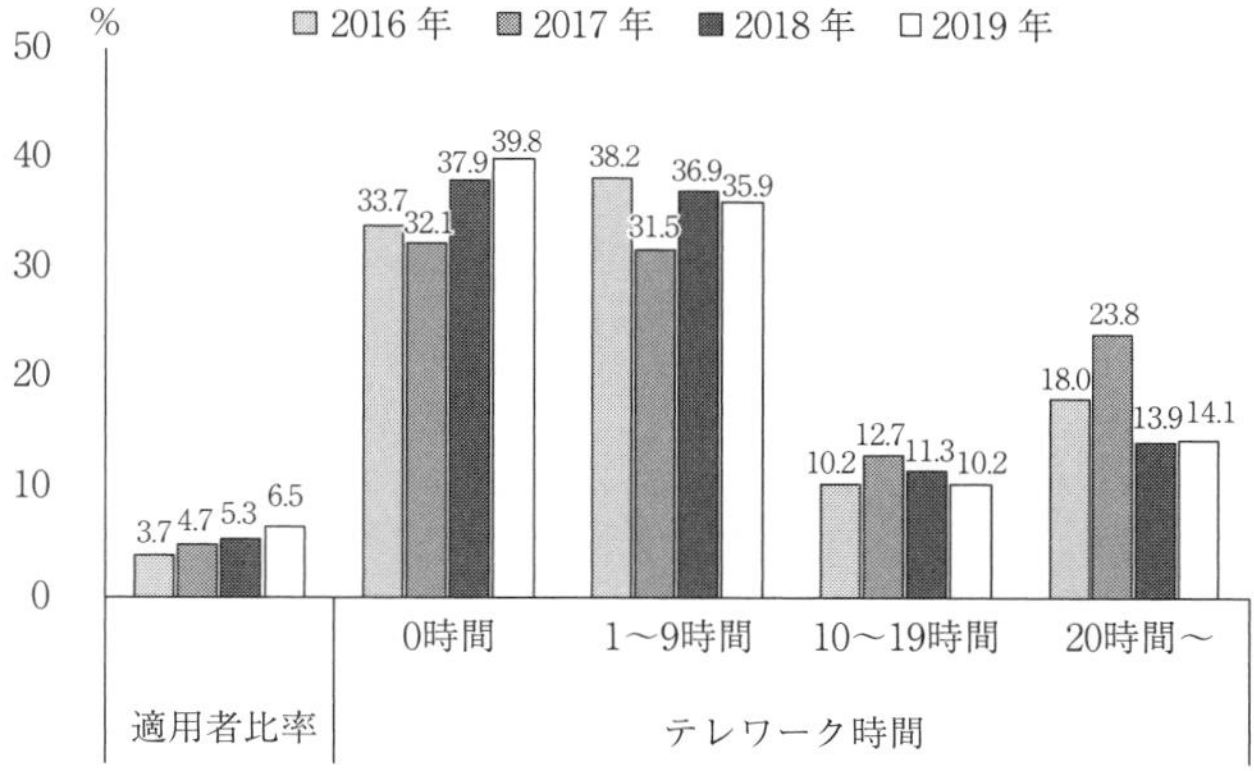

注：テレワーク適用者比率は「昨年12月時点、あなたの職場ではテレワークが導入されていましたか。またあなたは、その制度の対象者として適用されていましたか」の設問に対して「制度として導入されていて、自分自身に適用されていた」と答えた人の割合を表す

出典：リクルートワークス研究所「全国就業実態パネル調査」

のは間違いない。

しかし、それと同時に、テレワーク制度の普及に向けた障害は多い。

先の数値はあくまでもテレワーク制度が適用されている人の割合であって、実際にその人がテレワークを行っているとは限らない。同調査では、テレワーク制度の適用者に対して実際に週何時間のテレワークを行っているのかも尋ねているが、これをみると実に3人に1人を超える人が1週間のうちにテレワーク制度をまったく利用していないのだ。

社員が在宅で業務した場合に、社員の仕事の進捗をどのように管理して、さらに成果をどう評価するか。

こうした職場におけるテレワーク制度の運用上の課題が解決できないまま、いたずらに制度を普及させたとしても、実効性があるものにはならない。

テレワーク制度などの柔軟な働き方を確保するための取り組みは、制度の導入そのものに加えて、いかに運用していくかがカギを握っているのである。在宅における勤務をさらに普及させていこうとすれば、社員をマネジメントする管理職の能力も向上させていかなければならない。

働き方改革によって労働時間などの雇用管理が強く求められているなか、企業はともすれば労働者の管理を強めるという方向に向かいがちである。労働者の雇用管理を適正に行いつつ、他方で労働者の高い裁量を認めるという運用面での難しさは、企業人事が直面する働き方改革時代の大きな課題となる。柔軟な働き方の実現に向けた環境整備は、まだ緒についたばかりなのだ。

†取って代わられた非雇用の働き方

非雇用型テレワークとは、会社に雇用されずに業務契約など「契約」に基づいて仕事をすることなどを指す。わかりやすくいえば、いわゆるフリーランスとして働いている人である。

政府ではフリーランスをどのように定義しているか。中小企業庁が発行している「中小企業白書」では、「特定の組織に属さず、常時従業員を雇用しておらず、消費者向けの店舗等を構えておらず、事業者本人が技術や技能を提供することで成り立つ事業を営んでいる者」と定義している。

この定義に従い、全国就業実態パネル調査を用いて推計すると、2019年のフリーランス人口は437万人となる。2017年にはその人数が436万人であったことから、フリーランス人口は足元で思うように増えていない。

日本の労働市場を俯瞰すれば、戦後から一貫して非雇用から雇用への就業形態の移行が行われてきた。2000年代以降の就業形態の推移をみても、フリーランスが含まれる自営業主（雇い人なし）が2002年の7・9％から2019年の6・1％にまで減少するなど非雇用の働き方が長期的に減少するなかで、非正規雇用者が22・9％から32・2％へと急増するなど、雇用される働き方が増えている（図表6－5）。

第一次産業が衰退するなど産業の構造が変化するにつれて、働き方も非雇用から雇用される働き方へと長期的に移行している。労働者からすれば、この間、会社に身をゆだねて収入の安定を確保する一方で、自身の都合に合わせて働く自由を放棄してきたともいえる。

フリーランスが脚光を浴びている現状を長期的な観点で捉えれば、長年にわたって放棄さ

図表6－5　就業形態の構成比の変化

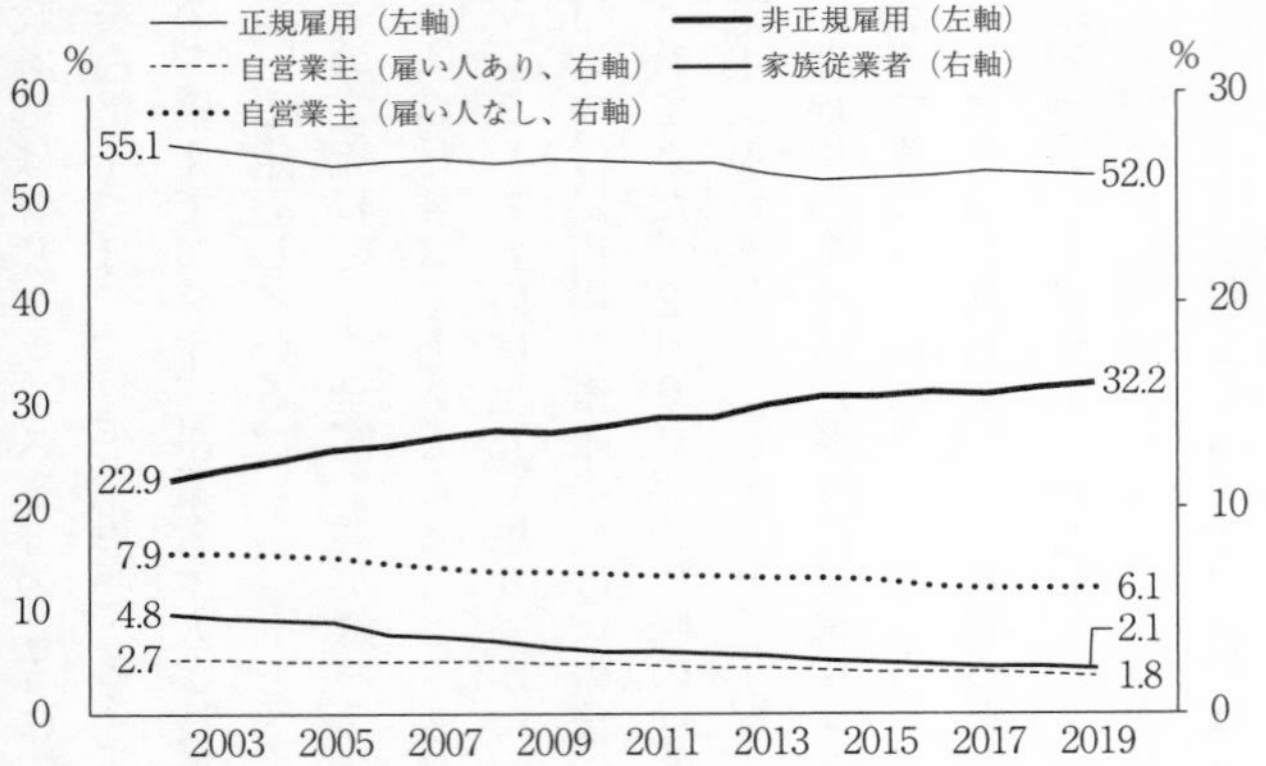

出典：総務省「労働力調査」

れてきた働き方の自由を取り戻すための揺り戻しが起こっているとも考えられる。

しかし、前述のようにフリーランスという働き方は、なかなか思うようには増えていない。

フリーランスによる働き方が世の中で急速に認知され始めているのは、情報技術の発展によるところも大きい。たとえば、ｗｅｂデザイナーの仕事は、企業や個人からＨＰ作成などの依頼を受け、デザインを提案し、それに応じてシステムを構築し、最終的な成果物の納品とともに売上を得る。ＩＴを用いることで、企業などの組織に雇われる必要がなく、自身で業務を請負うことで成立する業務は多い。

しかし、それと同時にこうした雇用されな

い働き方は必ずしも新しいものではない。たとえば、建設業界では古くから非雇用の働き方が普及してきた。建設業では、現場経験を積んだ職人が独立して自分自身で事業を営む、いわゆる一人親方と呼ばれる働き方がある。建築工事などを下請けしている多くの業者は、自ら現場労働者を雇用するのみでなく、外部の一人親方に業務を発注して施工を行うことで工事を完了させる。

さらに、シルバー人材センターに登録して仕事をしている多くの高齢者も広義のフリーランスとなる。駅前の自転車管理、小学校の交通誘導員、マンションや邸宅の草木の手入れ、こうした仕事の多くは高齢者によって担われている。これらの仕事は、業務の発注元が高齢者を直接雇用するのではなく、請負・委任契約の形で仕事を外に出し、シルバー人材センターを介して契約を行い、最終的には高齢者によって業務が遂行される。高齢フリーランスのほとんどはこうした形で仕事を行っているとみられる。

一般には「フリーランス」という言葉となじみの薄い職業においても、非雇用の働き方は古くから行われてきたのである。自営業やフリーランスなど非雇用の働き方は特定の職種のみに存在しているわけではなく、その裾野は案外広い。

実際に、フリーランスで働いている人がどのような職種に就いているのかをみれば、様々な職業でこうした働き方が行われている様子が見てとれる（図表6－6）。

図表6－6　フリーランスと職種（2019年）

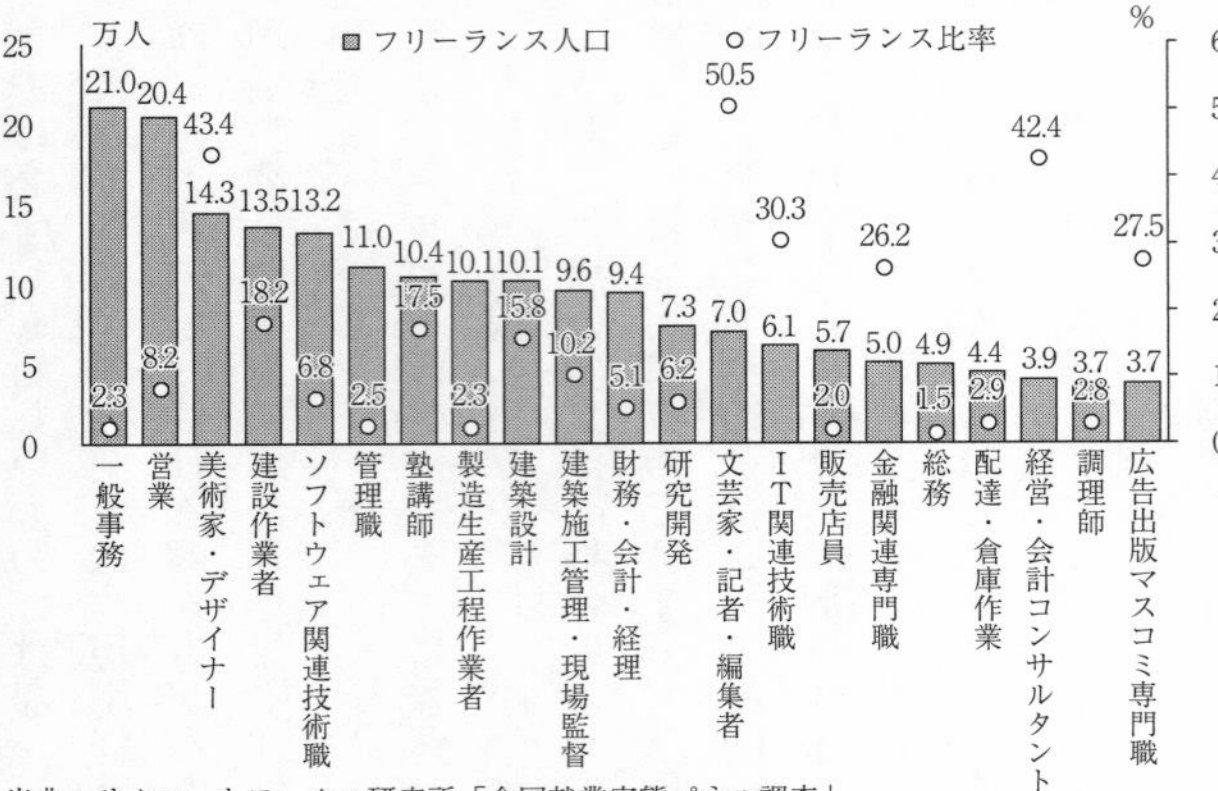

出典：リクルートワークス研究所「全国就業実態パネル調査」

フリーランスの人数が最も多い職種は一般事務職（21・0万人）であり、続いて営業職（20・4万人）となる。一方で、フリーランスの比率が高い職種には、美術家・デザイナー（43・4％）、文芸家・記者・編集者（50・5％）、経営・会計コンサルタント（42・4％）などがある。こういった職種はまさにフリーランスが活躍している職種のイメージと重なるものだが、経済活動の多数を占める職ではないため規模としてはそう大きくはならない。

雇用される働き方が一般に行われている職種であっても、フリーランスという働き方が存在していることには着目される。たとえば、一般事務でいえば給与管理の代行サービス、営業職では保険会社からの業務委託を受けて個人で保険営業をしている人などがフリーランスに該当するものとみられる。組織に雇用される働き方を選ぶかそうではない働き方を選ぶかという選択肢は様々な職種で存在し、多くの人がフリーランスで働く可能性を秘めているのである。

高齢フリーランスが活路に

さらに、フリーランスが若者の働き方だという考えを持つのだとすれば、これも誤ったイメージである。全国就業実態パネル調査から性・年齢別のフリーランス人口を推計すれば、25～34歳が28・3万人、65歳以上で113・3万人である。就業者全体に対する比率を見ても前者が2・2％、後者が16・8％となっており、フリーランスの働き方が圧倒的に高齢者によって選ばれていることがわかる（図表6－7）。シルバー人材センターなどを通して、すでに多くの高齢者が雇用によらない働き方を行っているのである。

若年・中堅層にかけては、女性の方がフリーランスを選ぶ割合が高い。およそ360万人いる25～34歳の女性就業者数のうち、フリーランスとして働く人は15・0万人、比率にすると4・1％がフリーランスとして働いている。これは、25～34歳の男性の2・3％に比べて2倍近く多いことになる。

非雇用の働き方は簡単ではない。組織から離れて働く自由があるということは、裏を返

図表6－7　フリーランス人口（2019年、性・年齢別）

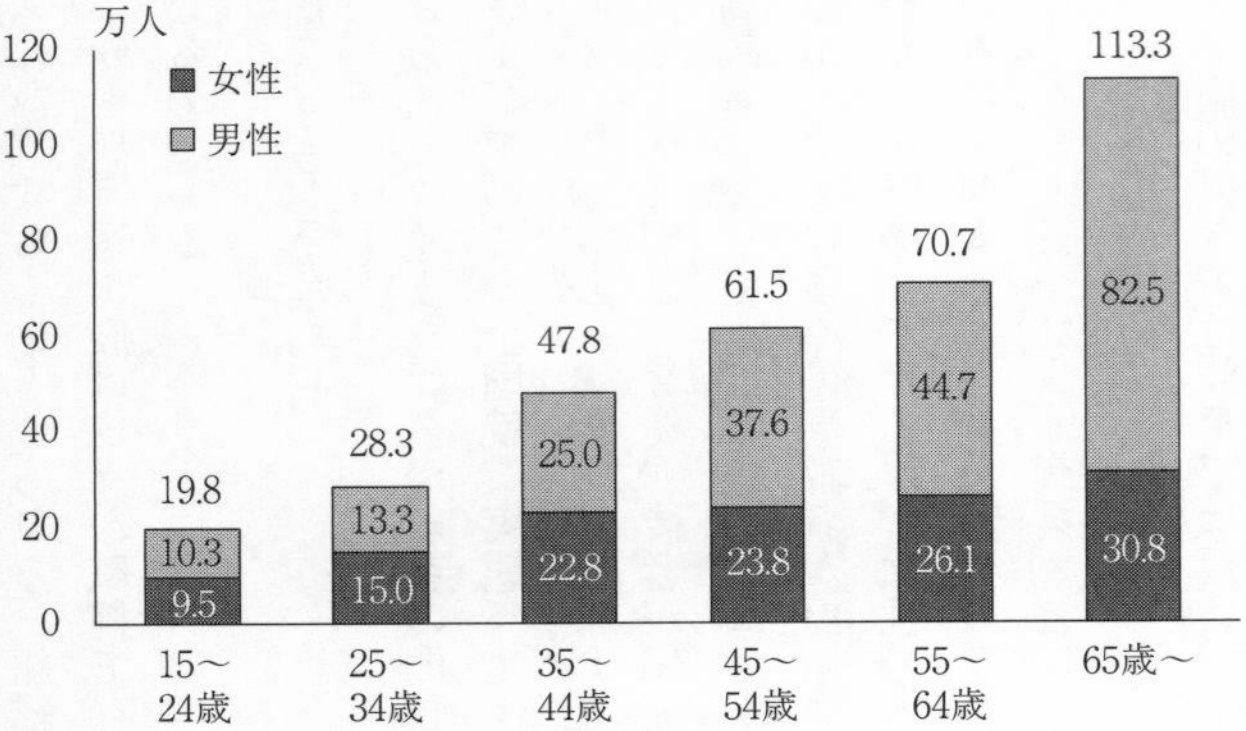

出典：リクルートワークス研究所「全国就業実態パネル調査」

せば頼れる人がいないということでもある。上司や同僚がおらず人間関係の煩わしさから解放される一方で、仕事の仕方が誤っていたとしても誰からもその方法を教えてはもらえない。

事業を行う上でのリスクも高い。自身のやり方に固執して仕事の受注がなくなれば、途端に生活が立ち行かなくなってしまう。フリーランスという働き方は収入が途切れるリスクを取れる人ではないと選べない働き方なのである。

こうした特性を持つ働き方に向く人は必然的に限られてくる。子育てをしている人にとっては、考えるべき選択肢のうちの一つとなる。時間や場所に縛られない働き方をする必要性が高いからである。なおかつ配偶者の安

図表6－8　高齢者とフリーランスの働き方（2019年）

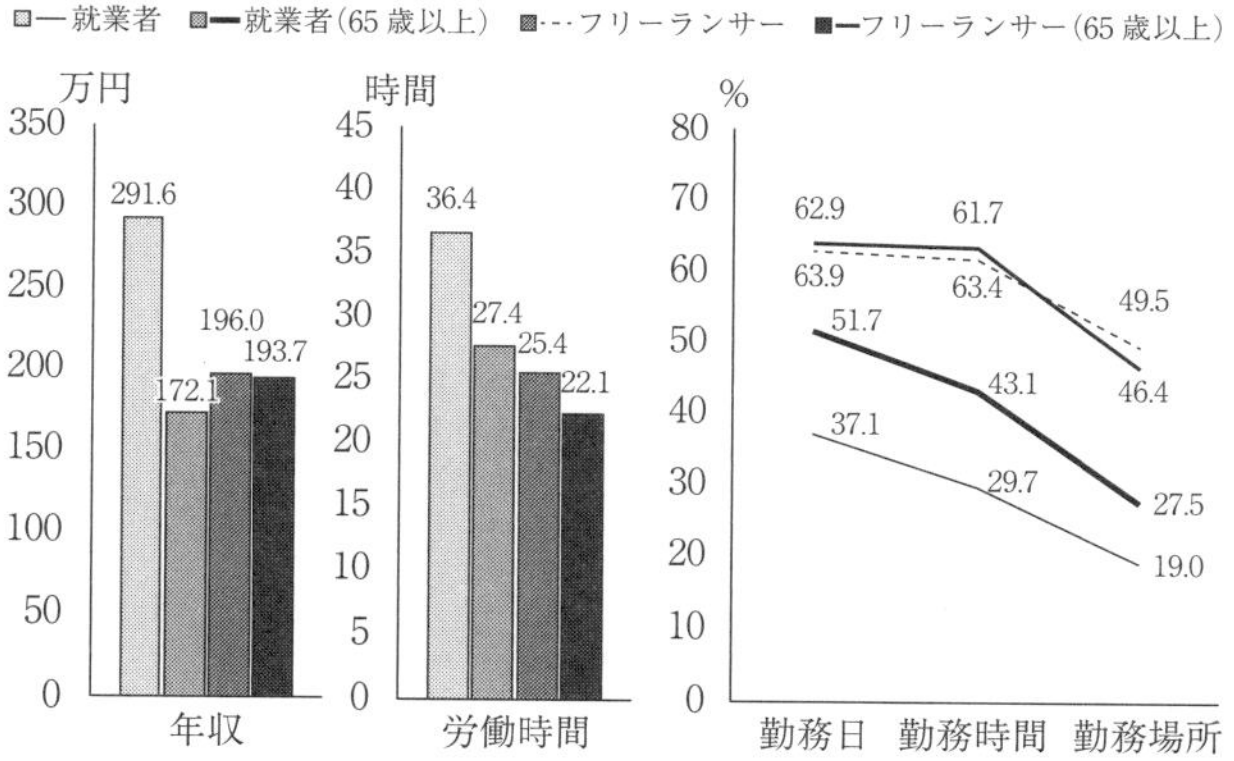

注：勤務日の比率は『「次のことは、昨年12月時点についていたあなたの仕事にどれくらいあてはまりますか」―「勤務日を選ぶことができた」』という設問に対して「あてはまる」「どちらかというとあてはまる」を選んだ人の比率を表す。勤務時間の比率は同様に「勤務時間を選ぶことができた」に「あてはまる」「どちらかというとあてはまる」を選んだ人の比率、勤務場所の比率は「勤務場所を選ぶことができた」に「あてはまる」「どちらかというとあてはまる」を選んだ人の比率を表す

出典：リクルートワークス研究所「全国就業実態パネル調査」

定した稼ぎが期待できる人はフリーランスに向く人だと考えられるが、自律的に働くという難しさはネックになるだろう。

　そして、最もフリーランスという働き方が向くと考えられる人は高齢者である。彼らは長年の仕事の経験から自律的に仕事を進めていくことが可能である。また、自身が扶養するべき家族も少なく、年金という安定収入がある。仮に仕事が急に途切れたとしても生活が傾くことは少ない。

　フリーランスの働き方は、就業者とは大きく異なる（図表6－8）。フリーランスとして働いている人は、週労働時間が25・4時間と短く、一日6時間の仕事を4日行うというライフスタイルが可能になる。勤務日や勤務時間、勤務場所を自由に選べる人の割合も就業者全体と比べて格段に高い。

一方で、フリーランスとして働けば、こうした自由度の高い働き方の代償として、収入は大きく減少することになる。平均年収は196・0万円と、就業者全体の平均291・6万円より100万円程度低いのである。

一方、高齢就業者全体の働き方をみてみると、フリーランスと同様に低い収入を甘んじて受け入れる代わりに、その分緩く働くという働き方を選択している。

つまり、これから高齢者が働くのであれば、フリーランスという働き方はその有力な選択肢になるのである。非雇用の働き方がより広く行われるようになれば、それは高齢者にとって魅力的な選択肢となるはずである。

近年にわかに浮上したフリーランスという選択肢。未来の高齢者にとって、そこに確かな活路が見出せるのである。

3 生涯現役に向けた布石

†働き方改革を掲げた政権の妙

働き方改革関連法の最も大きな特徴は、それが労働者側に圧倒的に有利なものになったということではないか。長時間労働の是正策や非正規雇用者の処遇改善など、多くの改正条項が使用者側に雇用管理上の責任を付与するものとなっている。

一方で、使用者側が求めていた裁量労働制の適用拡大は見送りの憂き目にあった。そして、高度プロフェッショナル制度もその適用条件が極めて厳しく設定され、求めていた制度とはほど遠い内容となってしまった。近年の働き方の見直しをめぐる一連の動きを使用者と労働者の対立という観点からみれば、使用者側の完敗に終わったとみてもよい。

翻《ひるがえ》って2000年代にさかのぼれば、グローバル化が深化し、経済環境が大きく変化するなか、使用者側は終身雇用など日本的雇用慣行の見直しを強く求めていた。経済財政諮問会議などを通じて解雇法制の見直しなどが議論の遡上にのぼり、小泉政権は使用者側に有利な制度改正を進める。2000年代には、日本的雇用慣行が労働者保護に偏重しているとの認識の下で、そこに企業の競争力低下の責任を求める格好となっていた。

しかし、その代償は大きかった。リーマンショックを境に、小泉政権下で行われた労働法の規制緩和がやり玉にあげられ、格差拡大の責任を問われる形で、自由民主党は政権の座を追われることとなった。

こうしてみると、この十数年間で日本の働き方をめぐる風向きは180度変わった。解雇規制などによる労働者の過度な保護が日本経済に悪影響を及ぼしているという見方から、非正規雇用の拡大や長時間労働の蔓延など使用者に有利な雇用慣行が国民生活を脅かしているという見方に、人々の認識が大きく変わったのである。

そして、政権与党に返り咲いた自由民主党は、この風向きの変化に応じて、労働政策のかじ取りの方向を大きく変えた。日本人の働き方がおかしいという人々の声の高まりを受け、政権与党は支持団体の不利益を顧みずに民意を取りに行った。政権が従来のように経営者団体に配慮するのであれば、こんなに大きな決断をすることはできなかったはずだ。

官邸主導で進めた働き方の見直しによって、政党が得た利益も大きかった。政権が労働者のための施策を展開することで自由民主党に批判的な左派をもうまく取り込むことでき、政党としても支持基盤の安定化に資することになった。

実際に、働き方改革の実効性に疑問を呈する向きはあっても、その方向性自体に反対する声はほとんど上がってこない。企業の話を聞いても、働き方改革がなかなかうまく進まないという声を聞くことはあっても、それが経営上の支障になっているのだという声はほとんど聞かれないのである。

たとえば、長時間労働の是正策一つとっても、企業が最も怖いと感じるのは、多くの会社で長時間労働が行われている環境下で自社だけその是正策を講じたときに、他社との競争上不利な立場に置かれることだと考えられる。

しかし、現在のように市場全体で働き方の見直しが進むのであれば、個々の企業の国内における競争環境には大きな変動を与えない。法改正によって一方的に責任を付与されたのが企業だったのだとしても、これによって企業が直ちに不利益を被るというわけでもないのである。日本社会で急速に進んだ働き方改革の陰で困っている人というのは、予想以上に少ないのではないか。

政府の活動は過去から連綿と続いており、みなが喜ぶ政策は既にそのほとんどが実現されている。だから、政策的な課題として残っているものは、社会保障制度の改革など、誰かが得をすれば誰かが損をする難しい課題ばかりである。これは、政府や官僚への風当たりが年々強まっていることの最大の背景にもなっている。

こうしたなか、人々の生活への大きなインパクトを有しつつ、かつ多くの人が喜ぶ実現可能な政策が働き方改革であったのだ。働き方改革という金鉱を見つけだし、それを実行に移すことで世の中の支持をとりつけたのは、政権の妙と言うべきだろう。

†高齢者就労への一里塚

柔軟な働き方の推進は一連の働き方改革のメニューの中で重要な位置を占めている。それにしても、フリーランスの普及や副業の推進などの施策は、言ってしまえば小さな政策である。長時間労働対策や非正規雇用者の待遇改善と比べれば、これらの施策が国民生活に大きな影響を与えることはない。このような施策が政府の重要な政策課題として、俄《にわ》かに浮上した背景は何か。

それは、高齢者の就労という視点で捉え直したときに、これらの施策がより大きな意味を持つからなのではないか。

過去、日本人の典型的な働き方は、終身雇用という身分保障を得る代わりに、企業の求めに応じていつでもどこでも労務を提供することが求められるというものであった。しかし、高齢になってでも働く世の中が訪れるのであれば、こうした働き方は変わっていかざるを得ない。歳をとれば、企業組織に縛られる働き方はますます難しくなるし、そもそも終身雇用のもとで安定的な収入を得る必要性もなくなる。高齢期には、日本型雇用のもとで働く必要性などほとんどないのである。

さらに、職業人生が長くなるのであれば、現役時代に猛烈に働くという働き方はおそらくもうできないだろう。これまで日本人が「悠々自適な老後」という理想をなぜ追い求めてきたのかといえば、長期間にわたる会社への滅私奉公を余儀なくされてきた過去があったからではないのか。

こうした観点で考えれば、長時間労働が是正され、自由な働き方が認められるなど、多くの人が働きやすい世の中が実現すれば、結果としてそれが人々の高齢期の就労意欲を高める可能性にもつながる。

フリーランスという働き方は、企業組織に雇用される働き方に比べて自由である。若年期から壮年期にわたって会社に勤めて安定収入を稼ぎ、高齢期になれば減少する年金の足しに請負などの形で多くない稼ぎを得る。こうしたライフサイクルが世の中に広まることは、生活の糧を得る必要がある高齢者にとっても、経済の担い手を必要とする社会にとっても好ましい。

副業は、会社で安定収入を確保する必要がある現役時代のキャリアから、契約に基づいて収入を得る高齢期のキャリアへと、働き方を円滑に移行させる役割を担うだろう。副業という形の就業形態が高齢期に自立して仕事ができるようになるための経過措置になるのである。

他方で、雇用されながら働くという選択肢はこれからも高齢者にとって現実的な選択肢であり続けるだろう。この点で、非正規雇用者の処遇改善や長時間労働の是正、柔軟な働き方の推進は、高齢期の就労を後押しするものになる。特に、契約社員やパート労働者など非正規雇用で働く高齢者は多く、非正規雇用者の処遇が改善することは高齢期に働くためにとても重要である。

要するに、これらの一つ一つの施策を丁寧に読み解けば、これらが生涯現役社会の実現に向けた一里塚になっていることに気づくのである。政府がこれまで行ってきた一連の働き方の見直しは、高齢者対策の側面をも有しているのだ。

政治家や官僚は、国民の働き方をどうしたら良くできるかに関して、必ずしも強い関心を持っているわけではない。政府の抱えている最重要課題は、少子高齢化時代に経済や財政をいかに持続可能なものにするかということである。日本の経済や財政の安定化のため、いかにして高齢者に働いてもらうか。それが、政府の究極的な関心事項なのだ。

この働き方改革が、国家の至上命題の実現に向けた糸口になるかもしれないのである。少子高齢化が今後さらに進展していくなか、限りある人的資源を有効に活用するため、自由な働き方を促す取り組みは今後も着実に広がっていくはずだ。

第7章 職はなくなるのか

使用する統計：総務省「国勢調査」など

1 高齢期キャリアの実相

†事務職や専門職から現場労働へ

ＡＩやＩｏＴなど技術の進展によって、多くの職がなくなるのではないかといわれている。若い人でさえ仕事があるかわからないといわれている将来、私たちが歳をとったときに職を得ることなどできるのだろうか。

そもそも、現代の高齢者はどのような仕事をしているのか。身近な仕事で高齢就業者が多い職業といえば、タクシー運転手、マンションの管理人、施設警備員などであろうか。職業は必要とされているところに生まれるものである。しかし、現役時代に大企業で華々しく働いてきた人、高い専門性を発揮しながら活躍してきた人たちにとって、現実にある高齢期の仕事に対してはあまり明るいイメージを持てないかもしれない。

総務省「国勢調査」の職業分類（大分類）を活用して定年前後の世代が従事している職業の比率の構成をみてみれば、定年を境にその職が大きく変化する様子がみてとれる（図表7－1）。

図表7－1　定年前後の職業（大分類）の移り変わり

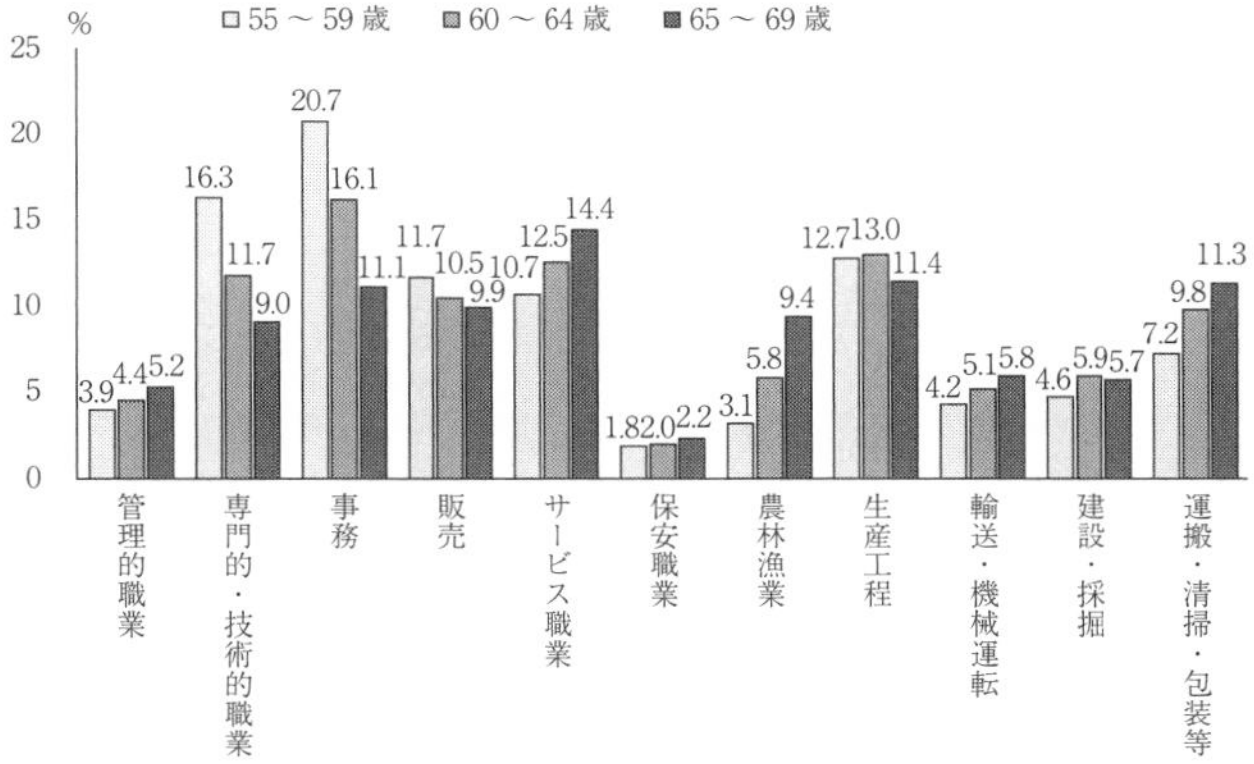

注：2015年におけるデータ
出典：総務省「国勢調査」

年齢の経過に伴って職業人口比率が最も大きく低下する職は、事務職である。50代後半では20・7％の人が事務職として働いているにもかかわらず、60代後半ではその比率が11・1％にまで落ちる。

そして、もう一つ低下幅が大きい職種がある。それは専門的・技術的職業である。50代後半では16・3％の人が専門技術職に従事しているが、60代後半ではその比率が9・0％にまで下がっている。

事務職や専門技術職は50代から60代までのわずか10年の間で、そのシェアが半減するのである。歳を経るにつれて、こうした職業に就く人が大きく減少するのはなぜだろうか。

事務職の仕事に就いている人は定年を境

に引退をすることが多く、こうした制度的な要因は職業構成の変化に影響を与えているとみられる。農業を営んでいる人で60歳前後に引退する人は少ないのだから、歳を経るに従って農業従事者の割合は高まるのは当然だ。

そして、これと同時に、定年後に職種をまたがる労働力の移動も起きているとみられる。50代後半から60代後半にかけて比率が上昇する職種には、サービス職業、農林漁業、輸送・機械運転、運搬・清掃・包装などがある。ここから、事務職や専門職として働いていた人の多くがこうした職業に転職していることが推察される。

会社員として事務職や専門職として働いていた人の一部は管理職として活躍を続ける。しかし、残りのほとんどの人はタクシー運転手やマンション清掃といった現場労働に就いているという実態が、データから浮かび上がってくるのである。

†企業組織に高齢者を組み込むのか

高齢になったときに職がどう変わるのか、もう少し分析してみよう。先ほどの職業分類の大分類をもう少し細かくし、職業分類の中分類ごとに年齢構成の比率をみたものが左図である（図表7-2）。

直近の国勢調査の調査年である2015年時点で全国の就業者は5889万人存在する

図表７－２　職業（中分類）ごとの年齢構成

順位	職種	全数（人）	15〜24歳（%）	25〜64歳（%）	65歳〜（%）
	総数	**58,890,810**	**7.2**	**80.0**	**12.9**
1	一般事務	8,059,800	4.6	**89.5**	5.9
2	商品販売	3,953,310	**15.0**	73.4	11.6
3	製品製造・加工処理	3,086,520	7.6	79.1	13.3
4	営業	2,985,960	4.6	**89.0**	6.4
5	保健医療	2,805,360	6.2	**87.5**	6.3
6	技術者	2,379,060	4.2	**91.5**	4.3
7	建設・土木作業	2,051,220	6.1	80.3	13.6
8	農業	1,984,930	1.8	45.6	**52.6**
9	飲食物調理	1,846,130	**11.2**	71.8	**17.0**
10	運搬	1,575,120	5.9	83.4	10.7
11	接客・給仕	1,562,500	**25.1**	64.8	10.1
12	介護サービス	1,552,410	7.2	84.1	8.7
13	自動車運転	1,503,760	1.2	80.3	**18.5**
14	会計事務	1,486,140	4.6	83.9	11.6
15	教員	1,399,290	5.4	**90.7**	3.9
16	機械組立	1,270,410	9.9	85.6	4.5
17	法人・団体役員	1,151,720	0.1	63.8	**36.1**
18	金属製品製造・加工処理	1,149,350	8.7	79.8	11.5
19	保安	1,095,480	9.5	77.8	12.7
20	清掃	1,066,950	3.3	63.7	**33.0**

注：2015年におけるデータ。グレーの部分は全職業の平均により明らかに比率が高い年齢階層を示す
出典：総務省「国勢調査」

が、その最も多くのボリュームを占めている職業は一般事務（806万人）である。続いて、商品販売（395万人）、製品製造・加工処理（309万人）、営業（299万人）、保健医療（281万人）の職業に従事している人が多い。

これらの日本における中心的な職の多くは、25歳から64歳の現役世代によって担われている。25歳から64歳が占める割合は、一般事務で89・5%、営業が89・0%、保健医療が87・5%と全体平均の80・0%より高くなっている。これらに加えて、

技術者や教員といった職業も現役世代の比率が高い職業となる。

一方で、若年層がなじみやすい職種には、商品販売や飲食物調理、接客・給仕がある。これらの職種は学生のアルバイトで選択されるケースも多く、就業者のうち若年層が占める割合が高くなっている。

高齢者層が多い職種もある。最も高齢者比率が高いのは農業で、職業人口に占める65歳以上の割合は52・6%に上る。次いで高齢者層の比率が高いのは、法人・団体役員(36・1%)、清掃(33・0%)、自動車運転(18・5%)、飲食物調理(17・0%)となる。

上位には現れないが、居住施設・ビル等管理人(47・0%)や理美容師など生活衛生サービス(23・9%)も高齢者が占める割合が高い職業である。また、就業人口が多い職種でいうと、一般事務や営業、保健医療の職が高齢者に選ばれない反面、製品製造・加工処理や商品販売は歳をとっても選ばれることがわかる。

それにしても、なぜ高齢になっても働き続けられる職業がある一方、高齢になると急に働けなくなる職業があるのだろうか。高齢者が活躍する職業とそうでない職業との間に線を引く違いが何かと問われれば、その最も大きなものは、組織に縛られて働く必要があるか否かではないだろうか。

一般事務は現役世代が中心となる職業の典型であるが、上司、同僚、部下といった職場内の人との関係性を良好に保っていかなければ、事務職としての仕事はままならない。営業職も同様に社内で行う仕事が多い職種であり、保健医療職も医療従事者同士でやりとりをしながら働くことが多い。

一方で、製品製造・加工処理や商品販売といった職種は、これらの職種とは仕事の進め方がやや異なる。工場などにおける製品製造・加工処理の仕事は黙々と作業をしていても許される側面がある。商品販売も顧客に接する機会は多いが、組織内の関係者との調整が必要な局面はそこまで多くないだろう。

組織で働く必要がある仕事に限って、高齢者の比率が低い理由は何か。企業が年長者を組織でうまく扱うノウハウを有していないのだとする意見もあるだろうが、どちらかというと高齢者自身が組織で働く仕事を求めていないという側面のほうが強いのではないか。長いこと組織人として苦労しながら働いてきたのに、歳をとってまで組織の論理に煩わされたくない。労働者が自由に職種の選択を行っているのだとすれば、この結果は高齢者自身が組織で働くことを敬遠していることを示唆するものとなる。

少子高齢化による労働力不足の時代に、企業の慣習や定年制などの社会制度を改めて、高齢者を迎え入れる準備をするというのは、確かに高齢者を活用するうえでの選択肢の一つにはなる。しかし、こういった状況を見る限りは、組織に高齢者を組み込むという手法は悪手なのではないかと思うのである。

専門性があればいいわけではない

歳をとって会社に縛られずに活躍するためには、専門性を身につけておくことが重要だといわれることもある。しかし、これは一見して正しいようでそうでもない。専門技術職は事務職と同様に、高齢になるとシェアが大きく下がる職業の一つなのである。

先の職業中分類をみても、たとえば技術者は高齢者が占める割合が著しく低い。専門技術職を小分類の職業分類までさかのぼってみれば、システムコンサルタント・設計者、電気・電子・電気通信技術者、機械技術者といった理系専門職で高齢者の占める割合が少ないことがわかる（図表7−3）。

科学技術は日進月歩で進歩し、既存の技術の陳腐化も早い。技術職として活躍し続けようと思えば、日々相当な知識のインプットをしなくてはならず、その分高い強度の労働が必要となるだろう。コンピュータを使用する頻度が高いということも、高齢者にとって大きなハードルとなる。

確かに、高齢になっても専門知識を使って仕事ができるというと聞こえはいい。しかし、歳をとってまでそのような厳しい仕事をこなす覚悟を持っている人が果たしてどれほどい

図表7－3　専門技術職と高齢者比率

順位	職業	総人口	65歳以上人口	高齢者比率
1	看護師	1,300,060	49,400	3.8
2	システムコンサルタント・設計者	564,610	3,680	0.7
3	保育士	542,600	10,010	1.8
4	小学校教員	411,810	3,140	0.8
5	電気・電子・電気通信技術者	295,260	14,900	5.0
6	医師	275,250	47,630	17.3
7	高等学校教員	274,540	10,570	3.9
8	ソフトウェア作成者	260,230	1,510	0.6
9	機械技術者	245,890	14,070	5.7
10	土木・測量技術者	240,010	19,020	7.9
11	中学校教員	236,740	1,830	0.8
12	建築技術者	235,190	33,650	14.3
13	薬剤師	218,740	22,240	10.2
14	デザイナー	193,830	7,150	3.7
15	個人教師（学習指導）	192,040	12,230	6.4
16	大学教員	179,830	22,970	12.8
17	理学療法士・作業療法士	143,490	730	0.5
18	輸送用機器技術者	129,070	2,220	1.7
19	はり・きゅう・あん摩師、柔道整復師	119,920	15,970	13.3
20	宗教家	115,840	39,040	33.7
21	栄養士	114,370	1,480	1.3
22	幼稚園教員	112,260	4,380	3.9
23	自然科学系研究者	108,870	2,840	2.6
24	歯科衛生士	106,890	910	0.9
25	個人教師（スポーツ）	103,060	6,320	6.1
26	歯科医師	95,320	14,960	15.7
27	化学技術者	84,470	1,990	2.4
28	記者、編集者	78,730	5,370	6.8
29	臨床検査技師	76,480	1,620	2.1
30	特別支援学校教員	73,820	470	0.6
31	個人教師（音楽）	70,330	9,160	13.0
32	写真家、映像撮影者	63,970	8,950	14.0
33	税理士	59,770	21,650	36.2
34	舞踊家、俳優、演出家、演芸家	53,960	3,450	6.4
35	診療放射線技師	50,480	2,590	5.1
36	農林水産・食品技術者	49,860	2,510	5.0
37	歯科技工士	42,790	4,380	10.2
38	保健師	39,530	640	1.6
39	彫刻家、画家、工芸美術家	37,820	5,890	15.6
40	裁判官、検察官、弁護士	29,520	6,360	21.5

注：2015年におけるデータ。グレーの部分は高齢者比率が比較的高い職種を示す
出典：総務省「国勢調査」

るのだろうか。技術職で第一線で働こうと思えば、豊かな生活を送りながら自分に合った時間で仕事をするといったような仕事の仕方はできなくなってしまう。一部の優秀なエンジニアはそれでも長いこと活躍し続けることができるかもしれないが、多くの高齢者にとってこのような仕事の仕方はかなり負担になるだろう。

専門的な知識を活用しながらかつ組織で働くということになると、さらに難易度が増す。看護師や教員などで高齢者の比率が低いのは、定年制を設けている病院や学校の都合ということもあろうが、やはり組織で働く煩わしさが高齢者の就業を妨げる要因となっているのだと考えられる。

一方で、会計士・弁理士、弁護士・司法書士、社会保険労務士など文系専門職の中には歳をとっても続けられる職がいくつかある。理系専門職と比べて会計や法律などの規則は急激に変わることが少なく既存の知識が活きる場面が多い。また大きな組織に所属せずに比較的少数で仕事を遂行できることも大きいだろう。法令改正などが行われればその都度新しいルールを学習しなければならないが、キャッチアップはそう難しくはないはずだ。

理系専門職の中でも、医師や薬剤師など業務独占資格を有する者は長く働きやすい。政府が需給を厳しく管理していることから、新規参入者によって淘汰されることが少ないからということもあるだろう。

同じ専門技術職でも高齢者に合う仕事と合わない仕事があるのである。さらに、データからは、高齢になってでも続けられる専門技術職は思いのほか少ないことがわかる。手に職をつければ長く働けるという考えは短絡的だ。歳をとった後の仕事に思いを馳せるときは、専門性さえ高めれば社会で簡単に活躍できるほど甘くはないのだと、肝に銘じておく必要がある。

2　産業の変化と職業の盛衰

†生産工程従事者などで代替が進む

株式会社野村総合研究所とオックスフォード大学准教授のマイケル・オズボーンらの共同研究によれば、２０３０年頃に向けて、ＡＩによって日本における49％の仕事がなくなる可能性があるという（野村総合研究所２０１５）。そこでは、なくなる職種として、一般事務職や警備員、タクシーの運転業務、オフィスにおける清掃業務などがあげられている。

さらに、デイヴィッド・オーターによれば、特定の仕事が科学技術によって代替されるかどうかかどうかは、その業務が定型かどうかによって左右されるのだという（Autar

2003）。ここでいう定型業務とは繰り返しの仕事のことである。繰り返しの仕事であれば、機械やＡＩにそのパターンを学習させることで、人を介さずに業務を遂行することができる。

今後、大きな技術革新が生じるとみられる情報技術ではあるが、それがいまの仕事に与えている影響をみれば、その将来像について一定の予想はできるはずだ。総務省「国勢調査」を用いて、２０１０〜１５年の５年間の短期的な職業人口の変化を調べてみよう（図表７－４）。

職業人口の変化をみてまず目につくのは、生産工程従事者が軒並み減少していることである。生産工程従事者全体の人口は２０１０年に８４１・０万人であったが、２０１５年には７６８・０万人と８・７％減っている。５年間で生産工程の仕事の１割が必要とされなくなっているのである。

日本経済が生み出す付加価値のうち製造業が占めるウエイトは近年大きく変わっていない。このため、この多くは科学技術による代替が起きたと考えるのが自然である。実際に、多くの工場でＦＡ（ファクトリー・オートメーション）が進んでおり、ライン作業の多くが自動化されている。

技術者が製造機械を開発してラインに導入すれば、工場におけるライン作業の多くは容

図表7－4　職業（中分類）の増減

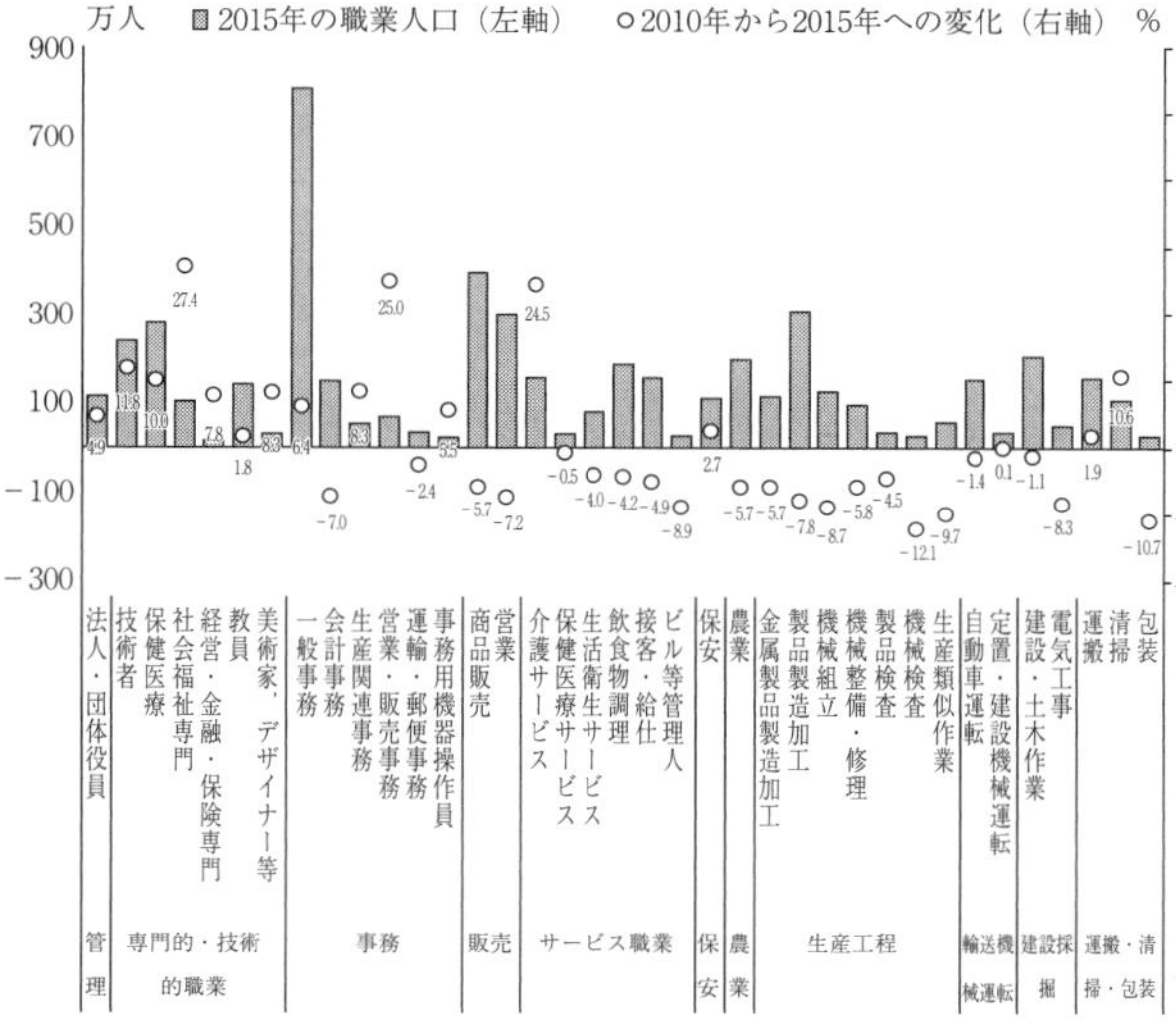

出典：総務省「国勢調査」

易に機械化されうる。こうした仕事に関しては、まさに機械による代替が現在進行形で起きている職業なのである。

販売職も同じく減少する傾向にある。販売の職種は商品販売職と営業職から構成されているが、商品販売職は5年間でマイナス5・7％、営業職は同じくマイナス7・2％と減少している。

営業職で特に減少が著しいのは金融保険営業職である。生命保険などの保険商品一つとってみても、保険商品の種類やその内容など、インターネットを利用することで自身でその多くを調べることが既に可能になっている。

情報技術の発展によって、企業が持つ情報を顧客に伝達する営業という仕事が価値を生まなくなってきているのである。金融保険業界では営業人員の削減が断続的に行われており、この動きは当面の間続いていくものとみられる。

このような動きは医薬品営業や機械器具営業などそのほかの商品の営業職でも起きている。インターネット上で商品の解説のページが充実し、Ａｍａｚｏｎや楽天などｅコマースが発展するなど、営業を介さずに適切な情報を得ることが可能になっていることが大きいとみられる。

一方、不動産営業はこの5年間でむしろ人員が増えている職種となる。不動産市況の活発化による影響もあるのだろうが、将来的にも不動産のような複雑な商品は営業員なくして買うことは難しく、そうした職種は今後も大きく減ることはないだろう。

イノベーションによって需要が減少している職種はたしかにある。科学技術の発展が着実に職業の構成を変化させているのである。

†需要が減るのではなく供給が足りなくなる

一方で、需要がなくなるとされているにもかかわらず、現実には仕事が減っていない職種も見受けられる。

その代表的な職種は、運搬・清掃・包装である。運搬・清掃・包装はここ5年間で就業者数がプラス5・8%と増加している。包装の仕事は10・7%減少しているが、運搬の仕事が1・9%増加、清掃の仕事が10・6%増加しているのである。

運搬従事者とは宅配便の配達員など荷物や商品を配達する人から構成され、清掃従事者はビル・建物清掃員がほとんどを占めている。こうした仕事は毎日同じことの繰り返しであることも多く、長期の訓練を要するスキルも必要とされないことが多く、まさに機械による代替が想起される職業である。それでも、このような定型的な現場労働の典型ともいえる仕事が、現実には減少していないのである。

さらに、減りそうで減らない仕事の筆頭は事務職である。一般事務の2015年時点の人口は806・0万人と5年間で6・4%増加している。ほかの事務職をみると、会計事務（2010年から2015年の5年間でマイナス7・0%）が減少しているものの、営業・販売事務（同プラス25・0%）や生産関連事務（同プラス8・3%）で増加しているなど、事務職全体としては職業人口の増加が認められる。これらの動向をみてわかるのは、一見して誰にでもできるような仕事であっても、機械による代替はそう簡単には行われないという事実だ。

その一つの要因となっているのは、人件費のコストが資本財導入のコストに比して相対的に安いからであろう。人件費の削減効果が投資コストと見合わなければ、機械化は実行されない。労働の相対費用は、産業革命の発生を大きく左右した要因でもあったと指摘されている。この点、日本では女性や高齢者の労働参加が急速に進んでおり、低廉な労働コストが技術革新を妨げているという側面もあるのだろう。

さらに、たとえ一つ一つの仕事が毎回することが決まっている仕事であったとしても、多くの仕事は様々な業務の集合体となる。この事実も、雇用の代替に向けての障害となる。たとえば、大企業の総務部門が行っている給与管理や経理が行っている領収書の打ち込みなどの定型業務は徐々になくなっていくだろう。しかし、規模が小さい事業所では、少数の事務担当者が社内の雑多な業務を引き受けていることは少なくない。事務職が行っている一つ一つの細かな仕事をすべて自動化させるには、莫大なシステム開発投資が必要になり、その維持・管理もしなければならないから、機械による代替は簡単には進まない。

商品販売の職一つとっても、その自動化には一定の限界がある。たとえば、スーパーのレジ打ち作業はほぼ定型化されており、店員がいなくとも会計を行うことができる。こういった業務は毎回同じ作業の繰り返しなのだから、管理する人を1人か2人配置することで、機械によって代替することは十分に可能だし、実際に無人のレジも最近は少しずつ増えてきた。

しかし、同じレジ打ちでもそこにいくつかの業務が加わるとそう簡単にはいかない。コンビニ店員の業務は経験がないアルバイトでもできる「簡単な業務」の典型である。しかし、その内実をみると、彼らは実に複雑な業務を行っている。

レジ打ちをすることもあれば、トラックから入荷された商品の品出しや陳列をする。足りない商品があればそれをチェックして本部に発注しなければいけないし、求められれば食品を調理して提供することもある。郵送物の依頼をされることもあるだろう。コピー機やATM、コーヒーマシンの使い方などについても、客からの質問に適宜答えなければいけないし、トラブルが発生すれば対応しなくてはならない。

こうした現場労働は機械による代替が難しく、今後も需要は残るはずだ。そう考えれば、現代において必要なことは、職がなくなるのではないかと心配することではないのである。むしろ、将来の日本の労働市場においては、生産年齢人口の減少による労働供給の減少をどう解決すればよいのかということを考えなければならない。

労働力不足の時代に情報技術を用いて効率化をどう進めていくか、またそれでも労働力が足りない場合に誰を割り当てるか。むしろそのことに意識を強めるべきなのである。

†急速な仕事の代替など起こらない

さらに、国勢調査から労働者が従事する職業の長期的な移り変わりをみると、世の中に存在する大まかな職業の特性は大きく変わっていないことがわかる（図表7－5）。

周知のとおり、我が国における産業構成は、第1次産業のシェアが減少し、その代わりに第3次産業のシェアが増加する方向性で変化してきた。産業の変化に応じて人々が就く職業も変わった。1960年から2015年の50年超の職業の変化をみれば、農林漁業従事者は1417万人から215万人にまで減少している。

その一方で、事務職に目を転じれば、近年その数は安定的に推移している。過去、職業構成に不連続な変化が起こると予想された時期があった。1990年代から2000年代にかけて生じたIT革命期のことである。当時、パソコンの普及によって事務作業が効率化され、ホワイトカラーの多くが必要なくなると予想された。

しかし、2000年に1206万人いた事務職の従事者は、2015年にも1121万人存在しており、これは同期間の全職業計の減少率と大差ない。IT革命が起こった結果として、事務職の急速な代替は起こらなかったのだ。

過去に予想されていたとおり、IT技術はここ数十年で劇的に進歩した。そして、パソ

図表7－5　職業（大分類）の変遷

1960年

計	43,719,070
専門的・技術的職業従事者	2,172,190
管理的職業従事者	983,660
事務従事者	4,515,930
販売従事者	4,635,470
農林漁業従事者	14,172,390
採掘・採石従事者	361,990
運輸・通信従事者	1,490,590
技能工・生産工程従事者・単純労働者	12,527,060
サービス職業従事者	2,848,140
分類不能の職業	11,650

2000年

計	62,977,960
専門的・技術的職業従事者	8,489,745
管理的職業従事者	1,798,152
事務従事者	12,063,827
販売従事者	9,491,850
農林漁業作業者	3,149,337
採掘従事者	39,541
運輸・通信従事者	2,257,821
生産工程従事者	11,906,508
建設・労務従事者	6,112,973
サービス職業従事者	5,561,829
保安職業従事者	995,712
分類不能の職業	736,625

2015年

計	58,919,036
専門的・技術的職業従事者	9,380,461
管理的職業従事者	1,394,894
事務従事者	11,206,028
販売従事者	7,410,702
農林漁業従事者	2,145,116
採掘従事者	3,540
輸送・機械運転従事者	2,009,402
生産工程従事者	7,960,081
建設従事者	2,587,547
運搬・清掃・包装等従事者	3,897,093
サービス職業従事者	6,856,820
保安職業従事者	1,086,118
分類不能の職業	2,981,234

注：単位は人
出典：総務省「国勢調査」

コンやスマートフォンの普及などによって実際に多くの業務は大幅に効率化されることになった。しかし、事務従事者の生産性が効率化したからといって、その雇用を削減しようという動きは広まらなかった。

ＩＴ革命による生産性の向上によって、むしろ事務職の仕事量は増大したとも考えられる。ここ数十年で職場では労働者が作り出す書類やメールであふれ、経済活動に付随する情報量が急速に増えた。これに伴ってインターネット上で流通する情報量も爆発的に増えている。

ＩＴ革命は世の中で生産される情報量を急速に増やし、情報を作り出す労働に事務従事者を従事させた。結果として生産性の向上で節約された労働力は、情報という生産物の生産活動に充てられ、事務従事者の雇用を代替する方向には作用しなかったのだ。

過去の職業の変遷をみれば、職業が急速に消失する事態というのはたしかに起こりうる。実際に、石炭の採掘や運搬などに従事する人は1960年当時には国内で36万2000人存在していたが、2015年には3500人にまで減少している。

我が国においては採掘従事者という職業はほぼ完全に消失してしまったのである。しかし、こうした職種に限ってみても、職が完全に必要とされなくなるまでには数十年という時が必要だったのだ。

いつの時代も、科学技術の進歩とそれに伴う産業の変化によって、職業は盛衰するものである。しかしこのような過去の経験を踏まえれば、AIの発展が特定の職業を急速に代替するという未来は、将来高い確率で実現するメインシナリオとまでは呼べないだろう。たしかに、AIの発展などによって、今後数十年という長い時を経て、職の構成は大きく変化すると見込まれる。しかし、現実的な視点に立てば、いくつかの小さな職業の需要が局所的に必要なくなるということは起きても、大きな職業の塊が10年や20年というスパンで急速に失われるということは起こらないのだ。

少なくとも、現在40代前後にある人たちが高齢者に差し掛かる20年前後のスパンで考えれば、職業の代替は緩やかに進んでいくというのが最も現実的なシナリオになるはずだ。

3　高齢社会における仕事の割当

†現場労働は高齢者が担うしかない

イノベーションによる仕事の代替は今後も緩やかに進んでいくだろう。そして、労働需要がそこまで減退しない将来においては、現場の地道な仕事は高齢者によって遂行されることになるだろう。

現場労働の多くは、戦後から長く残り続けてきた。先の職業分類において、１９６０年当時に技能工・生産工程従事者・単純労働者とされていた区分をみると、その全体のシェアは長期的に緩やかに減少しつつも、安定した推移を続けている。この数十年の間に技術が大きく進歩しても、現場労働の多くはなくなってはいないのだ。

そして、こうした現場労働の多くは高齢者が担っている。各職業の高齢者比率と職業人口の増減をプロットすれば、清掃や農業、自動車運転、建設土木作業など、現場労働の多くが高齢者によって担われている（図表７－６）。そして、これらの職の多くは緩やかに減少しながらも存在し続けているのである。

図表7－6　各職業の就業者数の増減と高齢者比率

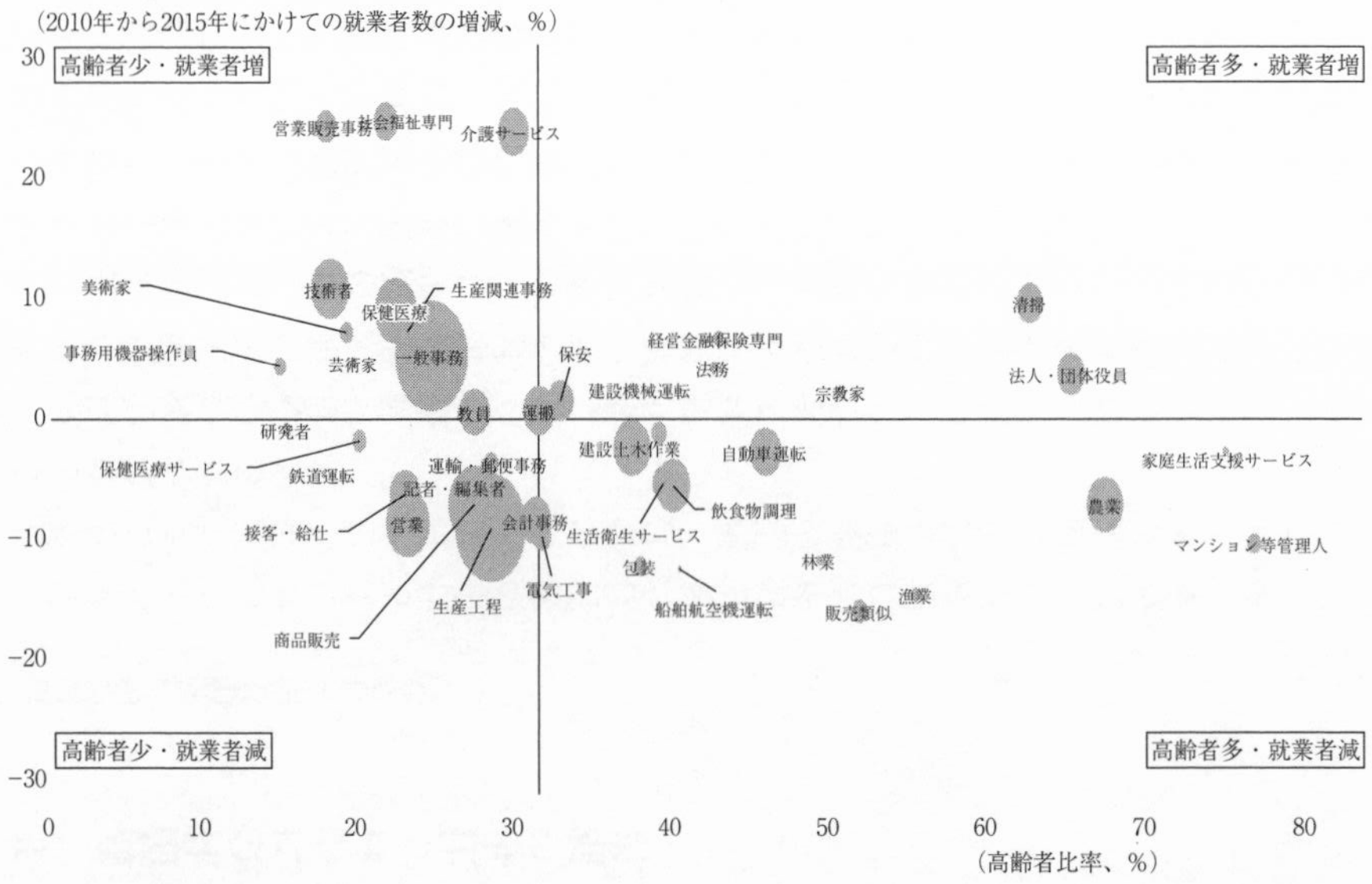

出典：総務省「国勢調査」

図表7－7　職種別の有効求人倍率

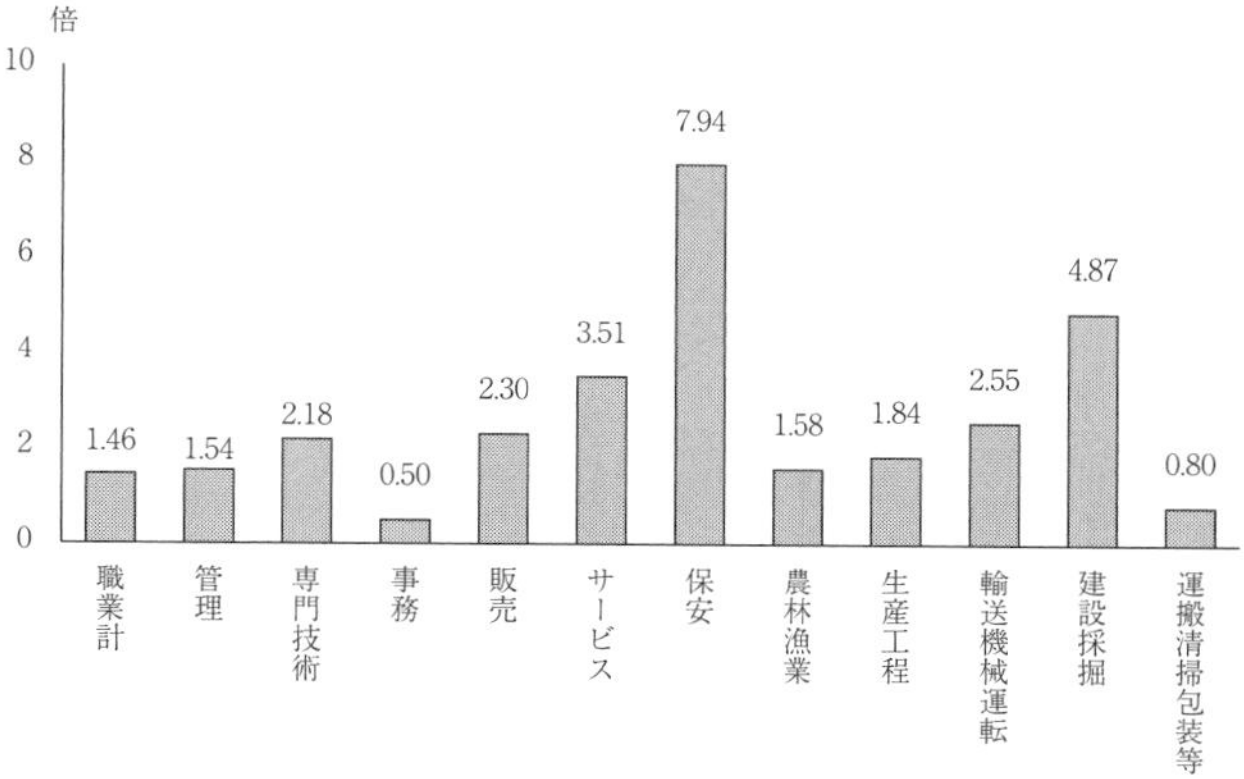

出典：厚生労働省「職業安定業務統計」

一般的に、衰退する産業では労働需要が減少し、結果として多くの失業を生むことが知られる。しかし、職業人口が減少していれば労働需給が須《すべから》く緩むというわけでもない。

実際に、厚生労働省「職業安定業務統計」から2019年の有効求人倍率をみると、保安（7・94倍）、建設採掘（4・87倍）、輸送機械運転（2・55倍）といった現場労働の多くでは、全体平均よりも有効求人倍率が明確に高い（図表7－7）。こうした職種は不人気職種となっていて、その成り手が圧倒的に不足しているのである。これは、人気職種の事務職が0・50倍と求人に比して求職が圧倒的に多い状況にあるのとは対照的だ。

つまり、いま必要とされているのは高齢者に事務職として活躍してもらうことではないのだ。そうではなく、高齢者に現場労働者として活躍してもらうこと、それがいま最も必要とされているのである。

若い人ほどその職の将来性を考えたうえで職業を選ぶのだから、職業人口の増加率が高い職種ほど若者が集まることになる。情報技術など新しい技術が生まれるときにも、その担い手の多くは概して若手である。

減少しつつある現場労働の多くが、むしろ恒常的に労働力不足の状況にある。仕事が減少しているにもかかわらず労働需給が引き締まるのがなぜかといえば、労働需要が緩やかに減少する局面においては、それを見越して労働供給が減少するからである。若手や中堅労働者が将来性が低い職を敬遠すれば、実際の仕事の減少を上回るペースで仕事の担い手が減少し、結果として労働需給が引き締まっていくということが起こる。

職業の衰退が緩やかに進んでいくという前提のもとでは、必ずしもその職に就く人の給与水準が下がり、失業が発生するわけではないのである。

†都合よく外国人を利用できるか

今後の日本経済の構造変化を考えれば、必要とされない職が生じたときにどうするかを考えるよりも、むしろ必要とされる職の担い手をどう確保するかということが大きな問題

図表7－8　在留外国人数と永住者数

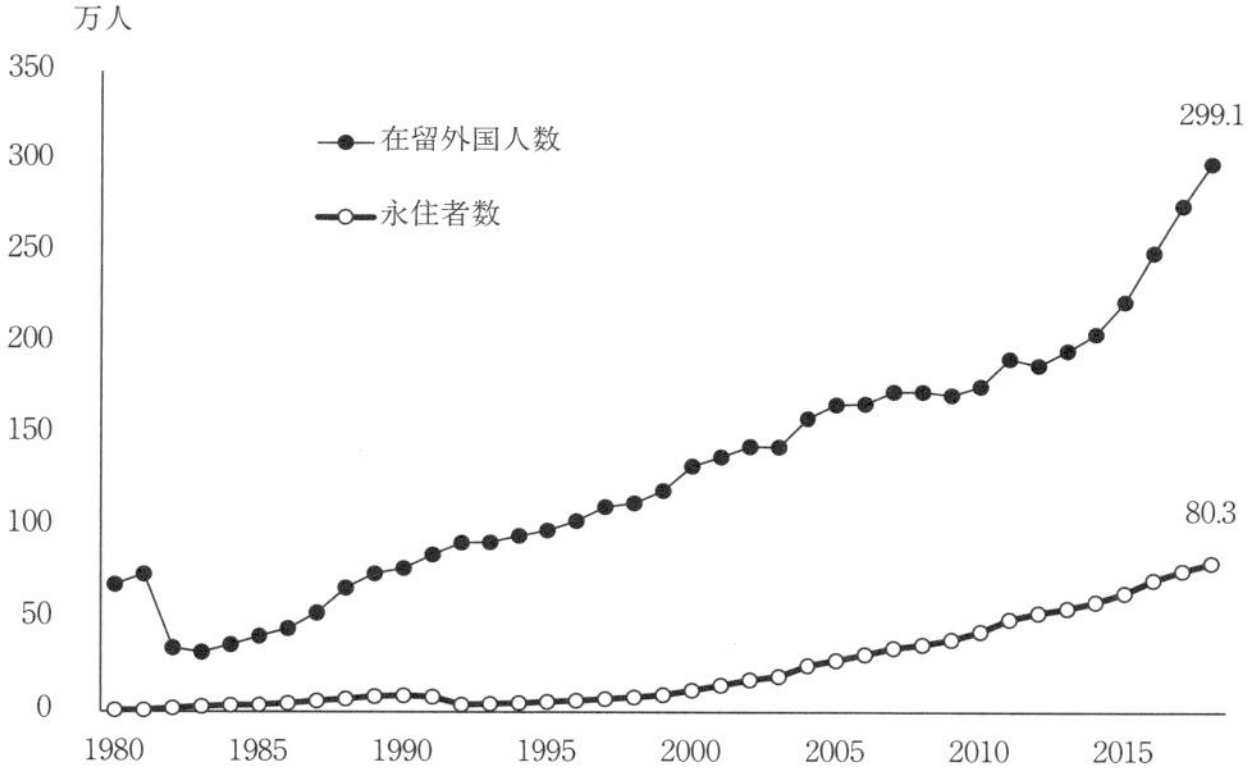

出典：法務省「出入国管理統計」

になるはずなのである。

近年においてこうした問題は差し迫った課題として浮上してきている。

一向に減っていかない現場労働の多くは非正規雇用者によって担われている。しかし、近年、非正規雇用者を企業の都合で自由に活用することが難しくなってきている。こうしたなかで、労働力が不足している仕事に外国人をあてがおうという動きが急速に広まっているのである。

ここ数年の間に、日本の外国人労働者の受け入れ数は大幅に増えている（図表7－8）。在留外国人の数は2000年におよそ133万人だったものが2018年には299・1万人にまで増え、永住者外国人の数にいたっては2000年の12万人から2018年の

80・3万人にまで急増している。そして、新興国から移住してきた外国人の多くが現場労働者として働いている現実があるのだ。

政府が表向きは労働力としての移民の受け入れを否定しているなか、日本の移民文化・移民事情を伝えるウェブマガジン『ニッポン複雑紀行』編集長の望月優大氏は、政府が移民を否定しつつも現実として永住外国人が増加していることの矛盾を指摘している(望月2019)。

望月氏によれば、当初は数年の出稼ぎ目的で日本に来ていた外国人であっても、日本現地で結婚して子どもをもうけるなどして、いつの間にか移民として日本に永住することになるケースが多々あるのだという。

若い外国人を労働力として利用して、稼げるだけ稼いでもらったら祖国に帰ってもらう。少子高齢化が進むなか、それができれば日本経済にとって好ましいことはいうまでもない。しかし、そんなに都合よく事は運ばない。外国人労働力を利用したいのであれば、外国人が日本に定住することもある程度覚悟しなければならないのである。

将来の日本の在り方を考える際には、二つの立場がありうるだろう。一つは多人種国家になることを覚悟したうえで外国人労働者を受けいれるという立場であり、もう一つは外国人労働者に頼らずに日本人が日本の経済問題を解決するという立場である。外国人労働者を日本経済のために利用したいが、多人種国家にはしたくないという、虫のいい選択肢は存在しないのである。

そうした現状のなか、誤解を恐れずに言うとすれば、私は日本が取るべき選択肢は後者であると思っている。移民の統合は想像以上に困難である。外国人が労働者として働いているときはよいが、時を経れば彼らも当然歳をとる。彼らが働けなくなれば、年金や医療といった社会保障を提供しなければならない。

彼らが年金保険料を十分に納めていなかったりすれば、生活保護を提供せざるを得ないケースも出てくる。移民の子どもにどう教育を提供していくかも大きな問題である。十分な教育を受けることができなければ、貧困は連鎖し、その子どもも低賃金労働を余儀なくされてしまう。

英国のEU離脱、米国のトランプ大統領就任など、諸外国で起きている事象をポピュリズムと断じるのは簡単だ。しかし、このような動きの背景には、移民問題をめぐる国民の葛藤が根幹にあるのだ。

日本が外国人労働者の受け入れを現在のペースで進めていけば、近い将来、日本もこうした国々と同様の問題を抱えることとなるだろう。そうなれば、移民問題が我が国の根幹を揺るがす大問題となるはずだ。政府はそこまでの覚悟をもって、外国人労働者の受け入れを進めているのであろうか。

日本の少子高齢化による労働力不足を解決するために、都合よく外国人労働者を利用するという立場はとるべきではない。私たちが基本とすべき考え方は、日本人が招いた問題は日本人の手によって解決するということだ。日本が抱える少子高齢化という大問題を日本人がどう解決していくか、そこに知恵を絞らなければならないのである。

†無理なく役に立つ

そうなると、現実的に今後も必要とされ続ける現場労働を担うのは高齢者しかいない。

全国就業実態パネル調査では、日々の仕事について、それがどのような性質を有しているかを尋ねている。仕事を「繰り返し同じことをするのか／その都度違うことをするのか」、「体を使うのか／頭を使うのか」、「一人でするのか／ほかの人と一緒にするのか」という3つの切り口で分け、それぞれのタスクがどの程度の割合を占めるのかを聞いている。

この調査から高齢者が行う仕事の特徴が浮かび上がる。結果をみれば、65歳以上の就業者と65歳未満の就業者では、タスクの比率に一定の差が認められる。高齢者が就いている仕事そして就きやすい仕事の性質を整理するならば、それは「一人で完結する体を使う仕事」となるのだ（図表7-9）。

図表７－９　高齢者の仕事の性質

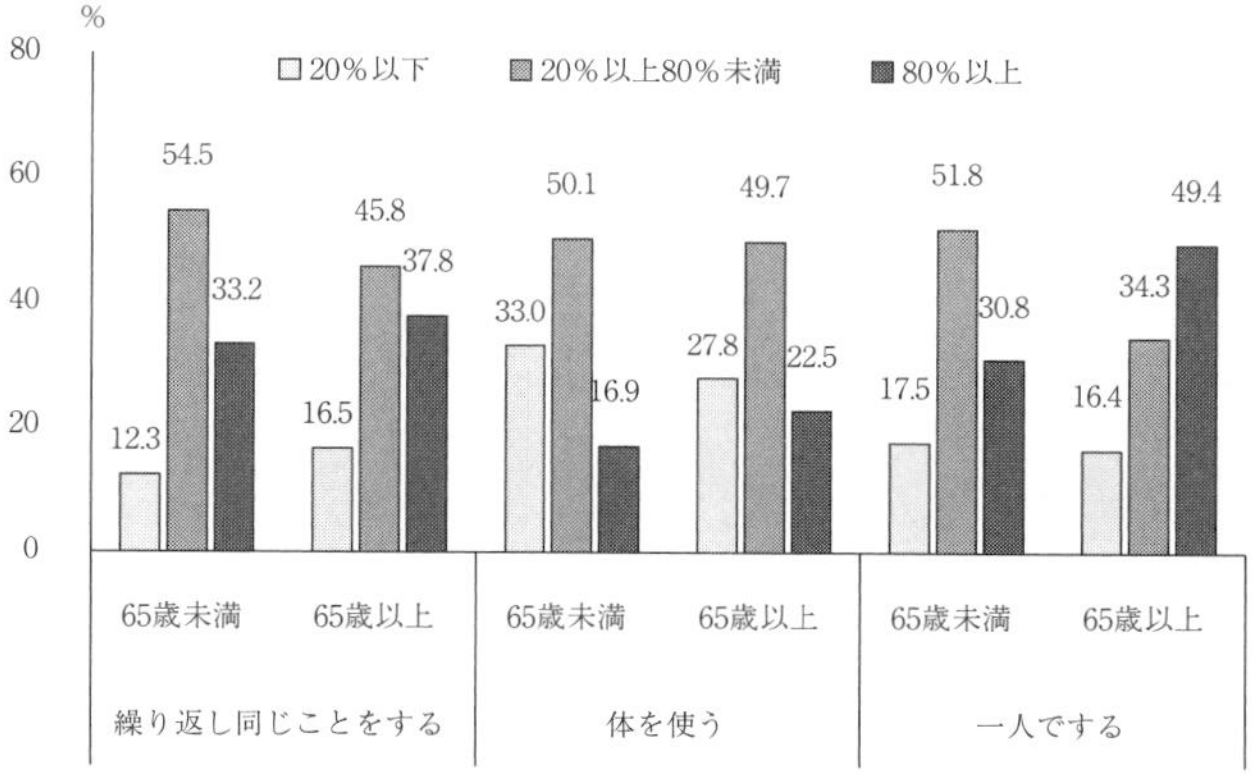

出典：リクルートワークス研究所「全国就業実態パネル調査」

日々の仕事におけるタスクを体を使うか頭を使うかで分ければ、「65歳以上」で体を使うタスクが80%以上と答えた人は22・5%にのぼり、現役世代より比率が高い。また、一人でするタスクの割合が80%以上と答えた人は、65歳以上で49・4%と約半数にのぼり、一人で仕事をする割合が顕著に高くなっている。

リクルートワークス研究所では、過去、高齢者の就労事例の研究を行ったことがある（福島２００７）。この研究によると、高齢者が満足して働くためには、「無理なく役に立つ」ことが重要であると結論づけられている。

同研究によれば、「無理なく」というのは、いくつかの要素によって説明される。その中で重要なのが、第一に長時間労働ではないことである。そして、第二に、重い責任を負わないこと。多くの人は、高齢になってまでビジネスの最前線で重要な職務を担いながら働くことを求めていないのである。

そして、第三に人から命令されずに働くことである。高齢者は、上司や部下との間の煩わしい人間関係からなる仕事についても、これをしたくないという希望を持っている。歳をとってまで年下の上司に営業成績を管理されながら、業務命令を受け、時には叱責されて働く未来があるのだとしたら、多くの日本人にとってそれは悪夢以外の何ものでもない。

このように高齢者が選好する仕事の特徴を並べていけば、その職の典型が現場労働だと気づく。歳をとって現場労働をするのは嫌だと悲観的に考える人もいると思う。しかし、高齢者の仕事は現役世代の人の仕事と違ってもいいのではないか。高齢になると、組織と向き合う仕事から、外の人やモノと向き合う仕事に適職が変わっていくのである。

今、社会は企業に高齢者を雇用する責任を負わせ、企業の一員として高齢者を組織にとどめおこうとしている。しかし、煩わしい組織の論理が渦巻く職場で高齢社員を無理に当て込んで、若手・中堅と同じ仕事をさせる必要などはない。保安、運搬、清掃や自動車運転など、現場労働の削減はこれからもなかなか進んでいかないだろう。こうした現場労働は将来も確実に社会に必要とされる仕事なのである。高齢者が現場労働を担い、無理なく社会に役に立つことができれば、少子高齢化による日本経済の低迷は避けられるはずだ。

第8章

生涯働き続けねばならないのか

使用する統計：リクルートワークス研究所「全国就業実態パネル調査」など

1　失われる黄金の15年

†生産と消費の不均衡

多くの人が将来の生活への不安を感じている。そして、将来の暗い見通しの前に進退きわまる状況にあるのは政府も同じである。

日本政府の喫緊の最重要課題は財政をいかに均衡させるかということにある。低成長を前提としたうえで財政収支の均衡を果たそうと思えば、歳入を大幅に増やすか、歳出を大幅に削るか、またその両方で達成するしかない。

しかし、税・社会保険料を引き上げること、社会保障給付の削減を行うことで、世の中の支持を取り付けることができないのはここ数十年の歴史が証明している。厳しい財政事情を前に、政府はもはや八方ふさがりの状況に陥ってしまっている。

消費増税は国民に痛みを強いる政策の象徴でもある。これまで消費税の導入やその引き上げに際していくつもの内閣が失われてきた。

大平《おおひら》内閣は1979年に「一般消費税」導入を閣議決定したものの、世論の反対にあい導入を断念したあげく、党の議席数を大きく減らした。中曽根《なかそね》内閣は「売上税」法案を国会に提出するも、世の中の反対にあい法案は廃案となった。ようやく消費税法の成立にこじつけたのが1988年12月であるが、その直後、竹下内閣も退陣を余儀なくされている。数ある政策の一つにすぎない消費税が、時の政権の命運を左右してきたのである。消費増税を巡って国民福祉税構想を発表した細川内閣や、「消費税10％」を打ち出した菅内閣、これを実現する法案を成立させた野田内閣など、我が国における消費税の歴史は政権の危機の歴史そのものであった。こうしたなか、政府は逼迫した財政状況を前に、二進《にっち》も三進《さっち》もいかない状況に追い込まれている。

他方、国家財政に対する世の中の見方は必ずしも一致していない。国の財政危機を声高に叫ぶ政府や経済学者と、国民との間には埋めがたいほどの溝がある。

財政というのは、すぐれて抽象的な概念である。実体経済に即して考えれば、財政の悪化はあくまで貨幣上の現象に過ぎない。なぜ国の懐《ふところ》事情を良くするために、私たちの生活を犠牲にしなければいけないのか。人々のこうした疑問が、日本の財政問題をめぐる不信感の根底にあるのではないだろうか。

国の財政を考える際には、あくまで実体経済に立脚したうえで、それが人々の生活にどう影響を与えるか考えねばならない。こうした観点で考えれば、日本財政の問題の所在はストックとしての国家の債務が積みあがってしまったところにあるわけではないことに気づく。

財政問題の本質は、フローとしての財政収支にあるはずなのである。過去、政府が社会保障による給付を過度に行うことで、本来消費できる額以上の消費を当時の高齢者に行わせてしまった。すでに亡くなってしまった高齢者から過去に行った過剰な消費を取り立てることはできない。いくら嘆いたところで、過去の現役世代が抑制を余儀なくされた消費は戻ってくることはないのである。

将来的な視座に立ったときも、同様の見方をするべきだ。将来の私たちの生活を考えるにあたって問題の核心にあるのは、国家債務をどう返済していくかということではない。それよりも、これから増える社会保障給付という高齢者への仕送りを、その時々において誰がどう賄っていくかというところにあるはずなのだ。

経済というのは、財やサービスが生産されてから消費されるまでの過程を扱う概念である。そう考えれば、これからの日本の最大の課題は、つまるところ生産を担う主体が減少することにあるといえる。

生産を行わず消費だけを行う主体が増えれば、世代間で生産と消費の不均衡が生じる。これを解消するためには現役世代の生産性の向上を急速に進めていかないと間に合わないが、そのようなイノベーションは簡単には生まれない。現役世代も、自身の消費を賄うだけの生産を行うことで精一杯なのだ。

この矛盾が政府の財政収支の不均衡という形で表出しているのである。これを解決しなければ、日本が迎える超高齢社会の諸問題は解決してはいかないだろう。

高齢者という生産活動に従事せず消費だけを行う主体が急速に増えたとき、その状況下でだれが生産者になるのか。これが現代日本において避けては通れない本質的な課題となるはずだ。

†生涯現役という魔法の杖

将来の日本が今後も豊かな生活を続けるのだとしたら、財政の問題はもとより、世代間の生産と消費の不均衡という構造的な問題を解決していかなければならない。

そして、この日本社会が抱える深刻な問題群をきれいに解決してしまう方法があった。それが生涯現役社会の実現なのだ。

高齢者にも生産活動に従事させる。この極めてシンプルな施策こそが、現代日本の根本的な課題を解決させる施策となるのだ。

高齢者が生涯にわたって働けば、経済の担い手が相対的に減少するという問題は解決される。そして、これに伴い日本をめぐる様々な社会課題は一気に解消してしまうだろう。高齢者も働くことが当たり前の世の中が実現すれば、結果的に、年金給付は物理的に働くことが不可能になるぎりぎりの年齢から死亡するまでの期間の最小限で済む。医療費の社会負担も抑制することができる。働いている期間が長くなれば、就労している高齢者自身に健康保険料を徴収できるほか、所属している企業にも負担を求めることができる。公的な給付を本格的に行うのは引退してからのごく短い期間になるだろう。どうしても働けない高齢者への社会保険給付は避けられないが、健康な高齢者が働いて納税してくれれば、そのための財源とすることができる。

近年、政府は生涯にわたって働くことを幾度も訴えている。これは政府にとって生涯現役というキーワードやそれを実現させるための政策群が、現代日本が抱える根本的な構造問題を解決する政策となりうるからなのである。

消費増税や社会保障改革の必要性を訴える政権はこれまで多くあれど、生涯現役をここまで訴える政権は初めてであろう。その裏には現代日本の社会課題を解決していくための現実的な戦略が見え隠れするのだ。

社会保障や税など政府の主要施策を決める際の考え方として、自助と共助、公助のどれを基本とするかという考え方がある。この点、政府としてのスタンスは明確である。すなわち、政府は自助を基本とすべきだと言っているのである。

自らの生活は自ら働くことで賄うことを原則として、社会保障による給付はそれができないときの最低限のものとする。政府が生涯現役という理念を唱えているのは、高齢期の生活もまさにこの自助を基礎とすべきだと言っていることにほかならない。

自助の概念を原則とするとき、年金支給額の引き下げと生涯現役社会の実現は裏表の関係にある。年金支給額を引き下げれば高齢者の生計が成り立たなくなるから、働けなくなるぎりぎりの時期まで働くしかない。一方、多くの人が生涯にわたって働く世の中が実現すれば、年金の支給額を引き下げても差し支えない。

しかし、そのどちらに焦点を当てるかで人々の受け止め方は変わる。年金支給額を引き下げると言ってしまえばその政権はたちまち支持を失うが、「生涯現役」と唱えても政権支持率の急落は招かないのだ。そう考えれば、現政権の働くことを良しとするメッセージは巧妙に考えられたものといえる。

税に関しても同様である。消費税率の引き上げなど課税強化策を封印し、社会保障財政を逼迫させれば、高齢者は働くよりほかなくなる。逆に、高齢者が働けば、消費税率を引き上げる必要などないのである。

増税によって生じる痛みと高齢者が働くことによって生じる痛みは、トレードオフの関係にあるのだ。税・社会保障の改革と生涯現役社会の実現は、逼迫する日本財政を支えるための解決策としてほぼ同じ意味を持つ。しかし、これもやはり前者を主張するか、後者を主張するかで国民の受け止め方はまるで違うのである。

第二次安倍政権は、税率の引き上げや社会保障の給付水準の引き下げなど痛みを伴う政策の実行を後回しにしてきた。税・社会保障の問題解決を封印し、生涯現役社会の浸透を目指した同政権の戦略は周到に練られたものであった。

我が国の経済を持続可能なものにするため、税・社会保障改革を行わなければならないという考え方は、これまでの日本政府の常識であった。しかし、安倍政権は「生涯現役」という魔法の杖を発見し、これまでの常識に疑問を投げかけた。こういった優れた政治感覚が戦後最長の政権を支えていたと言ってもよいだろう。

†職業人生の長期化を織り込み始めている

奇しくも人々の意識も変わってきている。NHKが実施している「日本人の意識」調査では長期にわたる人々の意識の変化を把握している。この調査から、過去から現在に至るまで人々が仕事に対してどのような意識を持っているのかがみてとれる。

同調査から老後の生き方の希望をみれば、仕事を持ち続けることを一番の理想とする人

図表8－1　日本人の意識の変化

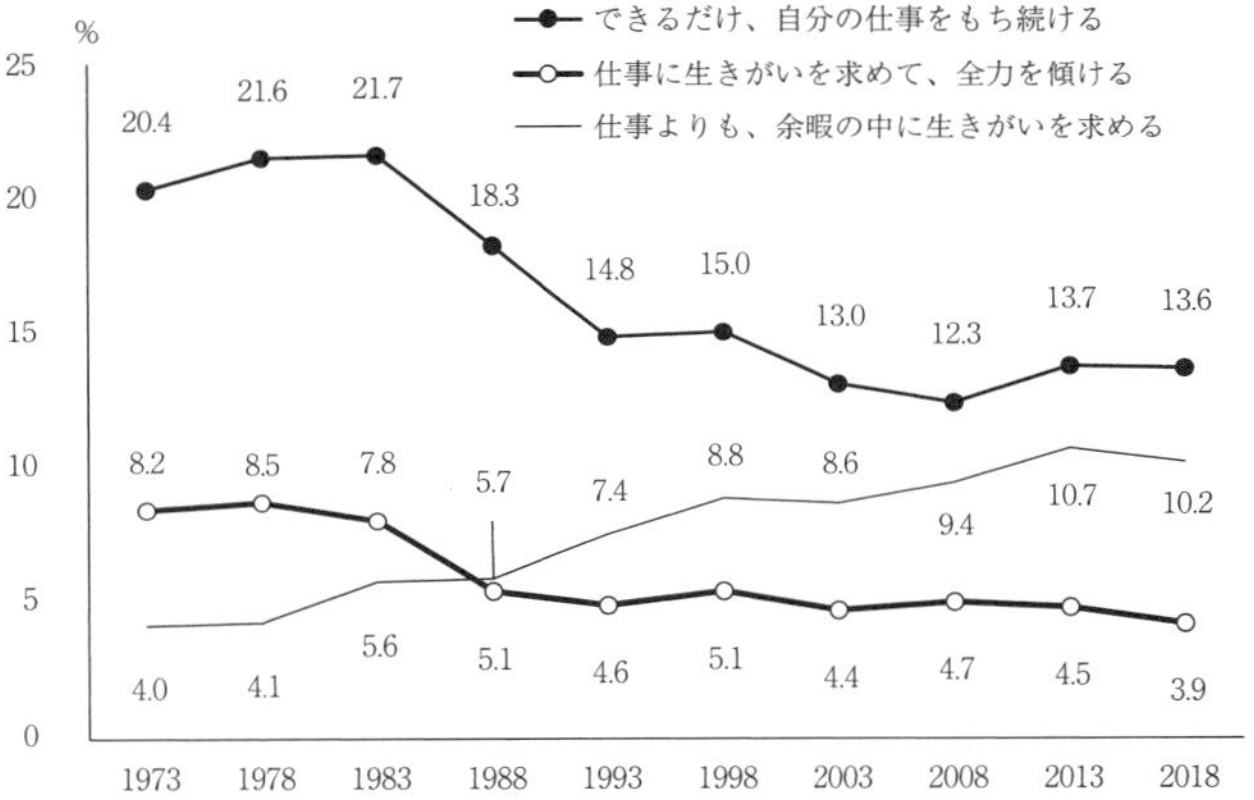

注：「リストには、いろいろな老後の生き方がのっています。この中であなたはどれが最も望ましいと思いますか」に「できるだけ、自分の仕事をもち続ける」を選んだ人の割合、「リストには、仕事と余暇のあり方について、いろいろな意見がのっています。あなたはどれが最も望ましいと思いますか」に「仕事に生きがいを求めて、全力を傾ける」「仕事よりも、余暇の中に生きがいを求める」を選んだ人の割合を示している
出典：NHK「日本人の意識調査」

は10年前の12・3％からやや増えてはいるものの、2018年でもその比率は13・6％に過ぎない（図表8－1）。そして、「自分の趣味をもち、のんびりと余生を送る（2018年時点で29・8％）」、「子どもや孫といっしょに、なごやかに暮らす（同23・0％）」など、家族との時間や趣味の時間を優先したいという人が圧倒的に多くなっている。仕事を生涯続けることは、やはり現代人の理想ではないということだ。

　仕事と余暇のバランスをみても、仕事よりも余暇を重視する人は緩やかに増えている。「仕事に生き

がいを求めて、全力を傾ける」と答えた人が長期的に減少しているのである。そして、その一方で「仕事よりも、余暇の中に生きがいを求める」という人は増加傾向が続いている。

日本生産性本部が新入社員に対して実施している「働くことの意識」調査ではさらに傾向が顕著に表れる。働くことの目的を聞いた設問をみると、「楽しい生活をしたい」や「経済的に豊かになる」を選ぶ人が増え、「自分の能力をためす」という人は急速に減少している。仕事中心か生活中心のどちらがよいかという設問に対しても、生活中心を選ぶ人が大きく増えている。

このような人々の意識の変化をみると、現代の若手を中心に仕事に対する意識が変わってきていることがわかる。すなわち、仕事を人生の生きがいとして位置づける人が明らかに減っている。そして、家庭や趣味を仕事と並列に捉え、場合によってはそれを仕事よりも優先するという人が増えているのだ。

この現象は、おそらく現代の日本人が怠惰になったから生じたわけではない。むしろ、現代日本人の意識変容の裏には、現下の社会情勢があると考える方が適切だろう。

少子高齢化時代の日本においては、たとえ望まなくても長く働かざるを得ない。だから、仕事を短い期間に全力で行うものと位置づけるのではなく、生活を優先しながら細く長く続けるものだとして、意識を徐々に調整していると考えられる。

つまり、人々は長く働かざるを得ないという現実をやむを得ないものとして消極的に受け入れつつあるのだ。長い期間働くことを前提とする代わりに、労働時間を短くしたり、休暇の取得日数を増やしたりすることで働く密度を下げる。歳をとっても働かざるを得なくなる未来に向けて、こうした方向で意識を調整する現代の若手は、実に合理的な行動をとっているといえる。

人々は誰に言われるでもなく、長く働かざるを得ない世の中に移行していくということを既に織り込み始めているのである。そして、だからこそ、私たちはいま働き方改革を成し遂げなければならないのだ。近年行われている一連の政策群はすべてが密接につながっている。

†「悠々自適な老後」という見果てぬ夢

結局のところ、日本に住む人々の行く末に思いを巡らせれば、そこに見えてくるのは歳をとっても働かざるを得ないという揺るがない事実なのである。

政府は働きたい高齢者が働ける環境を整えることをスローガンとして高齢者政策を進めている。しかし、「働きたい人が働く」という言葉は、未来の高齢者を取り巻く環境を表現する言葉としては明らかに誤っている。未来の私たちは働きたいから働くのではなく、働かざるを得ないから働くのである。

現役時代に得た賃金は税や社会保障の負担増で削減され、退職金も減少するなか、定年時に貯蓄として残る部分はほとんどなくなってしまう。寿命はさらに延伸し、老後の生活が長期化するにもかかわらず、将来の年金の支給額は現在の水準から減少すると見込まれる。

未婚の非正規雇用者など、現代社会に取り残されてしまった人たちもやがては年老いていく。こうした人たちにとっては、さらに状況は厳しいものとなるだろう。

高齢者の仕事をめぐる環境はどうなるだろう。おそらく、高齢者に残されている仕事の多くは今後も現場労働ということになる。専門職や管理職として華々しく仕事をしていきたいのであれば、現役時に厳しい鍛錬を積んだ上で、高齢期の日々の生活を犠牲にする覚悟を持たなければ、ビジネスの世界で現役世代の労働者と伍《ご》していくことは難しい。

『定年後』を著した楠木新は、60歳から74歳までの期間を黄金の15年間と呼んだ。これは言い得て妙である。全国就業実態パネル調査を用いて日本に住む人の生活の満足度を年齢別に算出してみると、まさに60歳以降に急速に生活に対する満足度が上昇していく。

長年の苦役から解放されて、ようやく自分の時間を謳歌できる。これまでの日本人は、人生の終盤に黄金の15年間といわれる豊かな時間を過ごしてきたのだ。

しかし、私たちが高齢者になるときには、もはやこの黄金の15年間は存在しない。これが間違いなく訪れる日本人の働き方の未来である。働く意欲がある人が働ける世の中を実現する、こうした言葉はまやかしだ。高齢者雇用の未来の姿は、このような言葉で表現される美しい世界ではないのだ。

現在の高齢者が送っている悠々自適な老後を、未来の高齢者が送ることはもはやないのである。

2 働く高齢者の実際

†現役時代のスキルを中小企業で活かす

高齢になって働いている人は実際にどのように仕事をしているのか。そして、現在の仕事や生活にどのような感情を有しているのか。本節では、著者が行った65歳以上の働く高齢者へのインタビュー調査を紹介することで、その実際の姿をみていくこととしよう。

三沢勉さん（仮名、以下同じ）は67歳の男性。現在勤めている冷凍食品会社は4社目で、

54歳の時に転職して入った企業である。

大学卒業後、三沢さんが最初に入社した会社は中堅の商社であった。一貫して食料畑を歩み、海外から肉を輸入してハムメーカーに卸すビジネスを手掛け、食料部部長にまで上り詰める。特に、管理職として部下をマネジメントする手腕は高く評価されていたのだという。

しかし、2000年代前半に市場環境が暗転する。食品の偽装表示問題が世の中をにぎわし、三沢さんが勤めていた会社でも採算が大きく悪化、最終的に食料部門は閉鎖に追い込まれてしまったのである。

食料部の部長だった三沢さんは部署を異動させられ、役職も降格させられる。当時、そのまま定年まで居座ることもできたというが、それはプライドが許さなかったという。ほどなく、知り合いからの紹介で中小の食品メーカーに取締役として招かれることとなった。

この会社はしばらくしてファンドに買われて吸収合併させられ、三沢さんは再び就職先を探すことになる。3社目に入ったのは水産会社。規模も大きい会社で、これまでの経験が買われて好待遇で迎えられたという。

同社では課長職として高い報酬を得ていたにもかかわらず、なかなか成果が出せなかった。周りからの冷たい視線を感じて会社に居づらくなってしまい、ほんの1年でやめてしまった。

その後入職したのが、現在の冷凍食品会社である。本社は四国にあり、三沢さんはその東京事務所に勤める。事務所は7人の小さな所帯で、そのうち6人は首都圏の販売業務を上司から部下に連なるライン型の組織で行っている。三沢さんはそこからは外れて、スタッフ職として輸入業務を独立して行っている。

三沢さんにとって現在の職場はとても心地よいのだという。雇用形態はあくまで契約社員で年収も300万円ほどだが、部長という肩書をもらえて、なにより自身の裁量のもと、ビジネスの第一線で活躍することができる。ラインの仕事には口出しをしないようにと決めており、得意のマネジメント能力を発揮する機会はないが、所内の若手に尊敬されながら働けていると感じている。

比較的規模が小さい同社は、食料品の買い付けにあたって独自のルートを持っていない。規模的に海外現地で調達網を張り巡らせるわけにもいかず、そのほとんどを商社に依存し、これまでは高い原材料コストを甘受してきた。

しかし、その輸入業務の一部を現在三沢さんが担っている。彼の商社時代の人脈を活かして中国の企業から買い付けを行い、貿易決済のための信用状取引など輸入実務も一手に引き受けることで、会社の業績に貢献しているとのことだ。

実は、いまの会社は商社に在職中、最初に声をかけられた会社でもある。商社で部長をしていたとき、倒産寸前であった同社に対して資本金を注入するなどして育てたことがあったことから、その縁で声をかけられたのだという。

当時は経営状況の厳しさから断ったが、その後も社長から声をかけられ、仕事に行き詰まっていた54歳のときに就職するにいたった。社長は今でもその時の恩義を三沢さんに強く感じており、三沢さんも昔の自分を良く知る社長から目をかけてもらっていると感じている。

三沢さんは、折に触れ、自分は運がよかっただけだと話す。今の会社との出会いはもちろん、商社で食料部門に配属されていたことも結果的にはよかった。鉄鋼などロットが大きいビジネスは大きな企業でないとできないが、食料品というロットが小さいスモールビジネスが専門であったことも幸運だったとのことだ。

業績を出しているから東京事務所での勤務はとても自由だ。いつ退社してもだれからも文句を言われず、自分の都合に合わせて勤務をしている。ただ、仕事がおもしろく、結果的には、ほとんど週5日で朝7時に出社して夜6時に帰る生活を続けているらしい。

三沢さんの同期を見渡しても、こういった形で充実した仕事をしている人は見当たらないのだという。彼の言う通り、現在の働き方ができているのは、いくつもの偶然が重なった結果でもあるのだろう。

†個人事業主として成功

山北博之さんは大学で都市計画を学んだ後、23歳で鉄道会社のグループの不動産会社に就職した。別荘ブームに乗ってリゾート地の再開発事業などに取り組んだ後、30代前半の頃に本体の鉄道会社に移る。鉄道会社では、駅の建て替えの計画を立てたり、駅前広場の開発などに携わった。

そして、52歳のときには不動産本部長として最年少執行役員に就任する。順風満帆なキャリアを送ってきた山北さんであったが、時を同じくしてバブルが崩壊し、不動産の資産価値が急落する。同社も減損を余儀なくされ、不動産事業の赤字が企業の財務に甚大な影響を与えることになった。

結果として、山北さんは責任を取らされる形で役員をわずか2年で退任させられてしまった。ちなみに、役員になると退職金が清算されるのだが、当初は役員報酬で元が取れるということで引き受けたのにそれもかなわず、経済的にもかなり損をしたと山北さんは嘆いていた。

それはともかくとして、役員を退任させられた後、彼は過去に世話をしていた第三セクターの会社に誘われて転籍をする。この会社は国と地方公共団体、民間企業から出資を受けている会社で、上層部は中央省庁の天下りポストになっていた。山北さんは役所からの出向者の世話をしながら、経営企画部次長として実務を取り仕切る立場となった。

同社には67歳まで勤務することになるが、郊外の自宅から遠く離れた本社まで2時間の通勤を毎日こなし、人間関係が難しくて業務もとてもハードであったことから、ほとほと疲れ果ててしまったという。会社からはその後も残ってほしいと要請を受けていたが、週3日などの短時間勤務はできないということで、あえなく退社することになる。

現在は、個人事業主として、自身の保有している不動産の管理業務を行っている。山北さんが投資用の不動産を保有し始めたのは、40歳前後の課長のとき。きっかけは会社の上司から「会社にぶら下がるような人生を送ってはだめだ」と折に触れいわれたことだった。その頃から小さな物件を購入し、副業の形で仕事の合間に不動産の管理業務を行ってきた。

不動産投資は気軽に始められる副業の典型ともいえるが、実はそんなに簡単ではないのだという。不動産投資で決定的に重要なのは、どの物件を購入するかである。当初利回りが高くても、20年後、30年後の沿線の見通しなど、都市の将来を見据えて買わなければ儲からないのだと山北さんは主張する。

様々な条件を満たす好物件はなかなか市場に出てこないから、毎日のように長い時間をかけて不動産情報に接し、市況もにらみながら、これはという物件を山北さんは購入してきた。物件の目利きには、不動産事業、鉄道事業に長年携わってきた経験が大きく活きているのだという。

今年72歳を迎える山北さんだが、今の仕事はとても楽しいらしい。会社にいたころと違って、面倒な人間関係はなく、気楽になんでも自分で意思決定ができる。労働時間は、入退去の手続きや設備の交換などの都合で決まるため変動が激しいが、概ね週2〜3日で1日4〜5時間。稼ぎは年間で400万円ほどになる。

つい最近も、給湯器が壊れる事案が発生したという。古い年式で交換の部品がないので、様々な業者に当たって部品を調達し、工事の発注から現場確認まで行い、なんとか復旧した。こうした細かい管理は業者に行わせてもよいのだが、それをすると儲からないから、自分でやっているとのことだ。

山北さんの事例は、40代から自身の専門性を活かした副業を行ったことが、いまの仕事につながっている事例だといえる。

†仕事と孫の世話、趣味に追われる

今宮隆さんは68歳の男性である。大学卒業後、営業職として最大手精密機器メーカーに入り、定年まで勤めあげた経歴を持っている。

今宮さんの現役時代のキャリアも華々しい。ちょうど入社と前後して、同社の時計の部品を汎用品として販売する事業が立ちあがり、今宮さんは部品の営業を、立ち上げ当初から一貫して行うことになる。当時、新興工業経済地域（ＮＩＥＳ）で電子腕時計の生産が盛んになり、香港、台湾、韓国、東南アジアなどに販路を広げ、同社の部品事業は拡大の一途をたどった。

今宮さんは海外支店での経験が長い。１９８０年から86年までは香港に駐在、２００２年から２０１１年まではシンガポールに駐在して事業を行った。シンガポールの現地事務所では、事務所のトップとして約50名の従業員の事務所を統括。部下の育成も行いながら精力的に仕事を行ってきた。

しかし、ちょうどその頃、日本の時計産業は大きな曲がり角を迎えていた。時計販売のシェアが新興国に奪われると同時に、携帯電話の普及から世界の時計販売自体が低迷することになる。一向に上向かない業績を背景に、同僚の多くがリストラを余儀なくされることになった。

今宮さん自身は、55歳で現地法人から本社に戻ってきてすぐに役職定年となり、定年までの間は総務部で仕事を行うことになった。仕事は少ないながら一応割り振られていたものの、これまでの仕事と比べれば物足りない日々だったという。しかし、ほとんど仕事を与えられずに役に立たない研修を受けさせられるいわゆる追い出し部屋に追い込まれた人もあったことから、文句は言えなかったと述懐する。

今宮さんは当時のことを振り返り、割り切れない気持ちを吐露してくれた。単身赴任を嫌な顔一つせず受け入れ、家族の時間を犠牲にしてまで、会社に一生懸命に尽くしてきた。シンガポール事務所を後にするまでは、彼自身も会社に忠誠心を強く感じていたし、会社に貢献してきたという自負もあった。しかし、最終的にはこうした境遇に追い込まれ、会社に対する愛情もなくなってしまったという。

再雇用が一部の人にしか認められていなかったなか、60歳の定年を迎えたとき、今宮さんはその対象者として選ばれていた。会社に泣きつけば籍を置いてもらえるという状況に一応はあったものの、彼は退職という選択肢を選ぶことになる。

自分よりも若い人がリストラにあっているなか、自分だけが会社に残ることはできないと判断したからだ。自分がいてもいなくて変わらない定年前の仕事に、引き続き従事させられるのは耐えられないという気持ちもあった。

定年後はしばらく、悠々自適な生活を送ることになった。長野県に自宅を持っていたことから、畑仕事をして野菜を収穫したり、山に山菜を取りに行ったり、趣味の散歩をしながら気楽に暮らした。

そんな折、東京で就職した娘が結婚し、孫が生まれる。娘に子どもの世話を頼みこまれ、どうせやることもないということで、東京に移り住むことになった。

自宅の固定資産税や東京での住居費などをまかなうために仕事を探したところ、見つかったのが現在の仕事。契約社員として、マンションの清掃を行う仕事である。

今の生活は結構楽しいですよと、彼は言う。2つのマンションの清掃を請け負っており、朝7時に仕事を開始してそれぞれ2時間ずつ清掃業務を行い、11時には仕事を切り上げる。午後は妻に代わって孫の面倒をみたり娘や妻と話したりして、それでも時間が余るので、残った時間は趣味の散歩を楽しんでいる。東京の街を気ままに散歩し、ふらっといろんなお店に立ち寄るのは案外と楽しく、東京生活を満喫しているらしい。

仕事は特段やりがいがあるものではないと彼は言う。ただ、仕事をすることで生活のリズムがつくことが気に入っており、これくらいがちょうどいいらしい。

若い人が多いマンションなので居住者とのやりとりはあいさつ程度だが、床の掃除で汚れたところがきれいになるのも気持ちがいいし、マンションの庭の草むしりなんかにも小さな達成感があるとのことだ。

✝和気あいあいとしたマンション清掃

現在70歳の佐久川俊行さんもマンション清掃の仕事についている。佐久川さんは高校卒業後にガラスの工事をする小さな会社に就職した。住宅を建築する際に、窓ガラスなどの施工案件を受注し、下請けに工事をしてもらう仕事であった。

45歳まで勤めたあと、知り合いの紹介で中小の鏡の施工会社に転職する。仕事内容は1社目と大きな差はなく、建築会社と折衝してどのような鏡を使うのかを決め、下請け業者の施工の状況を監督して点検する仕事であった。部長まで勤めたが10年ほどで会社が傾いてリストラにあってしまい、55歳で退職することになる。

佐久川さんによると、現役時代の仕事はつらかったという。受注を得るための営業を行い、受注を得れば施工してくれる協力会社を見つけ、建築の状況をみながら施工の日時の調整を行い、納期までに仕上がらせるように関係者を調整する。取引先との関係を悪くすれば受注が滞《とどこお》り、直ちに会社の資金繰りが悪化してしまう。在職時は強いプレッシャーと戦いながら仕事をしていた。

部下への仕事の割り当てに関しても、慎重に行わなければならない。部下の心象を悪くすれば退職につながることもあり、新しい人材の採用も簡単ではない。会社のマネジメントにも気が抜けなかった。

佐久川さんによれば、いまのマンション清掃の仕事は天国のような仕事なのだという。500世帯強の大規模マンションの清掃を担当しており、そこでは10人の清掃員が手分けをして仕事をしている。周りの清掃員もほとんどが高齢者で年長者になると80歳を超える。

一日のスケジュールは朝8時に出勤し、午前10時くらいまでは外の掃き掃除、10時以降は廊下の拭き掃除、午後は廊下の磨き上げというのが典型的なパターンである。手分けをして仕事をしているので、仕事量は多くなく、仲間の清掃員や居住者と話しながら和気あいあいと仕事ができていると佐久川さんは話す。

世帯数が多いため、ドアノブの調子がおかしいとか、水道が壊れたなど、日々いくつかのトラブルが発生する。こういう仕事は本来の仕事ではないのだが、幸い現役時代の経験で簡単な修理ならできるため、佐久川さんが修理をすることがある。

日々の業務の積み重ねで、住民から感謝されることも多い。清掃員の人たちとの忘年会などのイベントもあり、それなりにやりがいを感じながら日々を過ごしている。

†気の赴くままに興味ある仕事を

近衛《このえ》次郎さんは大学卒業後、中堅の電気関係の会社で40年弱一貫して人事の仕事を行い、

59歳のときに定年退職を迎えた。

会社からは再就職先の面倒はみてもらえなかったため、自身で次の仕事を探した。求人広告から従業員数が100人ほどのネジを生産している会社を見つけて、そこに就職することになる。

当初は本社の人事部に配属になったものの、社長から工場長を務める次期社長候補の息子の教育係を頼まれ、山梨に単身赴任をすることになる。この時の仕事は、工場長と現場社員の板挟みになることが多く、新参者ということもあり、精神的にはかなり大変だったという。

63歳まで同社に勤めたのち、近衛さんは辞職を申し出ることになる。もう十分働いたと感じていたため、これで仕事は引退しようと思った。

しかし、半年もしないうちに、やることもない日々に物足りなさを感じるようになる。結局、近衛さんは新聞の折り込み広告で見つけた警備会社の仕事を始めることを決める。派遣労働者として様々な場所にあるATMを巡り、紙幣や貨幣を分別、運搬する仕事であった。一日6時間、週3日ほどで3年ほど続けた。いろんなところに行けて楽しかったと、近衛さんは振り返る。

その後、東京都の豊島区報で見つけた選挙の手伝いの仕事、機械式駐車場の管理の仕事、公立小学校の交通誘導員を経た後、現在はシルバー人材センターで見つけた山梨県のアンテナショップにて、商品の品出しやレジの仕事などを行っている。

近衛さんが特に気に入った仕事は、小学校の交通誘導員の仕事だ。朝早くに出勤して小学生たちとあいさつをすることで、日々の生活に張りが出る。仕事自体は非常に単調なものであるが、小学生たちと仲良くなって、子どもたちからちょっとした話をしてくれたりするととても嬉しいのだという。

当初は簡単な仕事だと思って就いたアンテナショップの仕事が今の仕事であるが、案外と手間取ることも少なくないという。レジ一つとっても、行列ができないように素早く対応しなければいけないなか、キャッシュレスが相当な種類出回っており、その手順を完璧に覚えることに難儀しているのだそうだ。基本的には楽しく仕事をしているものの、一緒にしている若い人とは、仕事のスピード感が合わなくなることも多いという。

3　私たちの老後に待っているもの

†できる仕事をすればいい

インタビュー対象者の多くは現役時代に会社の中核的な戦力として活躍した人であった。しかし、そうした人であっても、その能力を今の仕事に存分に活かせている人はわずかである。さらに、自身の専門性を活かせたとしても、現役時代での活躍に比べれば仕事の難易度も給与も大きく劣るものであった。

そして、大多数の現場労働に従事する人が満足して仕事をしていることも、意外な事実として浮かび上がる。現役時代のような面倒な仕事はもううんざりで、いまは自由に仕事をすることができてせいせいしているという言葉が聞かれることも多くあった。

多くの高齢者は意外と満足して仕事をしているのである。実際に、全国就業実態パネル調査を用いて仕事に満足している人の割合を年齢ごとにプロットしてみると、歳を経るにつれて仕事に満足している人の割合は堅調に増加していくことがわかる（図表8－2）。継続して就業している人に限って分析しても同様の結果が確認されることから、年齢を重ねるにつれて年収が下がる一方で、仕事への満足度が高まることは確かだと考えられる。

それにしても、現役時代にビジネスの最前線で活躍してきた彼らが、高齢期になってこうした現場での作業や部下のいない小さな仕事に従事している、この事実に当事者はどう

図表8－2　仕事に満足している人の割合（2019年、年齢別）

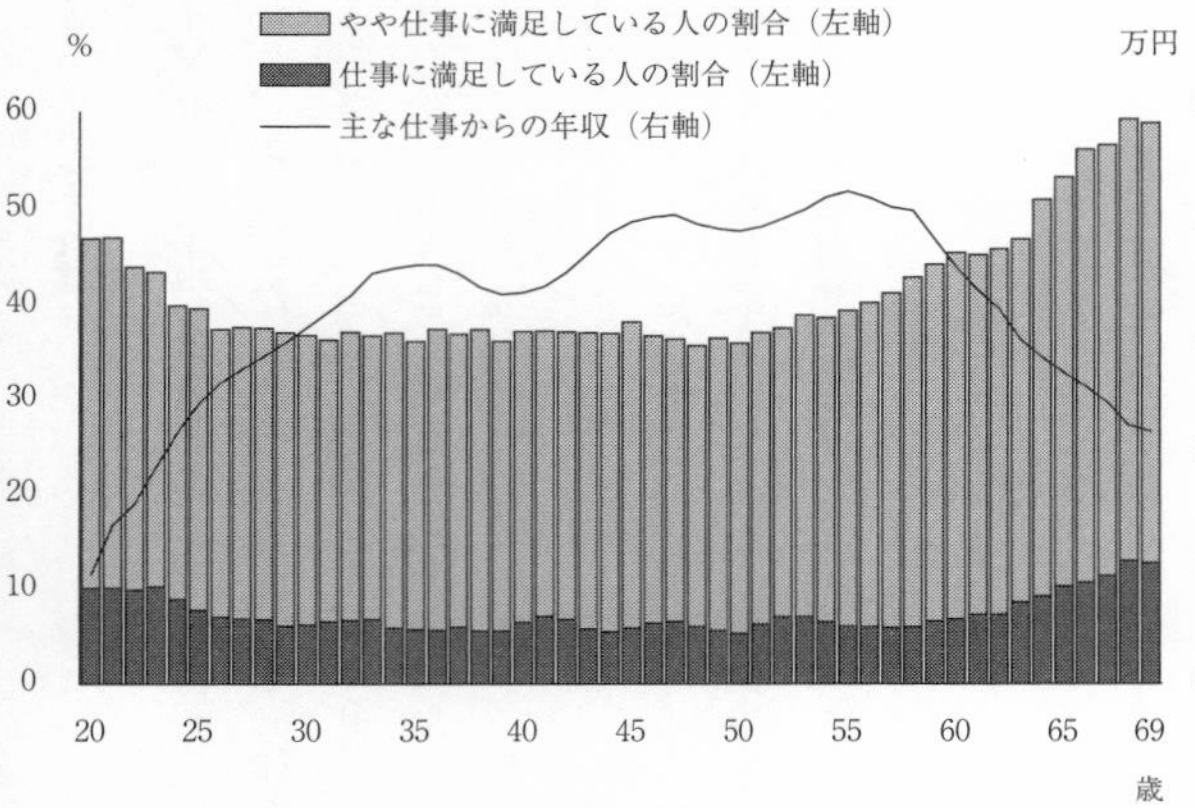

注1：仕事に満足している人の割合、仕事にやや満足している人の割合は、「昨年1年間の、あなたの仕事に関する以下の項目について、どれくらいあてはまりますか。――仕事そのものに満足していた」の質問に対して「あてはまる」と答えた人の割合、「どちらかというとあてはまる」と答えた人の割合を示している

注2：主な仕事からの年収は中央5年移動平均で算出している

出典：リクルートワークス研究所「全国就業実態パネル調査」

思っているのか。著者が行ったインタビューにおいて、応じてくれた方々一人ひとりに、現役時代の仕事と現在の仕事についていまどのように感じているかを尋ねてきた。

そして、彼らにその思いの丈を聞いてみてわかったことは、彼らはこうした仕事をすることについて、良くも悪くも特別な感情は有していないということである。

今宮さんはマンション清掃の仕事に決めたときを振り返り、「妻や娘にはやめたほうがいいんじゃないかと言われましたが、私は特になんとも思わなかったです。むしろこの歳になって責任ある仕事につく方がいやですし」と語ってくれた。

彼らのほとんどは、年金の給付を受ける傍ら、適度に現場労働などを行い、月10万円ほどの収入を得ることで、金銭的にも時間的にも余裕のある豊かな暮らしを送っていた。住宅ローンも子どもの教育費もない現在では、経済的にはこの程度の所得があれば十分なのだという。

世の中には、あとで困らないように若いうちに専門性を身につけて、歳をとったときの準備をしておくべきだという議論が多く見受けられる。しかし、日進月歩の技術を専門としている人が、高齢になってまで知識のキャッチアップを続けるというのは、多くの人にとって苦痛を伴うものだ。

それであれば、高齢期になってする仕事は、専門性が必要なものでもいいし、そうでないものでもよいと思うのである。つまり、日本人の老後の未来を考えれば、その多くは自身の生活との折り合いをつけながら現場労働を中心に仕事をしていくことで事足りるのだ。

実際に、清掃、宅配、警備など世の中に存在する作業の多くは高齢者によって担われている。そういった仕事の多くが世の中に圧倒的に必要とされている現実があるのだ。

もちろん、現役世代はそうはいかない。長く続く職業人生の真ん中にいる彼らは、いかにして自身の能力を向上させ、給与を高めていくかを考えていかねばならないからだ。

一方で高齢者が就く仕事は、いつ最後の仕事になるかもわからない仕事なのだ。知的労働を是とし、現場労働を非とする必要などはない。職業人生の終わりに、現場労働を楽しむことができるのは高齢者の特権であるともいえる。

高齢になってまでこれまでと同じ会社で同じペースで仕事をしなければならないのが未来だとすれば、それではあまりにも救いがない。しかし、日本の将来に思いを巡らせれば、そのようなことなどまったく必要とされていないのだ。

†高齢期の仕事を受容するまで

高齢者は現在の仕事に特別な感情を有していないのだと今述べたが、より正確には、仕事に対して特別な感情を抱かなくなったといえるのかもしれない。

今宮さんは好きだった現役時代の会社で退職間際に閑職に追い込まれ、憤りを感じたまま退職をすることになった。定年退職後に何とか自身の培ってきた専門性が活かせる仕事に就きたいと思ったが、断念して今に至った人もいる。

彼らは意外にも、現在の仕事に満足しているのだという。しかし、本当のところは、半分は気楽な仕事に満足しているという部分がありつつも、おそらくもう半分は彼らの中で一種の合理化をしている側面もあったのではないかと思う。

彼ら自身が直接語っていたわけではないが、現役時代の活躍をどうしても忘れられず、現状の仕事に甘んじている自分に忸怩《じくじ》たる思いを抱いていた部分もあったと思うのだ。

もちろん、現役時代の煩わしい仕事から解放されて清々《すがすが》しい思いをしている人もいる。しかし、話を聞いていると、多くの人が今の仕事に対する複雑な思いを胸に秘めていることに気づく。そして、現在の仕事を受け入れるまでには、いくつかの典型的なプロセスが見出されるのである。

長く尽くしてきた会社から見放されたとき、年齢だけを理由にして意義のある仕事から追いやられたとき、彼らは会社や社会に対する憤りを感じる。その後、多くの人は会社で無為に過ごしたり、仕事を辞めたりする葛藤の時期を過ごす。そして、最後には過去の仕事と決別し、たとえその仕事が単調なものであっても、新しい仕事を徐々に受容していくのである（図表8－3）。

中堅企業で勤めあげた近衛さんは、60代半ばのときと70歳前後のときで、心境に大きな変化があったと語ってくれた。会社を辞めてまもない60代の頃は、現役時代の会社の人事がとても気になっていたらしい。新聞やインターネットなどで情報収集を行い、誰が社長になって、だれが役員になったのか、そしてだれが辞めたのか、そういったことばかりを

図表8-3　高齢期のキャリアの受容プロセス（2019年）

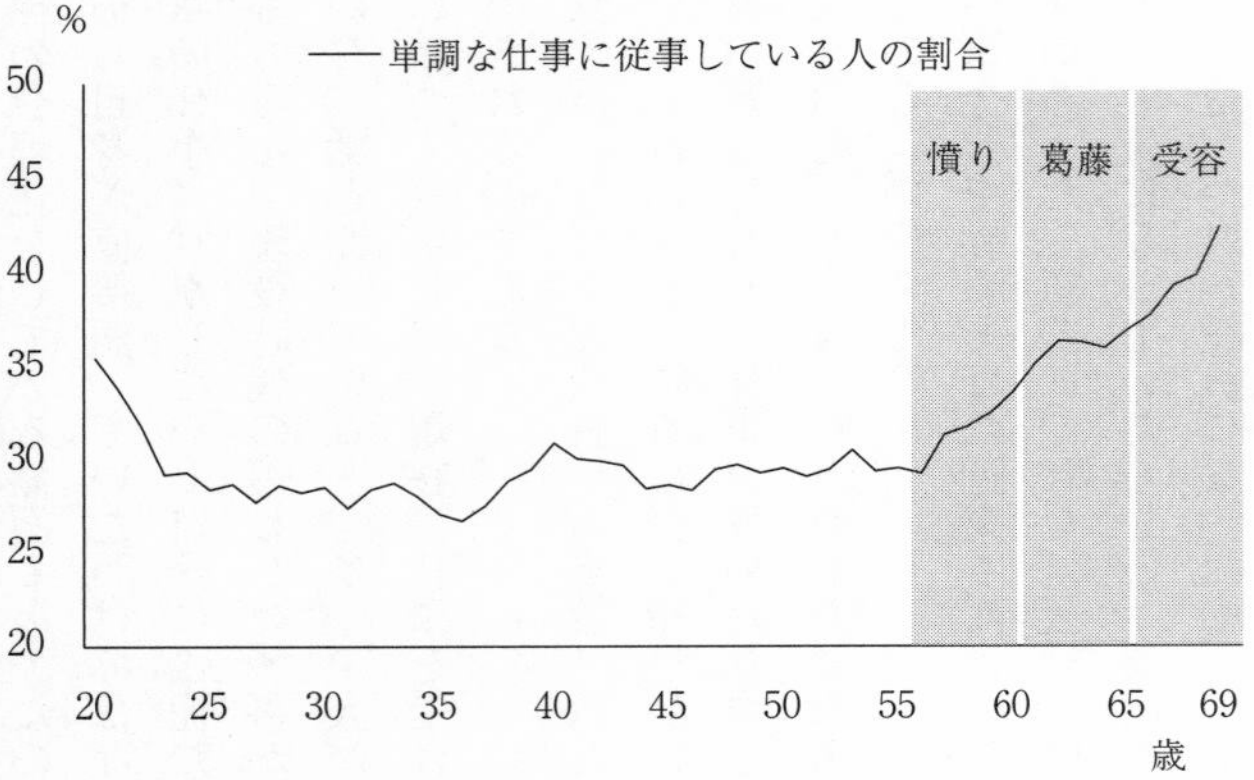

注：単調な仕事に従事している人の割合は、「昨年1年間における、あなたの仕事に関する以下の項目について、どれくらいあてはまりますか。——単調ではなく、様々な仕事を担当した」の質問に対して「あてはまらない」と答えた人の割合と「どちらかというとあてはまらない」と答えた人の割合を足したもの

出典：リクルートワークス研究所「全国就業実態パネル調査」

日々気にかけながら過ごしていたという。

しかし、ある時ふっと、現役時代の会社のことが気にならない瞬間が訪れたのだという。時の流れの中で、近衛さんの中で無意識に過去から現在に至るまでの自身の職業人生の咀嚼が行われ、しまいには過去の会社のことを忘れさせたのだろう。

精神科医であるエリザベス・キューブラー＝ロスが唱えた、死の受容の5段階モデルが知られている。人はがんなどで死が近いことを告知されたとき、まずはそれを否定する気持ちを抱き、それが憤りの感情に変わる。そして、もう少しだけ生きていたいという取引の段階、さらには抑鬱の段階を経て、受容するに至るのだという(Kübler-Ross 1969)。死のプロセスに置き換えるのはいかにも大げさではあるが、高齢期の仕事の受容プロセスもこれに似たようなところがあるのかもしれない。

これも多くの人が語っていたことであるが、どうしても仕事に関する能力は歳とともに衰えていくのだという。事務仕事をするにしても、若い人と同じスピードで文章を作り上げることはできないし、エクセルで関数を駆使することもできない。そもそも、視力の問題からパソコンの画面を長時間みることでさえ苦痛になるという人もいた。

現実には、新入社員が徐々に力をつけて企業で戦力として活躍していくのと同じように、人というのは歳をとるにつれて仕事に関する能力を失っていくのだ。これは一人の人として避けられないことだ。

みながその現実を薄々とわかっているからこそ、現役時代の仕事に対して複雑な思いを抱きながら、現在の仕事を緩やかに受容していくのであろう。

†職業人生の下り坂を味わいながら下る

これからの日本社会、高齢者が否でも応でも働かざるを得ない世の中が到来するだろう。そうしたなか、高齢期の仕事に対して私たちはどう考えればよいのだろうか。

リクルートワークス研究所の大久保幸夫は、日本人のキャリアを「筏下《いかだくだ》り」と「山登り」という言葉で表現した（大久保２００６）。そこでは、会社員として与えられた仕事を効率的にこなして世の中に貢献していく仕事の仕方を「筏下り」、自身の専門性を決めたのちにその山を登りながら社会に価値を生み出していくことを「山登り」としている。

そして、いま日本人のキャリアに必要とされているのは、その後の「山下り」のキャリアだ。山登りのキャリアが精いっぱいの努力をして自身の能力を高めながら進む厳しいキャリアなら、山下りのキャリアは自身の持っている能力を消費しながら楽に歩むキャリアなのである。

職業人生の下り坂を味わいながら下る。これこそが将来の日本の高齢者に必要な考え方だ。

これまでは、定年までがむしゃらに働き、定年を迎えた直後にキャリアの崖を一気に飛び降りて引退することが典型的な最終期のキャリアのパターンであった。しかし、このようなキャリアは今後望むべくもない。だから、職業人生の最後の局面をいかに味わうかが今後の人生の重要なポイントとなってくるのだ。

たとえば、プロ野球の世界を見ても、40代手前で過去幾多の実績を積み上げ、経済的にも十分余裕があるにもかかわらず、なぜか必死に現役にしがみつく者がある。彼らは、たとえ第一線で活躍できなくとも、自分が納得できるまでプレイして選手人生を終わりたいと思うからこそ、現役を続けるのではないか。このような日本人プロ野球選手の姿は、数字が出せなくなると30代半ばでもすっぱりとやめる米大リーグの選手とは対照的である。

将来、年金の支給額がゼロになったり、半分になったりすることはない。今の若い人たちは男性も女性も働くことが当たり前になっている。高齢の夫婦2人世帯を仮定すれば、たとえ年金が減額になったとしても、男女がそれぞれ月10万円程度稼ぐことで、十分に豊かな暮らしができるだろう。

幸い、非正規雇用者の賃金は近年上昇している。将来の人手不足で時給がさらに高まれば、この程度の収入を稼ぐことは難しいことではない。

働くことを美化するつもりはない。将来の高齢者は、働かねばならないから働くのである。しかし、たとえ現場労働であっても、ちょっとした仕事が人生に潤いを与える側面もあるのだ。自身の生活を大切にしながら仕事を行うことで、それが良い運動になり、生活のリズムを創出し、日々の楽しみや刺激にもつながる。

世の中に必要とされている仕事というのも、実は今まで述べてきたような現場労働である。事務仕事は求人に比して求職が多い、恒常的に供給過多の職種である。一方、仕事はたくさんあるのに成り手がいない仕事は、配送、警備など比較的長期的な訓練を要しない仕事であるのだ。

将来の日本の経済や財政を考えれば、高齢者に現役世代と同じ仕事を無理やりはめ込むことを考えるのではなく、短時間でもいいからこういった現場業務を高齢者に担ってもらうようにしていけばいいだけなのだ。

†細く長く、そして納得して引退を

高齢者が働くうえで大前提となるのは、体が健康であるということである。そして、高齢者の体力一つとってもそれは飛躍的に向上している。このような環境の変化も高齢者の就労を正当化する大きな要因となっている。

日本老年学会と日本老年医学会は、「最新の科学データでは、高齢者の身体機能や知的能力は年々若返る傾向にあり、現在の高齢者は10～20年前に比べて5～10歳は若返っていると想定される」という声明を過去に発表している。

たとえば、スポーツ庁が実施している「体力・運動能力調査」をみても、70～74歳の男性の点数は、15年前の65～69歳の点数と1点差で、同程度の水準になる（図表8-4）。75～79歳についても同様に15年前の70～74歳の水準に近い。医学的な見地からみても、現代の高齢者は過去の高齢者とは異なるのである。

図表8－4　男性高齢者の身体能力

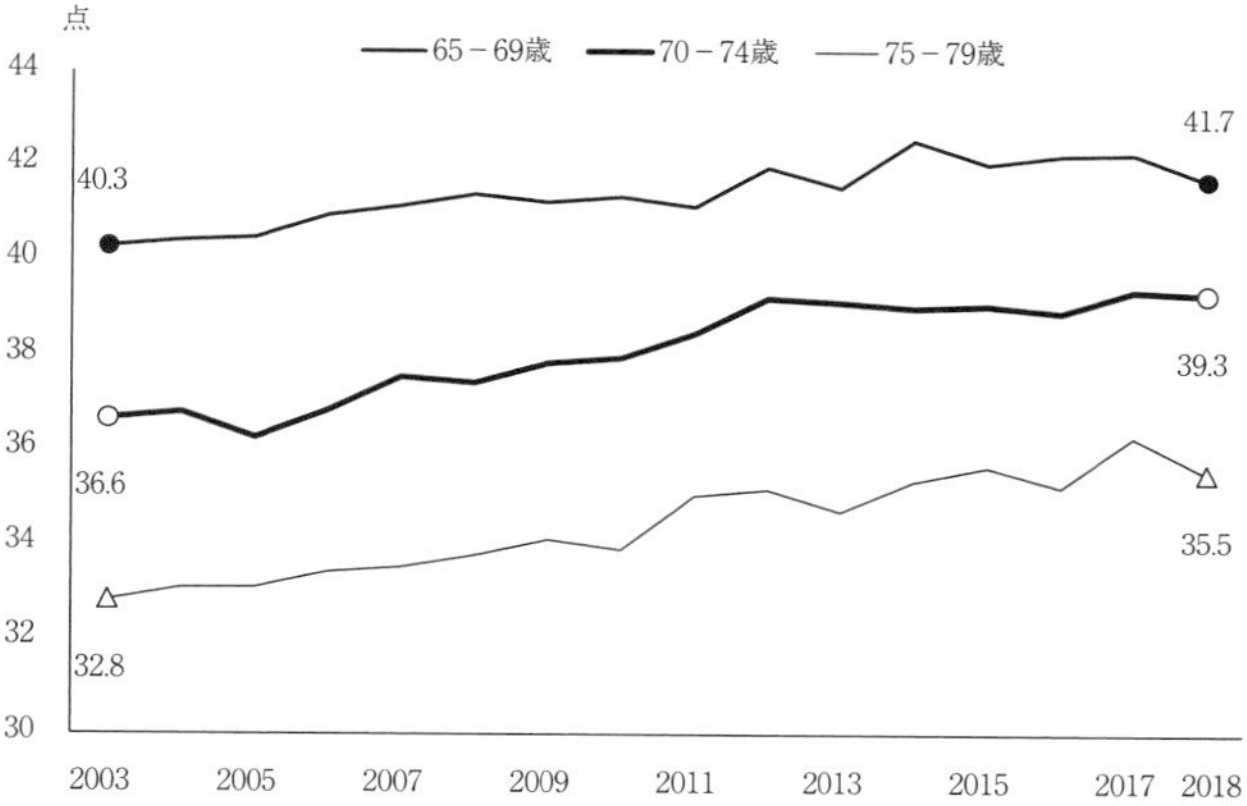

注：体力・運動能力調査では、65歳以上の高齢者について、握力、上体起こし、長座体前屈、開眼片足立ち、10メートル障害物歩行、6分間歩行の6つの種目のテストを行っている。例えば、握力のテストでは49kg以上の10点から21kg以下の1点まで段階的に点数付けをしているなど、6つの種目の総合点を算出している

出典：スポーツ庁「体力・運動能力調査」

現代の平均的な高齢者は、5～10歳若返りをし、気力・体力・知力にあふれている人も多くいる。このような知見からすれば、かつての高齢者は60歳で引退を迎えていたとしても、現代の高齢者は60歳を超えて70歳を過ぎる程度までは、十分に働くことができるといえるだろう。

高齢者が働かざるを得なくなるのが避けることができない未来なのだとしたら、60歳からの十数年間の仕事と生活をどう豊かにするか、これを私たちは考えなくてはならない。

今まで述べてきたように、細く

長く仕事をする、これが将来の日本の働き方のスタンダードになるはずなのだ。そうしなければ、将来の日本社会はもたない。

そして、その先にあるべきなのは、自身のこれまでの仕事やキャリアに納得感をもって引退をするという姿であろう。

全国就業実態パネル調査を用いて、人がなぜ引退をしたのかを調べたところ、それには大きく4つの理由があった。すなわち、働くことが可能であったが自発的に引退した人（自発的な引退）、働くことがそもそも不可能であった人（健康不安による引退）、仕事とのミスマッチなどにより引退を余儀なくされた人（ミスマッチ引退）、働くことは可能であったが、何となく引退した人（理由なき引退）である。

全国の50～69歳の引退者744万人の引退理由別の内訳を見ると、自発的な引退：299万人、ミスマッチ引退：159万人、健康不安による引退：153万人、理由なき引退：133万人となる。

一般的に、引退という言葉からは、仕事をやめてお金も暇もある悠々自適な姿、またこれとは対照的に病気により働けない姿などが想起される。しかし、そういったよくイメージされるシニアの引退像は、実は現実の一部でしかない。仕事におけるミスマッチによって引退を余儀なくされた人や、特段の意思もなく何となく引退している人がかなりの規模

図表8－5　引退理由別、生活に満足している人の割合（2018年）

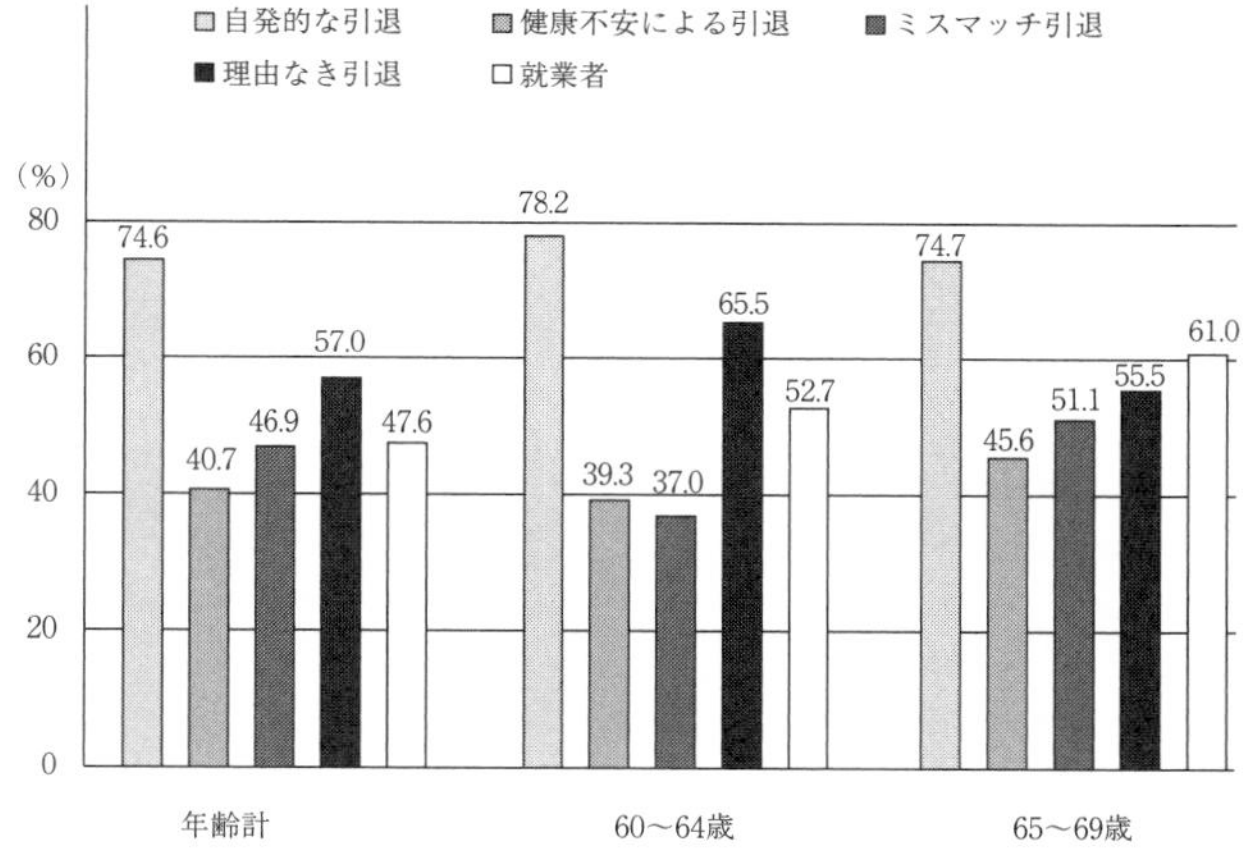

注：年齢計は50～69歳を対象として算出している。生活に満足している割合とは、「生活全般について、どの程度満足していましたか」という設問に対して「満足していた」もしくは「まあ満足していた」と回答した割合を指す

出典：全国就業実態パネル調査、リクルートワークス研究所「再雇用か、転職か、引退か——「定年前後の働き方」を解析する」

で存在しているのである。

みなが納得して引退しているわけではないのだ。そして、引退した後、最も生活に満足している人が多いのは、自発的に引退したグループなのである（図表8－5）。

ここからわかるのは、十分に働き切った後の自発的な引退という選択は、その後の人生を豊かにする。つまるところ、満足感のある最後というものは、自分はやりきったという自己満足でしかないのだ。これは、健康不安で働けなかった人やミスマッチで引退を余儀なくされた人で、生活に満足している人の割合が全般的に低くなっていることからも推察される。

さらに、非引退者は60～64歳の生活満足度が低いが、その後、徐々に上昇していきその割合が逆転する。働き続けるという選択は当初はつらいものだが、無理なく、社会で役に立つということが、その後の生活にもうるおいをもたらしている。そういう事実もまた一面としてはあるのだ。

4　高齢者雇用はどうあるべきか

†再雇用は主流足りえない

私たちが高齢者になったときの仕事を考えたときに真っ先に思い浮かぶのは多くの職場で働く再雇用の社員の姿だろう。再雇用制度をはじめとする継続雇用制度は、高齢者雇用の中核にある制度となっている。

しかし、再雇用という選択肢を実際に選んでいる人は果たして多数派なのだろうか。現役時代に企業で働いていた人は、年老いたときにどういったキャリアを送るのか。

図表8－6は、全国就業実態パネル調査を用い、50歳時点で正社員だった男性がその後

図表８－６　高齢期のキャリアパス（男性正社員、2018年）

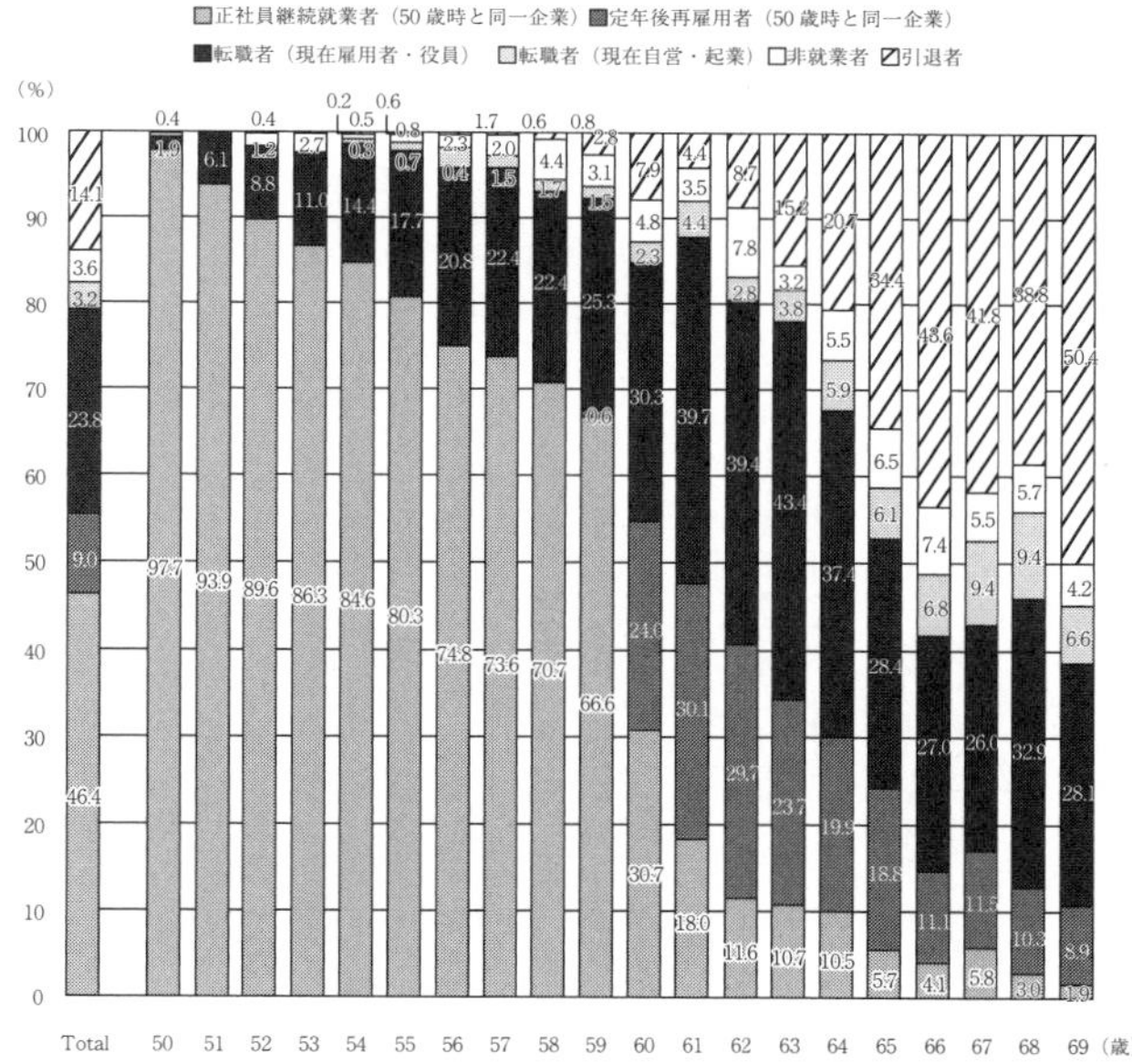

注１：50歳時点に正社員であり、現在50～69歳の男性を対象としている。各キャリアパスに該当する割合を現在の年齢別に集計し、疑似的に50歳からのキャリアパスを示したものである。50歳時点の同一個人について50歳から69歳までの推移を集計したものではない

注２：「正社員継続就業者（50歳時と同一企業）」とは、50歳以前に現職に入社し、定年を経験したことがない人である。「定年後再雇用者（50歳時と同一企業）」とは、50歳以前に入社した企業に、定年経験後も働き続けている人である。「転職者（現在雇用者・役員）」とは、50歳時点に勤めていた企業から転職し、現在雇用者もしくは役員として働いている人である。「転職者（現在自営・起業）」とは、50歳時点に勤めていた企業から転職し、現在自営業主や家族従業者などとして働いている人である。「非就業者」とは、50歳時点の企業から退職し、現在働いていないが、仕事から引退していない人である。「引退者」とは、50歳時点の企業から退職し、現在働いておらず、仕事からも引退している人である

出典：全国就業実態パネル調査、リクルートワークス研究所「再雇用か、転職か、引退か——「定年前後の働き方」を解析する」

どういった道をたどったのか、その様子を疑似的にシミュレーションしたものになる。

ここからわかることはいくつかある。まず、50歳時点の企業で継続して働く人の割合は年齢が上がるごとに低下するということである。定年前である50代の年齢で現役時代に働いた企業を退く人もいる。ここには、早期退職制度を利用することで他社に転出した人、アーリーリタイヤした人、会社の都合で他社に転籍させられた人などが含まれている。もちろん、一般的な転職といった形で他社に移る人もいる。

さらに、再雇用で現役時代に長く働いた企業に残る人が既に多数派ではないこともわかる。50歳時点と同じ会社で再雇用される人は、ピーク時の61歳時点でも30・1%にすぎないのである。これに反して、定年を境に他社に転職する人や引退をする人の数は年齢が上がるごとに増えることになる。

これは50歳時点の男性正社員に限定して行ったシミュレーションである。女性や非正規雇用者などを含めれば、再雇用制度を利用する人はさらに少なくなるとみられる。

高齢者は再雇用制度をどのように捉えているのか。ヒアリングに協力してもらった人たちにそれをどう考えるかを問うたとき、意外とその制度自体を否定する声は少なかった。年をとっても会社で業績を出せる人に限れば、そうした人が居続けられるような選択肢を用意することは悪いことではないと彼らは言う。

しかし、今もなお現役時代の職場で活躍していたかったのかと彼らに問えば、みなが複雑な表情を浮かべるのである。「昔の職場で働くというのもありだとは思いますが、歳をとった人に活躍の場を作るのは大変だし、なにより若い人がやりにくいと思いますよ」と言っていた人もいた。

少なくない人が現役時代に汗を流した会社に少なからぬ未練を持ったまま辞めている。しかし、その裏では元いた会社で第一線で活躍し続けることは不可能だと、彼ら自身がだれよりも理解しているのである。

定年を境に高齢者から有意な仕事を奪う現状を見て、企業に責任があるのだと主張する人がいる。また、年齢だけを理由に人から正規の職を奪う、定年制度自体への批判も根強い。たしかに、それは一面では正しいと思う。

しかし、企業が置かれている状況、若手・中堅社員への影響、そして何より高齢者本人の嗜好を鑑みれば、現役時代の会社で継続して雇用されるという選択肢は第一に考えるべきものではないと思う。再雇用制度は高齢期のキャリアの主流足りえないのである。

†男女雇用機会均等法制定時のトラウマ

高齢者を労働力として活用しなければ経済は立ち行かない。その光景はかつての女性の労働市場進出時のことを想起させる。過去、高齢化が進展し、日本経済が低迷していくなか、日本社会は新たな経済の担い手を探すことになった。それが女性を労働市場に本格的に参入させる遠因となったのだ。

かつての日本企業は男女雇用機会均等法の制定に伴い、従来の男性中心の職場にそのまま女性を組み入れる方法をとった。その結果として、長時間労働や本人の意志にそぐわない異動・転勤など企業の都合に応じた働き方を女性が強いられることとなった。日本には、遅々として働き方の改善が進まない職場において、「女性の社会進出」という大義名分のもと、多くの女性が家庭と仕事との狭間のなかで苦しめられてきた過去があるのだ。

女性や高齢者の労働力化は日本経済へ大きなインパクトを与える。我が国の労働のインプットの総量すなわち労働者の総労働時間と生産年齢人口との関係をみれば、近年の女性や高齢者活用の影響力をうかがい知れる（図表8-7）。

通常、生産年齢人口が減少すれば労働のインプットは減少する。しかし、2010年代は生産年齢人口が減少しているにもかかわらず、総労働時間が増加した。近年の日本は、長時間労働などの悪しき労働慣行を見直しつつも、女性や高齢者を活用することでむしろ労働投入量を増加させていた。これが足元の経済成長の礎《いしずえ》となっているのである。

異なる言い方をすれば、少子高齢化のなか、経済を浮揚させるために日本社会は女性や

図表8－7　総労働時間と生産年齢人口

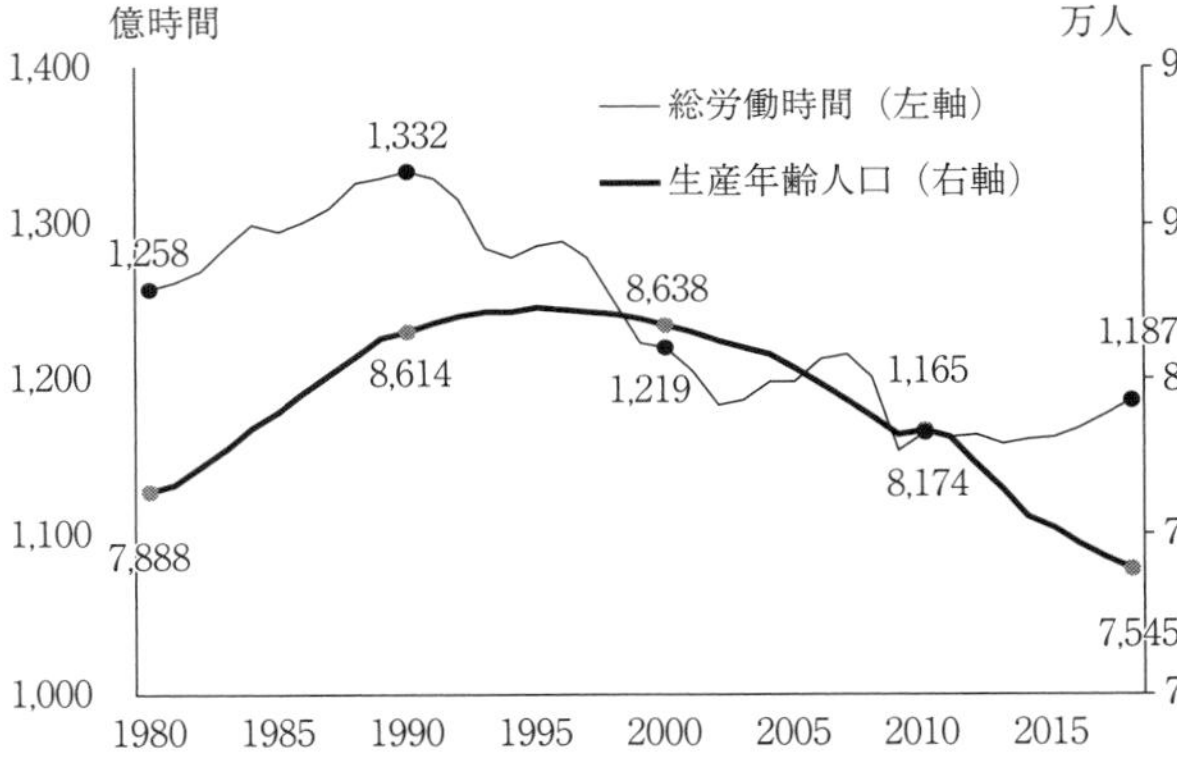

出典：内閣府「国民経済計算」、総務省「人口推計」

高齢者を利用したのだ。女性の就業率は男性のそれに徐々に近づいており、今後、女性活用による経済へのボーナスを享受することは難しくなる。だから、次はもう高齢者の活用しかない。

そして、女性の労働市場進出時の失敗が高齢者活躍という名のもとで繰り返されてしまうのでないか。多くの人が「高齢者の活躍」という言葉に警戒心を隠せないその背景には、過去の苦い記憶があるのだ。

人生の最後まで現役世代の人たちと変わらぬ働き方を続けなければならないならば、それはあまりにもつらい未来である。日本の経済や財政がいかに苦しい状況にあっても、高齢期の安穏とした生活を日本社会は守り切らなければならない。

そう考えたとき、日本企業ははたして高齢者に対して生活と仕事とが調和した働き方を提示できるのか。

日本企業の雇用慣行を前提にすれば、おそらくそれは難しい。高齢者が自身の都合にあった働き方をしながら、これまでの能力を存分に生かしてもらう。こうした考え方は聞こえがいいが、それを行うためには企業内にあるタスクの一つ一つを見直し、上司から部下へと連なる仕事のラインを抜本的に変えなければならない。

何よりかつての部下が上司になるというような事態は、現在の日本企業の組織において、現役世代の社員と高齢社員の双方に極めて大きな精神的な負荷を与えるだろう。

これを回避するために、メンバーシップ型の日本の働き方をジョブ型のそれに変えればよいという人もいる。しかし、年功序列や終身雇用といった日本の労働慣行を排し、年齢やポジションによらない働き方を実現することは簡単ではない。

多くの企業にとっては、雇用の在り方を抜本的に見直して高齢者を迎え入れる仕組みを整えるよりも、現役世代の社員を中心に組織を回していく方が効率的なのだ。結局、日本の企業はすべての高齢社員に満足できる働き方を用意することなどできないのである。

†労働市場の二重構造を作り出す

政府主導で普及が進んでいる就業延長策の本質は、人々の高齢期の生活の保障を企業に負担させるという点にある。現状の企業に負担を押しつける制度では、高齢者の福祉向上と経済の発展の両立を図ることができるはずがない。

高齢者の生活の保障を政府や企業にゆだねるのではなく、自らの力で社会に貢献をし、その対価を得るような仕組みづくりをしなければ、これからの日本経済はもたないだろう。

では、少子高齢化の時代に高齢者の福祉と経済の発展を両立するためにできることは何か。それは、現役世代の労働市場とは性質が異なる、高齢者特有の労働市場を作り出すということに尽きるのではないか。

日本型雇用の下で多くの人が特定の企業と長期的な雇用関係を結んでいるから、これまで働いていた企業がその高齢者の雇用の面倒までみるべきだという理屈になる。

そして、終身雇用や年功賃金制度、また転職や解雇が行われにくい我が国の雇用慣行も、高齢者の活用にとって大きな障害となっている。日本の内部労働市場偏重の市場メカニズムが高齢者雇用の問題の根幹にあるのだ。

しかし、これは同時に、日本の労働市場のすべてを外部労働市場主導のものに変えるべきだというものではない。

これまで日本の労働市場の特殊性は多くの人によって指摘され、その多くは日本の低い競争力を裏づけるものとしてしばしば批判の対象となってきた。しかし、この前提のもとで進んだ2000年代の労働市場改革は、非正規雇用者の増加や格差の拡大をもたらした。近年の日本経済の変遷をたどると、2000年代の一連の労働市場の改革は必ずしも日本企業の競争力強化につながったとはいえない。

終身雇用のもと、職業スキルを持たない学生を一括採用し、職場においてゼロから能力開発をして戦力化する。若年失業率を最低限に抑えつつ、若手や中堅の活躍を促していくメカニズムを軽視すべきではない。旧来の日本の雇用慣行が企業や日本経済の発展に一定の貢献をしていたことは、この数十年間の労働市場改革の迷走をみると、やはり事実なのではないだろうか。

その一方で、高齢者雇用にまでこうした日本特有の雇用慣行を適用するとすれば、企業にとってあまりにも負担感が強すぎる。

早期退職勧奨は本来は業績が悪い企業がやむを得なく行う措置である。しかし、このような性質を持つ早期退職勧奨を、いまや業績が好調な企業までが行い始めている。多くの企業が早期退職を奨励するのは、その裏に高齢者雇用に対する強い負担感があるからだ。内部労働市場を中心とした日本の労働市場で高齢者雇用はうまくいくはずがないのである。

高齢者の労働市場を現役世代のそれと切り離して、高齢者特有の労働市場を作り出さなければならないのだ。そして、高齢者の労働市場は「契約」を前提として成り立つものであるべきだ。もちろん、雇用も契約であるが、現状の高齢者雇用という言葉にはその概念が表に出てきていない。雇用を前提とした高齢者雇用という概念がそもそもおかしいのだ。

年金や貯金などの経済事情、健康状態、働くことへの意欲など、高齢者を取り巻く状況は千差万別である。高齢者が働く時代には、多様な選択肢の中からその人に合った働き方を選ぶことができるような環境を整備していく必要がある。

残された人生の時間を大切にしながら、非正規雇用として週数日だけ現場労働者として働く。あるいは、企業組織から一定の距離を置きながら、業務委託契約で働く。仮に、組織に身を置きながら現役世代の人に劣らぬ働き方をして稼ぎたいという高齢者がいるのであれば、そういった人にも門戸を開く必要があるだろう。

これからの日本社会が経済のために高齢者を利用するのならば、それぞれの高齢者の希望に合った働き方を用意することがこれからの日本社会の責務となる。高齢者の労働市場は、個々の希望に適う仕事を提供するという意味で、高齢者に寄り添うものであるべきだ。

そしてそれと同時に、高齢者の労働市場は、現役世代のそれよりも厳しいものであるべきだ。つまり、労働者が自由に仕事を見つけられる代わりに、その人の働きが報酬にそぐわないものであったときには、その雇用契約や業務委託契約の解除や変更がより容易にできなければならないということだ。

企業が高齢者の雇用をためらう本質的な理由は、高齢者が相応の利益を創出しないにもかかわらず、その雇用の責任を企業が負わざるを得ないというところにある。現行の制度のもとでの雇用契約は決して対等な契約ではないのである。利益を創出しない場合にその契約を自由に変更や解除することができるのであれば、高齢者の労働市場はいまよりももっと開かれたものになるはずだ。

そのような外部労働市場は、必要とする日々の生活費が多くなく、年金という基盤となる収入がある高齢者だからこそ受け入れられる余地がある。

これからの日本の労働市場の進むべき道は、日本特有の労働慣行を基礎に置きながらも、高齢者にはそれ特有の外部労働市場の整備を進めていくということになるだろう。少子高齢化という日本の最大の社会課題を乗り切るために、外部労働市場を通じて高齢者の労働力と企業の業務とを適切にマッチングする場がいま必要なのである。

おわりに——仕送りシナリオか就業延長シナリオか

少子高齢化が急速に進む我が国において、経済の未来はどうなってしまうのだろうか。経済とは様々な要因が絡み合って状況が変わる複雑怪奇な現象である。株価や為替水準などが何の要素で日々変動しているかなんてことは誰にも分からないし、ある政策を打った時に経済がどう変動するかを正確に予想することも難しい。

しかし、突き詰めていけば、経済活動というものは至極シンプルなものだ。マクロ経済学の大原則である三面等価の原則は、当時の経済安定本部（現内閣府）で経済白書を取りまとめ、一橋大学学長などを歴任した都留重人《つるしげと》氏によって考案された。

いうまでもなく三面等価の原則というのは、生産面からみたGDPも、分配面からみたGDPも、支出面からみたGDPも等しくなるという原理である。経済というものは、財やサービスを生産してから消費されるまでに起こる諸現象を扱ったものなのだ。

このようにして考えてみれば、超高齢社会において、日本経済に何が起こるかを予測することは実は簡単である。すなわち、まず財・サービスの生産の担い手が減ることが本質としてあって、それに伴って消費にも下押し圧力がかかるというものだ。

最終的に生産額と支出額は等しくなるのだから、生産能力が低下すれば消費活動も低迷するしかない。生産と消費は鶏と卵の関係にあって、どちらかからどちらかへという一方通行の因果があるというわけではないが、消費がないところには生産活動は生じないし、生産活動がないところには消費が生まれないことは事実だ。

未来の日本が高水準の消費を諦められないのなら、超高齢社会におけるソリューションは二つしかない。すなわち、少ない生産者が効率よく生産するシナリオ（仕送りシナリオ）か、生産活動の担い手を増やすシナリオ（就業延長シナリオ）である。

前者のシナリオは、若者や中堅が必死に汗をかき、高齢世代に仕送りをするシナリオにほかならない。仕送りシナリオでは、現役世代から高齢世代に向けて所得を移転する必要があるから、年金をはじめとする社会保障や消費税などの税制の役割を拡大させるなど、分配構造をいじる必要がある。

一方、後者のシナリオはより単純である。つまり、生産者が減るのだから、高齢者が働きに出る必要があるということだ。高齢者が生産者となれば、生産と消費のミスマッチはなくなり、問題はたちどころに解決してしまう。

超高齢化時代を迎えている日本社会が選択を余儀なくされているのは、まさにこの2つのシナリオのどちらを選ぶかということなのである。日本経済の未来を考えるときに、多くの専門家が暗黙のうちに思い浮かべているのは、おそらく仕送りシナリオだろう。

しかし、仕送りシナリオはいばらの道だ。「生産性を高く」という言葉は簡単ではあるが、少数の生産者が多数の高齢者を支えるためには、生産性を引き上げ続けなければならない。成熟した先進国において、イノベーションはそんなに簡単には起きない。このため、結果として、高齢世代への仕送りの原資が滞り、あらゆる世代の消費水準が落ちる。

分配構造をいじるのにも大きな問題が残る。税や社会保障、積み上がる政府債務などの問題は、あくまで生産と消費の世代間のギャップを埋めるための表層的な現象にすぎない。しかし、近年の日本において、これらの問題が社会を大きく揺るがしている。

消費増税への嫌悪、社会保障制度への不信。暗黙裡に進む仕送りシナリオに対して、多くの人が抵抗感を持っている。民主主義国家の日本において、これは同シナリオへの拒否反応だと考えた方がいい。増税のたびに内閣が倒れている現状をみると、こうした政策群で将来の日本経済が軟着陸できるとは到底思えないのだ。

仕送りシナリオのもとでは、世代間の公平性の問題が議論の俎上にのぼらざるを得ない。高齢者が若手を搾取しているといった主張が生まれることもあろう。そういった論争によって世代間の無用な対立を招き、国家が分断する可能性さえ否めない。

自然界を見渡せば、親が次世代の子のために命を削る姿はごまんと観察される。しかし、年老いた親のために今を生きている子が犠牲になる種などあるのだろうか。多くの人の反対を振り切りながら進む仕送りシナリオは、こうした根源的な疑問をも投げかける。

こう考えると、日本が今後も世界有数の経済大国であり続けるためには、もう後者のシナリオ、すなわち就業延長シナリオしか道はないのではないだろうか。

2012年12月に誕生した第2次安倍政権は思いもよらない長期政権となった。同政権は、デフレから脱却さえすれば経済の好循環が回りだすという楽観的な見通しのもとで、大規模金融緩和や財政出動を繰り返し行い、財政再建を後回しにしてきた。しかし、このような夢物語を描きつつも、仕送りシナリオから就業延長シナリオに明確に舵をとったのもまた同政権であった。これはひょっとすると、後世に残る日本経済の大きな転換点になるかもしれないと私は思うのである。

就業延長シナリオは、帰結がとてもシンプルなのである。高齢者が老後の自由時間を諦めて働きに出るだけで、諸問題がきれいに解決する。生産と消費という経済活動の原則に立ちかえっても、消費を行う者が同時に生産をも行うという素直な構造を提示してくれる。

就業延長シナリオには強い痛みが伴うことも忘れてはならない。「悠々自適な老後」という夢は、労働者にとって労働の苦しみを忘れられる心のよりどころでもあったはずだ。

これを放棄する痛みを受けいれる覚悟はあるか。それがいま問われているのである。しかし、仕送りシナリオを拒否するのであれば、受け入れる選択肢はもうこの就業延長シナリオしかない。私たちはこの現実を直視しなければならない。

税や社会保障の負担増は嫌だし、「悠々自適な老後」も手放したくない。将来はイノベーションが何とかしてくれるだろう。永田町や霞が関までもがこういった夢物語を語るようになれば、日本には暗鬱《あんうつ》な未来しか待っていてはくれない。

今世紀、日本に立ちはだかる最大の社会課題は、少子高齢化だ。日本国がいかにして美しく歳をとっていくか。それをいま考えねばならないのだ。

過去、幾度もの危機を乗り越えてきた日本人が持つ可能性を、私は信じている。超高齢社会の課題に先鞭を打ち、就業延長シナリオを軌道に乗せることができれば、再び日本が世界から称賛される時代がやってくるはずだ。

＊

最後に謝辞を記したい。本書では様々な統計データを用いて、超高齢化時代の日本の現在と未来の姿を描くことを試みた。

分析のために用いた統計の多くは、政府によって作成されている。日々質の高い統計の作成に従事されている統計部門の方々、また国民生活の向上のために昼夜なく働かれている政府職員のみなさまに敬意を表したい。

本書で最も多く利用したデータはリクルートワークス研究所「全国就業実態パネル調査」である。本書は、同調査がなければ執筆されることはなかった。調査設計委員を務めていただいている大学の先生方、そして何より質の高い調査設計に日頃から取り組まれているリクルートワークス研究所の調査設計センターのみなさまに感謝を申し上げたい。

また、本書に記述されている内容の多くは、リクルートワークス研究所における日々の議論がもとになっている。奥本英宏所長をはじめとするリクルートワークス研究所のみなさまにお礼を申し上げたい。

そして、私の経済や財政に対する見方は、大学学部・大学院時代に培われたものであり、経済学、財政学の基礎を教えていただいた山重慎二先生には深い感謝の意を表したい。

最後に、日々の心の支えになっている妻や子供たちに心からの感謝を記したい。

二〇二〇年八月

坂本貴志

主な参考文献

石田光男（２００６）「賃金制度改革の着地点」『日本労働研究雑誌』５５４号
海老原嗣生・荻野進介（２０１８）『名著17冊の著者との往復書簡で読み解く　人事の成り立ち――「誰もが階段を上れる社会」の希望と葛藤』白桃書房
大久保幸夫（２０１６）『キャリアデザイン入門［Ⅰ］基礎力編　第２版』日本経済新聞出版
大久保幸夫（２０１６）『キャリアデザイン入門［Ⅱ］専門力編　第２版』日本経済新聞出版
楠木新（２０１７）『定年後――50歳からの生き方、終わり方』中公新書
新・日本的経営システム等研究プロジェクト編著（１９９５）『新時代の「日本的経営」――挑戦すべき方向とその具体策』日本経営者団体連盟
橘木俊詔（２０１０）「人はなぜ働くのか――古今東西の思想から学ぶ」『日本労働研究雑誌』５９９号
野村総合研究所（２０１５）「日本の労働人口の49％が人工知能やロボット等で代替可能に――６０１種の職業ごとに、コンピューター技術による代替確率を試算」野村総合研究所ニュースリリース
濱口桂一郎（２０１８）『日本の労働法政策』労働政策研究・研修機構

福島さやか（２００７）「高齢者の就労に対する意欲分析」『日本労働研究雑誌』５５８号
望月優大（２０１９）『ふたつの日本――「移民国家」の建前と現実』講談社現代新書
八代充史・牛島利明・南雲智映・梅崎修・島西智輝編（２０１５）『『新時代の「日本的経営」』オーラルヒストリー――雇用多様化論の起源』慶應義塾大学出版会
山本勲・黒田祥子（２０１４）『労働時間の経済分析――超高齢社会の働き方を展望する』日本経済新聞出版
吉川洋（２０１６）『人口と日本経済――長寿、イノベーション、経済成長』中公新書
吉原健二・畑満（２０１６）『日本公的年金制度史――戦後七〇年・皆年金半世紀』中央法規出版
リクルートワークス研究所（２０１９）「高齢者のポテンシャル」『機関紙Works』１５３号
リクルートワークス研究所（２０１９）「再雇用か、転職か、引退か――「定年前後の働き方」を解析する」リクルートワークス研究所ウェブサイト
Autor, David, Frank Levy and Richard J. Murnane (2003) "The Skill Content of Recent Technological Change: An Empirical Exploration" *Quarterly Journal of Economics*, 118 (4), 1279, 1333.
Kübler-Ross, E. (1969) *On Death and Dying*, Simon & Schuster.（キューブラー・ロス、エリザベス（２０２０）『死ぬ瞬間――死とその過程について』鈴木晶訳、中公文庫）
Musgrave, R. A. (1959) *The Theory of Public Finance*. New York. McGraw Hill.

ちくま新書
1526

統計《とうけい》で考《かんが》える働《はたら》き方《かた》の未来《みらい》
――高齢者《こうれいしゃ》が働《はたら》き続《つづ》ける国《くに》へ

二〇二〇年一〇月一〇日　第一刷発行

著者　坂本貴志（さかもと・たかし）

発行者　喜入冬子
発行所　株式会社　筑摩書房
東京都台東区蔵前二-五-三　郵便番号一一一-八七五五
電話番号〇三-五六八七-二六〇一（代表）
装幀者　間村俊一
印刷・製本　三松堂印刷　株式会社

本書をコピー、スキャニング等の方法により無許諾で複製することは、法令に規定された場合を除いて禁止されています。請負業者等の第三者によるデジタル化は一切認められていませんので、ご注意ください。
乱丁・落丁本の場合は、送料小社負担でお取り替えいたします。
© SAKAMOTO Takashi 2020　Printed in Japan
ISBN978-4-480-07349-5 C0236

ちくま新書

1517
働き方改革の世界史
濱口桂一郎
海老原嗣生
国の繁栄も沈滞も働き方次第。団結権や労使協調、経営参加……など、労働運動や労使関係の理論はどう生まれたか。英米独仏と日本の理想と現実、試行錯誤の歴史。

1071
日本の雇用と中高年
濱口桂一郎
激変する雇用環境。労働問題の責任ある唯一の答えは「長く生き、長く働く」しかない。けれど、年齢が足枷になって再就職できない中高年。あるべき制度設計とは。

1373
未来の再建
――暮らし・仕事・社会保障のグランドデザイン
井手英策
今野晴貴
藤田孝典
深まる貧困、苛酷な労働、分断される人々。現代日本の根本問題を抉剔し、誰もが生きる上で必要なベーシック・サービスの充実を提唱。未来を切り拓く渾身の書!

1114
これだけは知っておきたい 働き方の教科書
安藤至大
いま働き方の仕組みはどうなっているか? これからどう変わり、どう備えるべきなのか? 法律と労働経済学の見地から、働くことにまつわる根本的な疑問を解く。

1502
「超」働き方改革
――四次元の「分ける」戦略
太田肇
長時間労働、男女格差、パワハラ、組織の不祥事まで、日本企業の根深い問題を「分け」て解決! テレワークがうまくいく考え方の基本がここに。

1371
アンダークラス
――新たな下層階級の出現
橋本健二
就業人口の15%が平均年収186万円。この階級の人々はどのように生きているのか? 若年・中年、女性、高齢者とケースにあわせ、その実態を明らかにする。

1091
もじれる社会
――戦後日本型循環モデルを超えて
本田由紀
もじれる=もつれ+こじれ。行き詰まり、閉々とした状況にある日本社会の見取図を描き直し、教育・仕事・家族の各領域が抱える問題を分析、解決策を考える。